立命館大学法学叢書第14号

ウエストミンスター・モデルの変容
日本政治の「英国化」を問い直す

The Transformation of the Westminster model

小堀眞裕 著

法律文化社

目　　次

序章　300年間動いてきたウェストミンスター・モデル　　1

第I部　ウェストミンスター改革

第1章　1950年代ウェストミンスター・モデルの確立　　7

1　ウェストミンスター・モデルとは何か　7
2　19世紀の議院内閣制の形成　9
3　二大政党制と小選挙区制の一般化　10
4　1911年議会法の制定　12
5　戦後の保守党・労働党二大政党制の確立　14

第2章　地方から揺さぶられるウェストミンスター・モデル　　17

1　本章の概観　17
2　戦後直後の地域主義に対する主要政党の対応　18
3　権限委譲運動で危機に立つ二大政党　25
4　1979年権限委譲レファレンダムの敗北　27
5　1997年権限委譲レファレンダムでの勝利　31
6　ウェールズ自治権の拡大とスコットランド独立への動き　34
7　日本における地方分権と英国における「権限委譲」　39

i

第3章 2010年総選挙と戦後初の連立政権発足 ── 41

1 本章の概観 41
2 ブラウン政権の発足と2009年欧州議会選挙 42
3 総選挙に向けた論争 44
4 2010年総選挙 57
5 保守党・自民連立政権の発足 64

第4章 2011年小選挙区制廃止をめぐる国民投票 ── 81

1 本章の概観 81
2 低下する投票率，二大政党の正統性危機 83
3 憲章88と選挙制度改革 86
4 国民投票を決めた連立政権合意 92
5 2011年選挙制度改革国民投票の結果について 98

第5章 英国貴族院改革 ── 104

1 本章の概観 104
2 1911年議会法，金銭法案，そして下院の「財政的特権」 105
3 戦後の英国の貴族院 124
4 ブレア政権下での貴族院改革 127
5 危機に瀕する「ソールズベリ慣行」 132
6 貴族院におけるギロチンの危機 136
7 2011年5月『貴族院改革草案』の発表 138

第6章 英国首相解散権の廃止 ── 固定任期議会法の成立 ── 146

1 本章の概観 146
2 固定任期議会法の内容 147
3 固定任期議会法案の提案に至る経緯 150
4 上下両院政治・憲法改革委員会，および議会での審議 154
5 政治学上の意義と国際比較 162

目　次

第7章　英国におけるレファレンダム（国民・住民投票） ─── 170

1　本章の概観　170
2　英国におけるレファレンダムの経緯　171
3　ブレア政権以前の英国におけるレファレンダムの特徴　181
4　ブレア政権におけるレファレンダム　184
5　ブレア政権のＵターン　189
6　「民衆の拒否権」としてのレファレンダムの名残　196

第Ⅱ部　日本政治におけるウェストミンスター化

第8章　ウェストミンスター・モデルと日本政治 ─── 203

1　ウェストミンスター・モデルの３つの影響　203
2　下院の優越と，衆議院の優越　204
3　首相の解散権　214
4　小選挙区制と二大政党制　216
5　「ねじれ」とウェストミンスター・モデル　219
6　比例代表による二大ブロック制　224

第9章　ウェストミンスター化か，「コンセンサス・モデル」か ─── 227

1　日本政治とレイプハルトのコンセンサス型民主主義　227
2　レイプハルトの民主主義分類への批判論　230
3　「合意」の貧困　236

補論　英国のマニフェスト政治 ─── 246

1　日本のマニフェスト政治　246

2　数値目標，達成期限，財源の記されたマニフェストは，
　　　　英国にはない　247
　　3　野党の政策には詳細な財源は求められない　253
　　4　英国で，マニフェストに政党は拘束されるか　255

終　章　「少数」が動かしたウェストミンスター改革―258

　　1　「拒否権プレイヤー」論によるウェストミンスター改革　258
　　2　「政治的憲法」としてのウェストミンスター・モデル　264

備考1　各選挙制に関する解説―268

　　1　小選挙区制　268
　　2　対案投票制　269
　　3　単記移譲式投票制　271
　　4　対案投票制プラス　275
　　5　混合議員比例代表制（小選挙区併用型比例代表制）　277
　　6　政党リスト比例代表制（拘束あるいは非拘束名簿式比例代表制）　278
　　7　並立投票制（小選挙区比例代表並立制）　279
　　8　単記非移譲式投票制（中選挙区制）　280
　　9　若干の整理　281

備考2　2011年固定任期議会法 Fixed-term Parliaments Act 2011
　　―283

備考3　OECD諸国における国会議員数の比較―288
　　（国会議員が少ない国ランキング）

あとがき
引用文献
索　引

序章

300年間動いてきたウェストミンスター・モデル

　英国の議会制度や，それに依拠してきた政治システムは，小選挙区制，二大政党制，単独政党過半数政権，下院中心の政権による中央集権からなり，オーストラリアやカナダ，ニュージーランド，アイルランドの政治システムに大きな影響を与えてきた。その政治システムは，英国議会の所在するロンドンの地名から，ウェストミンスター・モデルと呼ばれてきた。

　日本では，ウェストミンスター・モデルの理解は，近年，日本政治に大きな影響をもたらしてきた。1994年の衆議院選挙への小選挙区制の導入と，その後の比率の拡大，各政党による選挙ごとのマニフェストの導入や，民主党による「政治主導」などがそうであった。しかし，ウェストミンスター・モデル自体に関する日本の理解において，誤解を招くものも多かったことは否定できない。また，そうした理解は，民主党マニフェストの過度な「数値目標」の記述や，過度な「政治主導」となって政権運営を硬直化させ，展望のない小選挙区中心の「ウェストミンスター化」によって，日本政治に好ましくない影響をもたらしてきた。

　東日本大震災を経ても，一貫して，マニフェストの詳細に過度にこだわる論争が行われ，また，最も必要な対策や法案が，小選挙区制によって衆議院多数を得た政府では解決できない「ねじれ」の中で，たな晒しにされてきた。これらを見るとき，誤って持ち込まれた「ウェストミンスター・モデル」理解の影響は，深刻であったといわざるを得ない。その一方で，近年進行しているウェストミンスター・モデルの変容自体は，事実に即して伝えられるならば，日本

政治および政治一般としても教訓的な事柄が多いと考える。

　実際のところのウェストミンスター・モデルは，文字通りの激動期にある。国民投票の結果，小選挙区制自体は残されたが，そもそもの選挙制度改革国民投票を生じさせた連立政権自体が，戦後のウェストミンスター・モデルの「想定外」であった。後に示すスコットランドやウェールズでの地域政党の台頭によって，連立政権の可能性は今後もあり，将来の総選挙後に，再び小選挙区制が問い直される機会はなくなったとは言えない。

　また，2011年に，国民投票と同日に行われた統一地方選挙の結果では，スコットランドで1999年の議会開設以来はじめて，スコットランド民族党 Scottish National Party (SNP) が単独過半数を制し，これによって，同党の公約であるスコットランド独立「国民」投票が2014年秋に行われる予定である。スコットランドが独立することになれば，もちろん，ウェストミンスター支配からの離脱という意味で，ウェストミンスター・モデルの根本的変容である。また，そうならなくても，スコットランドでは，もはやウェストミンスター二大政党以外の政党が単独過半数を制しているということ自体が，ウェストミンスター・モデルが実はイングランドだけのものになりつつあることを示している。しかも，そういう地域主義 Regionalism の台頭という事態が二大政党中心のウェストミンスター・モデルや単独政党過半数政権の土台を掘り崩している。

　地域主義がウェストミンスター・モデルを揺り動かせているというのは，二大政党制を掘り崩しているという意味だけではない。ウェストミンスター・モデルは，全てを下院議会中心の政府が決めうるという極めて集権的なモデルであったが，1990年代から権限委譲（分権）が進み，いまや，スコットランド，ウェールズ，北アイルランドにおける医療，教育，住宅などの政策立案・決定は，これらの地域議会に権限があり，ウェストミンスター議会は基本的に権限を持っていない。また，欧州連合の決定により影響を受ける範囲も大きく，権限的にも，ウェストミンスター・モデルは，変容してきている。

　また，ウェストミンスター・モデルに特徴的であり，日本にも影響を与えた首相の議会解散権が，2011年9月に，固定任期議会法で廃止された。世界的に見て，議会選挙が首相による自由な解散により行われることが可能であり，か

つ実際に不定期に自由に解散してきた国は，英国やカナダなど，ウェストミンスター・モデルの国々が多かった。日本における衆議院の首相解散権は，これらの国々とほぼ同じものである。日本においては，首相の解散権を「専権事項」として問い直してこなかったが，「解散」をめぐる政局の激化など，必ずしも，その仕組みが積極的役割を果たしてきたとばかりは言えない現実もあった。解散が不定期であるため，それに関わる政局にまい進する与野党やマスコミの動きが激化してきた点は，後に見るように，英国と日本で共通点がある。

　上記のような近年英国政治で起こってきた変化からみると，極めて静的なものとして，ウェストミンスター・モデルを理解することは適当ではない。この300年の間に徐々に形成され，徐々にはあるが常に変化している点では，常に「動的」なものとして理解する方が適当であろう。誤った認識にもとづく固定的な「ウェストミンスター」理解が，新しい日本政治の参考になるべきではないであろうし，それを指摘しておくことは，研究者としての役割と考える。

　本書のもう一つの目的は，上記のような変化を，ここ数十年形作ってきた原動力について考察したいことである。周知のように，ウェストミンスター・モデルは，多数決主義なモデルとして考えられてきた。そこにおいては，下院における小選挙区制，単独政党過半数政権，その政権への権限の集中，下院の上院に対する優越などを通じて，1970年代にヘイルシャム貴族院議員が「選挙独裁」と呼んだ多数派による支配があった。しかし，後に見るように，近年のウェストミンスター・モデルの変容を作り出してきたのは，二大政党のどちらでもなく，「少数派」の人々であった。むしろ，多数派である二大政党は，政権を争うために「少数派」の支持を得ようとしてきた。その結果，比例代表制，連立政権，権限委譲（分権化），上院貴族院選挙制，そして首相解散権の廃止という「少数派」要求が実現される方向となってきた。こうしたパラドクスを検討したい。

　以下では，第Ⅰ部で，近年のウェストミンスターにおける改革の諸点を紹介・検討したい。第1章で，ウェストミンスター・モデルとは何かについて確認するとともに，1950年代のウェストミンスター・モデルの安定期について説明し，第2章では，早くも1960年代から，ウェストミンスター・モデルが地方に

よって揺さぶられていく過程を見ていきたい。第3章では，このウェストミンスター・モデルの変容を生み出す上で決定的となった2010年総選挙について検討し，第4章では，その後に実施された選挙制度改革国民投票（レファレンダム）について検討したい。第5章では，英国における庶民院と貴族院の関係について触れるとともに，2011年5月に発表された貴族院選挙制導入提案について紹介したい。第6章では，2011年9月の首相解散権廃止がどのような背景から行われたのか，固定任期議会法とは何かについて明らかにしたい。第7章では，近年，英国政治で非常に多用されてきたレファレンダム（国民投票・住民投票）について検討する。

　第Ⅱ部では，こうしたウェストミンスターにおける改革から，日本政治との関連で何点かを指摘したい。特に，近年，小選挙区制で主として選ばれた衆議院政府という「ウェストミンスター的」発想が，日本国憲法の仕組みからすると展望がないにもかかわらず，それを追求することで「ねじれ」が深刻化してきた点について指摘したい。第8章では，戦後，日本政治で進行してきたウェストミンスター化について検討し，第9章では，それと関連して，レイプハルトのコンセンサス型民主主義と，近年，それに「批判的民主主義」という形で多数決主義的な民主主義像を対置してきた井上達夫の議論を検討したい。また，補論では，この間，日本で広範に推奨されてきたマニフェスト政治に関して，英国政治の実例と照らしながら，検討を行いたい。

　終章では，「少数派」がウェストミンスター・モデルを変容させてきた経緯を，ツェベリスの「拒否権プレイヤー」論を使って，どのように考えることができるか示すとともに，運動と権利を同一視する「政治的憲法」論を用いて，そのなかに，ウェストミンスター・モデルの変容を，どう位置づけられるかについて検討したい。

第 I 部

ウェストミンスター改革

第1章

1950年代ウェストミンスター・モデルの確立

1 ウェストミンスター・モデルとは何か

　ここでは，後の議論のために，ウェストミンスター・モデルとは何か。また，どのような過程を経て，確立されるに至ったのかについて概略をまとめる。ウェストミンスター・モデルを，単独政党過半数政権，下院中心政権による中央集権，小選挙区制，二大政党制の4つの要素で理解できるとするならば，その過程は，1688年の名誉革命の時期から1950年代までの非常に長い期間において説明しなければならない。

　ウェストミンスター・モデルという言葉は，通称が転じて，学問的な議論にも使われだしたものである。そういう類の様々な言葉と同じく，様々な定義があり，そこに様々な意味が持たされることが多い。それゆえ，ウェストミンスター・モデルという言葉を使わない研究者もいる。英国憲法の一部をなすウェストミンスター・モデルであるので，憲法問題として語られることも多い。

　しかし，ここではまず，ウェストミンスター・モデルとは何かについて，後の議論のために定義を行っておきたい。英国で長くウェストミンスター・モデルの研究をしてきたデイヴィッド・リチャーズとマーティン・スミスによれば，「ウェストミンスター・モデルの1つのはっきりした定義ヴァージョンはないということを指摘しておくことは，重要である」と述べる。しかし，彼らによれば，「いくつかの鍵となる性格が合意されている」。それは，以下である。

議会主権
自由で公正な選挙を通じた説明責任
行政府をめぐる多数党のコントロール
強い内閣政府
大臣責任制の原理
無党派官僚

　そのほか，ウェストミンスター・モデルは，エリーティストで，階統的で，トップ・ダウン的で，大臣が公務員を支配し，あるいは，中央政府が地方政府を支配する（Richards and Smith, 2002：4）。また，ウェストミンスター・モデルを多数決主義型の典型であるとし，コンセンサス型民主主義と対置するアレンド・レイプハルトは，ウェストミンスター・モデルを以下のような2つの要素を持つ民主主義であると述べている。

　《執行府—政党次元における5変数》
　①単独過半数内閣への執行権の集中　対　広範な多党連立内閣による執行権の共有
　②執行府首長が圧倒的権力を持つ執行府—議会関係　対　均衡した執行府—議会関係
　③二大政党制　対　多党制
　④小選挙区制　対　比例代表制
　⑤多元主義　対　コーポラティズム

　《連邦制次元の5変数》
　⑥単一で中央集権的な政府　対　連邦制・地方分権政府
　⑦一院制議会への立法権の集中　対　二院制議会への立法権の分割
　⑧相対多数による改正が可能な軟性憲法　対　特別多数によってのみ改正できる硬性憲法
　⑨立法活動に関し議会が最終権限を持つシステム　対　立法の合憲性に関し最高裁または憲法裁判所の違憲審査に最終権限があるシステム
　⑩政府に依存した中央銀行　対　政府から独立した中央銀行

（レイプハルト，2005：2-3）

　以上が，レイプハルトがあげた10変数で，その左側がウェストミンスター・

モデルの諸特徴であるが，そういう意味では，リチャーズ＆スミスとあわせると，少なくとも共通したポイントがあがってくる。

それは，単独政党過半数政権，下院において組織された政権への中央集権，小選挙区制，二大政党制の4つである。何をもって，ウェストミンスター・モデルと呼ぶのかについては，もちろん，様々な議論があるが，ここではさしあたり，上記の4要素をもってウェストミンスター・モデルであると置く。

2　19世紀の議院内閣制の形成

英国における憲法は，よく知られているように，1つの成文憲法としての形を持っていない。そこで，憲法の構成要素となるのは，憲法的な意味合いを持つ議会制定法，司法的先例，そして憲法習律（Convention）である（加藤，2002；元山・ユーイング，1999）。ウェストミンスター・モデルは，こうした要素の中から，主として議会制定法や憲法習律によって形作られていく。ここで言われる憲法習律とは，英国の政治の中で作られてきた習慣であり，明文化されていない。

歴史的にみて，最初に位置するのは，議院内閣制である。英国における議院内閣制は，1688年の名誉革命以後，議会の地位が，対国王との間で確立される中で，英語をあまり理解せず，国政にあまり関心を示さなかったジョージ1世（1714—1727）の時代から始まるといわれる。このころに，当時はまだ First Lord of the Treasury と呼ばれていたが，事実上の首相となるのが，ロバート・ウォルポール卿である。これにより，国王の人事への介入から，首相の下での内閣による自立的な政治運営へと変化していく。もちろん，直線的に移行したわけではないが，様々な曲折を経ながらも，いわゆる議院内閣制へと移行していく。

後に論じるように，日本の議院内閣制は，英国の議院内閣制と内容的にはかなり重なるところも多く，実質的には大きな影響を受けてきたと言えるし，英国が議院内閣制の実質的な先駆者であることからして，影響を受けていること自体は，驚くに値しない。ただ，そうした議院内閣制の特徴が，18世紀初頭に一挙に確立されたわけではなく，いくつかの段階を経て，徐々に形成されていっ

たことを確認しておく。

　次の重要なステップとしては，1834年の下院議会解散がある。1834年に，有権者数の拡大や選挙区割りの変更などをめぐって，改革を嫌う国王ウィリアム4世は，ホイッグ党のメルボーン首相を罷免し，トーリー党のロバート・ピールを首相に任命し，直後に下院議会を解散した。しかし，この解散の結果でも，トーリー党は総選挙で勝利できず，数ヶ月後メルボーンが首相に返り咲いた（Dicey, 1982：288）。英国では，これ以後，国王は下院議会の解散権を，主導的に行使したことはない。

　その一方で，英国では，実質的な下院議会の解散権は，首相に委ねられることになり，これ以後2010年まで，首相が国王に拝謁し，解散したい旨を伝えることで，国王大権 Royal Prerogative により下院議会が解散された。英国の憲法学者ロバート・ヘイゼルによれば，「議会は，首相の助言を受けて，君主により解散される」と説明される（Hazell, 2010）。つまり，このように，事実上首相が解散権を保持している状態は，上記の憲法習律の一部であり，明文化されていない。内閣の助言にもとづいて，君主が権限を行使するという点に関しては，日本国憲法に明記されている論理と相通じる。

　また，英国の場合，君主は首相の解散の申し出を断る可能性があることも，明らかにされている。1950年に『ザ・タイムズ』紙において明らかにされた「ラッセルズ原則」がそれである。当時の国王ジョージ6世の秘書であったアラン・ラッセルズ卿が投稿した書簡においては，①現在の議会がなお生きており，目に見えて，職務を行う能力があり，②総選挙が国民経済に悪影響を与える可能性があり，③一定期間，庶民院において過半数をもつ政権を運営できる別の首相が見つかる」場合においては，君主は議会の解散を拒否することもあると明らかにしている（*The Times*, 'Dissolution of Parliament: Factors in Crown's Choice', 2 May 1950）。

3　二大政党制と小選挙区制の一般化

　さらに，ウェストミンスター・モデルの構成要素としての二大政党制は，上

記のトーリー党が，1834年に保守党となり，ホイッグ党が，1859年に自由党となり，形成されていく。もっとも，二大政党制を事実上支えた小選挙区制は，それが英国全体で用いられるようになるのは，1885年議席再配分法以降である。また，そもそも秘密投票が用いられるようになったのも，1879年からであり，それまでは投票は挙手によって集会で行われていた（Caramani, 2000：947）。なお，日本語で言うところの小選挙区制であるが，英国で使われている英語表記では the First Past the Post であり，これは競馬において勝利する馬が最初にポスト前を通過することから名づけられている言葉である。まさに，鼻の差であっても，それは競争に勝利したということを意味する。

　それまでも小選挙区自体は，例外的に英国の国政選挙で使われていたが，1885年までは1つの選挙区で2議席を選ぶことが一般的であり，また，それは2名連記の方法で選ばれていた。しかし，2名連記となると，1つの選挙区で保守党ないしは自由党が議席を独占する傾向があり，その結果，より「公平」な制度として，一部に，2議席制は残りながらも，大半は小選挙区制へと移行した（小松，2003）。

　また，この時期は，1884年選挙法改正で，男性の青年人口の60％が投票権を得ることができるようになった。成年男女の普通選挙制が得られるのは，1928年であり，英国における選挙の基本的な形が形成されてきた時期とも言える。

　しかし，1885年の小選挙区制が基本となる前後から，小選挙区制に反対する運動も起こることになる。1884年1月には，自由党の政治家ジョン・ラボックが比例代表協会を設立した。その直後に，彼は多くの政治家その他に手紙を出し，参加者を募り，その参加者の数は2月で早くも110人の下院議員の参加を得て，後にその数は184名となった。内訳は，自由党93名，保守党91名であった（Hart, 1992：100-102）。なお，比例代表協会は，1958年に選挙改革協会（Electoral Reform Society）と名称変更した。比例代表協会は，1884年から，比例代表の一種である単記移譲式投票制 Single Transferable Vote をベストなものとして提案している（Hart, 1992：72）。

　1906年，1912年，1913年には，下院で小選挙区制廃止が可決されたが，上院では退けられた。1918年には，下院が対案投票制 Alternative Vote を議決し，

上院はそれを拒否して比例代表制を議決した（対案投票制については，備考1を参照のこと）。結局，上下両院での選挙制度改革案は合意できず，小選挙区制が維持された（D.E. Butler, 1963）。なお，このときは，上院で単記移譲式比例代表制が採択され，上下両院の議論の結果，それは大学における下院議席を単記移譲式投票で実施することで決着した。この大学選挙区とは，ジェームス1世（1567―1625）の時代にオックスフォードとケンブリッジに作られた議席であり，その後，他のイングランドやアイルランドの大学に設けられた。1949年に労働党政権がこれを廃止したときには，まだ，12議席が残っていた（Blackburn, 1995：70）。

1922年には，アイルランドで単記移譲式投票制（選挙制度の詳細は備考1参照）という比例代表制の導入が決まった。アイルランドのマイノリティー英国人の声を反映できるということで，英国側もこれを支持し，また，英国の支配に残った北アイルランドにおいても，用いられることになった（Farrell, 2011：122）。アイルランドは，1949年に英連邦を離脱し，完全な共和国化を達成したが，その後もアイルランドでは，単記移譲式投票制を採用している。

4　1911年議会法の制定

ウェストミンスター・モデルの要素として，単独政党政権への権力の中央集権があるのであれば，選挙によって選ばれる議会は下院だけであるので，下院が上院に優越し，その下院で組織された政権に権力が集中される必要がある。

歳出入に関する下院の上院に対する優越は，1688年の名誉革命のころには既に確立されつつあったといわれるが，その下院の優越が一つの画期をなすのは，1909年に提出された歳入法案（通称「人民予算」）People's Budget であり，それに関わって制定された1911年議会法によってである。

当時の自由党アスキス政権の提出した「人民予算」は，所得税増税や固定資産税の導入によって福祉の充実を進めようとする内容で，それまでの英国の常識を覆すものであった。保守党と上院貴族院は強く反発し，自由党の主張する増税よりも，関税引き上げによる保護主義を唱えた。それらをめぐり，1910年

1月に総選挙が行われたが,自由党も保守党も,小選挙区制であるにもかかわらず,過半数を得ることができず,アスキス政権は,アイルランド議会党の支持を得ながら,政権を存続させた。4月には,上院も歳入法案を認め,通過させた。この過程において,議会法が提案され,その内容が1910年12月総選挙を経て,1911年議会法となった。

なお,ここで,1911年議会法以前も以後も,英国議会における法案審議一般は,以下のような順序をたどることを説明しておく。

　第一読会(法案の上程・印刷の指示)→第二読会(法案の全般的審議・次の段階に進むことに対する採決)→委員会段階(条項ごとの検討,修正提案・議決)→報告段階(全般的修正議論・議決)→第三読会(最終的採決)

上記の過程を,庶民院,貴族院両方で行う。法案は,財政法案については下院から先議されるが,その他の法案では貴族院から先議するものもある。最終的に,同一の法案を両院が可決するまで,何度でも両院で往復する。この往復は,「ピンポン」と呼ばれる。両院で可決された法案は,最終的に「王室の同意」Royal Assent を得なければならないが,1707年にアン女王がスコットランド問題で「王室の同意」を拒否したのを最後に,王室が拒否権を行使したことはない (Jack, 2011：644)。

1911年議会法では,金銭法案 money bill(予算ではない)に関して,下院のみの可決で,1ヶ月後には自動成立することになった。また,1911年議会法では,公法案(Public bills)が3会期連続して下院庶民院で可決され,会期終了1ヶ月前に上院貴族院に送られ,貴族院がそれぞれの会期において否決した場合,貴族院の3回目の否決にかかわらず,法案は,王室の同意を得て成立することになった(ただし,最初の下院第二読会の日と,3会期目の可決の間に,2年以上が経過していなければならない)。

戦後のアトリー政権は,鉄鋼産業国有化法案が貴族院で否決されることを恐れて,議会法を改正して1949年議会法を成立させたが,そこにおいては,公法案が2会期連続して下院庶民院で可決され,会期終了1ヶ月前に上院貴族院に

送られ，貴族院がそれぞれの会期において否決した場合，貴族院の2回目の否決にかかわらず，法案は，王室の同意を得て成立することになった（ただし，最初の下院第二読会の日と，2会期目の可決の間に，1年以上が経過していなければならない）。

　また，首相も，第3代ソールズベリ侯爵（在任期間1895—1902）を最後に，貴族院議員の首相は出ていない。1923年には，カーズン貴族院議員の首相就任が検討されたが，当時のジョージ5世やアーサー・バルフォア元首相らが，カーズンが貴族院議員であることで難色を示し，庶民院のスタンリー・ボールドウィンが首相となった（Blake, 1985：213）。1963年に首相となったアレック・ダグラス・ヒュームは，それまで貴族院議員であったが，首相となるために貴族院議員を返上して，首相に就任した。その2週間後に，庶民院補欠選挙で当選して，庶民院議員となった。ここでも，下院庶民院の優越が確立された。

5　戦後の保守党・労働党二大政党制の確立

　19世紀には，保守党と自由党との間での二大政党制が展開され，1885年から下院選挙制度が小選挙区制になったことによって，二大政党制は，いったんは安定するが，1900年に結成された労働党が労働者階級の票を集めて，徐々に勢力を拡大し，1910年の総選挙では保守党・自由党の二大政党が，小選挙区制であるにもかかわらず，過半数議席を得ることができず，先述のように，自由党政権はアイルランド議会党の支持を得て，政権を維持した。また，1915年から1922年の間，第一次世界大戦下での戦時連立政権（保守党・自由党・労働党）などを経て，1924年には，ラムゼイ・マクドナルドが首相となる初の労働党政権が，少数政権であったが，誕生する。

　その後，世界恐慌下での挙国一致内閣や，第二次世界大戦時の戦時内閣という広範な連立政権が作られた。つまり，保守党・自由党の二大政党のうち，自由党が労働党に議席などで並ばれた結果，二大政党制という形が，このときは一時的に，崩壊していたわけである。

　こうした挙国一致内閣，戦時内閣の時代を経て，1945年7月に，第二次世界

大戦後初の総選挙が行われ，ここで労働党は単独過半数を大幅に超える393議席を獲得して，197議席に終わった保守党を圧倒し，結党以来，初めての単独過半数を獲得して政権を樹立した。このとき，自由党の得票率は，9.04％に沈み，議席も12議席となり，戦後における英国二大政党制が出発する。

　このように見てくると，単独政党過半数政権，下院を中心にした政権への中央集権，小選挙区制，二大政党制という4つの要素を持つウェストミンスター・モデルは，短期間のうちに一挙にできたものではなく，1688年から1945年まで徐々に形成されてきたということができる。ただし，250年間もかけて作られてきたということは，常に動いてきて，常に未完であるという見方もできる。英国議会研究者としては有名なフィリップ・ノートン（貴族院議員）の言葉を借りれば，ウェストミンスター・モデルを含む英国の憲法は，「数世紀をかけて，進化してきた」(Norton, 2011：1)。

　しかし，この1945年から，約30年の間は，単独政党政権，中央集権，小選挙区制，二大政党制という要素に関しては，安定期を迎える。おおよそ，1970年までの間，二大政党は十分に強く，政権は常に単独政党によるもので，その政権は，「選挙独裁」と形容されるほどに中央集権的であった。

　そうした英国政治の状態や，アメリカ政治を捉えて，理想的な政治システムであるという考え方が，アメリカ政治学を中心に広がったのは言うまでもないが，レイプハルトのように，その批判者でさえ，そうしたウェストミンスター・モデルを一つの典型として描き，その結果，固定化したウェストミンスター・モデルの像が作られていく。もっとも，今日では，そうした彼の固定的ウェストミンスター理解自体も批判されてきたし，1999年に出版されたPatterns of Democracy邦訳『民主主義対民主主義』に関しては，多くの批判的論点が提示されている（第9章を参照のこと）。

　しかも，第2章に見るように，このウェストミンスター・モデルの「安定期」も，長くは続かなかった。すでに，第三党の自由党の台頭などによって，1974年には，過半数を制する政党が出ないハング・パーラメント（宙吊り議会）の状態になり，1997年には，スコットランド，ウェールズ議会・自治政府設置が決まり，中央集権的なモデルは大きく転換が迫られることになる。

第Ⅰ部　ウェストミンスター改革

1）　レイプハルトの日本語訳では，Majoritalian Democracy を「多数決型」と訳出することが多いが，その対極に位置される「コンセンサス」型も多くは，議会運営において多数決を採用しているので，誤解なきように，本書では「多数決主義型」と表現する。

2）　本書では，たびたびダイシーの『憲法序説』 Introduction to the Study of the Law of the Constitution を参照する。この著作は，1885年に出版されているが，筆者が参照したのは，1982年版である。

第2章

地方から揺さぶられるウェストミンスター・モデル

1　本章の概観

　この章においては，1945年に確立されたウェストミンスター・モデルが，主として，スコットランド，ウェールズ，北アイルランドの地域主義の台頭によって，揺さぶられていく過程を概括する。

　前章に見たように，約250年を経て，ようやく，英国政治は「安定期」に入り，いわゆるウェストミンスター・モデルと呼ばれる状態に至る。しかし，実際のところ，第二次世界大戦以前の段階から，早くも後にウェストミンスター・モデルを掘り崩す地域主義が起こり始めていた。1960年代・70年代になると，スコットランドでは，独立を掲げるスコットランド民族党が台頭し，ウェールズでは，「ウェールズ・ナショナリズム」を掲げるプライド・カムリ（ウェールズ民族党）が台頭する。それに対して，スコットランドとウェールズを金城湯池としてきた労働党は，当初これらの動きに対応せず，むしろ中央集権的な英国統治を前提に，自らが政権に就くことを優先した。1960年代あたりからは，一方においては，これらの動きに反発するよりも，これらの動きを取り込み，しかし，独立とは一線を画する両地域への権限委譲への動きを強める勢力と，他方においては，こうした動きに依然として対応せず，ウェストミンスター中心の政治の形で対応していこうという勢力との間で，対立が生まれていった。そうした動きは，労働党政権下の1979年の地域議会・自治政府設置のレファレ

ンダム（住民投票）につながるが，このレファレンダムでは，両地域とも権限委譲派が敗退した。しかし，労働党政権下での1997年のスコットランド・ウェールズのレファレンダムでは，権限委譲派が勝利し，地域議会・自治政府設置が決まった。その後，労働党政権下で，スコットランドでは，スコットランド民族党がさらに勢いを増し，2011年5月地方選挙では過半数を制し，2012年1月に，スコットランド民族党政権は，2014年秋の独立レファレンダム実施を宣言している。

このような地域主義の進展は，スコットランド独立に至らなくても，ウェストミンスター・モデルを変容させる重大な動きである。既に，スコットランド・ウェールズでの議会・自治政府設置により，ウェストミンスター議会による一元的な支配は崩されている。医療，教育，地方自治，住宅などに関しては，これらの自治政府に権限が移され，ロンドンの政府（ウェストミンスター）は権限を持っていない。また，スコットランドやウェールズ，北アイルランドでは，地域主義政党の台頭によって，二大政党制は崩壊しており，特に保守党は，これらの地域でほとんど議席が取れていない。そして，そのことにより，二大政党のどちらも総選挙で過半数を制しにくい傾向が強まった。2010年総選挙で戦後英国政治史上初めての連立政権が発足することになったが，そのような背景がある。

すなわち，スコットランド，ウェールズ，そして北アイルランドの地域主義の台頭によって，単独政党政権，中央集権というウェストミンスター・モデルの重要な構成要素が大きく掘り崩されてきた。

2　戦後直後の地域主義に対する主要政党の対応

こうした英国における地域主義の歴史を遡ると，もちろん，1707年の連合法まで，イングランドとスコットランドは，別の国であったということに遡る。1707年までは，スコットランドに議会が存在しており，自ら統治していた。

しかし，こうしたスコットランドやウェールズ，そして北アイルランドの地域主義が高まってきたのは，19世紀末である。アイルランドでは，独立運動が

激化して，英国政治においても，アイルランド自治（Home Rule）が議論されるようになり，特に，自由党はその方向を強めた。そして，それらの動きは，1922年のアイルランド自由国の誕生から，1949年の完全独立へとつながっていく。

　こうしたアイルランド自治，そして独立という方向性に刺激を受けたのが，スコットランドやウェールズの地域主義であった。1886年には，スコットランド自治を求めるスコットランド自治協会 Scottish Home Rule Association（SHRA）が，非政党組織として結成された。1888年に『ザ・タイムズ』*The Times*紙上に書かれた「スコットランド自治マニフェスト」では，「自治とは，単純に，スコットランドの人々が自分たち自身の問題を運営する権利を意味する」，「スコットランドが求めるものは，連邦的で，一つに統合されない連合王国である」，「国の（スコットランドの（筆者補足））立法と執行府が必要である」と書かれている一方，「スコットランドの会議や集会が，帝国議会の処理に優先してスコットランドの措置を考えるということは，私たちの必要に合致しないだろう」，「私たちには，帝国議会の優越やウェストミンスターへの固有の代表によって維持される連合王国各部分との統合を，損なう意思はない」と述べ，あくまで，このような自治は，連合王国の体制と両立できると述べている（*The Times*, 'A Scottish Home Rule Manifesto', 18 February, 1888）。

　このスコットランド自治協会の運動は，超党派的で，政党の影響下に属するものではなかったが，それでも，その指導者や支持者には，自由党や労働党のメンバーが多くいた。例えば，後に，労働党（1900年結成）の創始者の1人となるケア・ハーディは副代表であったし，1924年に初の労働党政権を率いることになるラムゼイ・マクドナルドもメンバーであったし，自由党下院議員のカニンガム・グラハムもメンバーであった（Harvie and Jones, 2000：23）。もっとも，このスコットランド自治協会の代表であったチャールズ・ウォディは，どの政党にも属しておらず，補欠選挙でケア・ハーディを協会として応援したのは間違いだったと述べて，ハーディから反論されたこともあった（Mitchell, 1996：71）。1911年には，自由党下院議員であったヘンリー・デルツェル，ムンロ・ファーガソンなどが，スコットランドの問題について排他的に決定できる

第Ⅰ部　ウェストミンスター改革

立法機関として，スコットランド議会を設置する議員立法提案を行った（*The Times,* 'Liberal Members' Bill', 23 August 1911）。このスコットランド自治協会は，1914年に第一次世界大戦が始まる中，英国としての意識高揚によって，急速に求心力を低下させ，消滅していった（Harvie, 1994：23）。

　このスコットランド自治協会に多く参加したのは，自由党の政治家や支持者たちが多かったことに見られるように，19世紀から20世紀初頭の自由党は，アイルランド自治だけではなく，全体としてスコットランド自治に対しても，積極的であった（もっとも，有力な反対派も存在していたし，彼らは保守党・自由党統一主義という形で，選挙で自由党と争った）。したがって，スコットランド自治の運動も，そうした自由党に強く影響されたと言われている。一部の急進的自由党員たちは，女性参政権や比例代表制などへの支持とともに，アイルランドやスコットランド自治への支持運動に積極的であった（Steed, 1996：50）。こうした傾向の影響は，19世紀後半に首相を歴任したウィリアム・グラッドストンにも見られ，1879年の時点で，「アイルランド，スコットランド，ウェールズ，そしてイングランドの一部が，地方や特別の問題を扱う措置」を支持していた（Gladstone, 1971：87）。また，研究者パトリシア・ジェイランドによると，自由党時代のチャーチルも，1904年から1911年までスコットランドを含む権限委譲に「マイルドな支持」を持っており，ウェストミンスター議会の権限を損なわない形ではあるが，スコットランド，ウェールズ，アイルランドを含めた10地域への権限委譲プランを考えていたとされる（Jalland, 1979）。

　その一方で，スコットランドやウェールズでは，独立論や分権論を主張する新しい政党も，結成されていった。1925年に，ウェールズ語の保護やウェールズ自治を主張するプライド・カムリ（ウェールズ民族党）が結成され，1934年には，スコットランド民族党（SNP）が結成された。これらの地域政党は，選挙においては，即座に勝利には結びつかなかったが，スコットランド民族党は，1945年にマザーウェル補欠選挙で最初の下院議席を獲得した。特に，スコットランド民族党は，結成時から，内部に権限委譲と独立の両方の主張が未整理なまま同居していたが，1940年代には，権限委譲を主張する人々の多くが党を離れた結果，より独立論の主張を強めるようになった（Lynch, 2002：9-10）。

第2章 地方から揺さぶられるウェストミンスター・モデル

　ウェストミンスター・モデルにおいて二大政党の一方として，自由党に取って代わる労働党においては，上記のハーディやマクドナルドら創始者たち以外にも，当初，スコットランドに対する自治に対しては積極的な考え方があった。例えば，1918年の労働党大会においては，「アイルランドへの自治の承認に沿って，スコットランド，ウェールズ，そしてイングランドでも，地方の問題に対する自律的な行政と，分離された制定法立法のできる議会があるべきである」という決議が採択された (Dorey, 2008 : 242)。1928年の労働党大会においては，「スコットランド，ウェールズ，そしてイングランドにおける各々の立法集会 (assemblies) の創設」を求める決議もあった (Dorey, 2008 : 205)。しかし，その後の労働党は，スコットランドやウェールズでの自治に消極的な態度を取り続けた。スコットランド自治への動きは，このような何人かの政治家の心情的支持や党大会での決議に留まり，それ以上の政治的動きにはつながらなかった。

　この理由に関して，労働党の憲法改革への態度に詳しいピーター・ドリーによれば，3つの理由が示されている。その第1は，社会主義とナショナリズムのイデオロギー的対立である。ドリーによれば，当時は英国内のスコットランドやウェールズなどのナショナリズムが進展すれば，英国の労働者階級の統一と団結を乱すことになると考えられていた，と指摘されている。

　また，第2の理由としては，経済的問題である。当時の(今日もそうであるが)スコットランドはイングランドと比べると経済的に貧しく，その貧しさを克服するためには，英国全体の中で貧しさを克服しなければならないという考え方があったからである。ドリーは，当時労働党に強い影響力を与えていた政治学者ハロルド・ラスキの1941年の言葉「英国の経済的・財政的問題は分割することはできない」，スコットランドに立法機関を作ることは「社会主義政府を阻害することになる」を引用している (Labour Party Archives, R.D.R. 26/November, 1941)。

　第3の理由は，当時のスコットランドにおける民族政党の伸張がまだ顕著ではなかったことである。既に上記のように，スコットランド民族党は既に結成されていたが，選挙での得票率は数パーセントに留まり，労働党の脅威にはな

21

らなかった。その一方で,自由党の没落により,第二次世界大戦前には,労働党がウェストミンスターで政権に就く可能性が高まっており,力はそちらに集中する必要があった。そのような中で,スコットランド自治の具体化論は,労働党の中で広がらなかった (Dorey, 2008：205-209)。

このようにスコットランド自治に対する消極的な態度は,戦後に入っても続き,1957年4月にはスコットランド地域の労働党大会で,執行委員会の報告において,「スコットランド議会」という項目があったが,そこには以下のような内容が書かれていた。

> 「スコットランドの執行委員会の見解は,全国執行委員会 (NEC) に送付された。個別のスコットランド議会は拒否されるべきであり,スコットランドの自治政府に向けた更なる進歩は,行政分野で最もよく達成されるという暫定声明に示された一般的結論は,全国執行委員会と一致している」(Scottish Council of the Labour Party, 1957)。

労働党本部は,このようなスコットランド地域の労働党執行委員会の動きを受けて,「作業委員会」を立ち上げ,翌年1958年6月には,答申文書をまとめた。この文書においても,基本的な点について,以下のように確認した。

> 「労働党は,したがって,スコットランドのための最大限可能な自治政府の原則において,次のような信念を表明する。それは,連合王国議会に残る意思に沿って,そこでの完全なスコットランドの代表を継続するものである。労働党は,連合王国からの分離という考えを拒否する」(Labour Party Archive, Re. 407/June 1958)。

その後,1958年のスコットランド地域労働党大会でも,上記の考え方が踏襲された (Scottish Council of the Labour Party, 1958)。このように,スコットランドでの議会設置に対しては,労働党本部も,スコットランドの組織も反対をしており,自治政府の要求は行政の対応,すなわちスコットランド省で対応できるという姿勢であった。英国のスコットランド省は,1885年から設置されており,それによる対応を意味していた。

このような動きはウェールズにおいても同様であった。ウェールズでは,1945年6月15日には,ウェールズの労働党組織が,当時の英国労働党政権 (ア

トリー政権）に手紙を送り，ウェールズの党としては，ウェールズの「独立」を掲げるべきか，「自治政府」を掲げるべきかという質問を送っている（Labour Party Archive, RS/Wal/ 3, 1945）。当時の労働党の下院議員や候補者，ウェールズの選挙区は，ウェールズ担当大臣の設置や，ある程度の行政的権限委譲を支持していた（Labour Party Archive, Re. 61/February 1944；Dorey, 2008：243）。

しかし，労働党全体の対応としては，ウェールズにおける権限委譲に特別の対応が取られたことはなかった。1945年の労働党アトリー政権時には，副首相であったハーバート・モリソンは，ウェールズの問題は経済問題が第一であり，ウェールズへの権限委譲によって問題は解決し得ないと反対した（Dorey, 2008：243）。

党内左派に属すると考えられたアナイリン・ベヴァンも，ウェールズの貧困問題はウェールズの問題ではなく，英国全体の問題であると考えていた。1944年に下院でウェールズ問題が議論されたときも，「英国炭鉱労働者連合の全てのメンバーが，英国の炭鉱産業全体の解決とは異なるウェールズの炭鉱産業の特別な解決を持っているわけではない。ウェールズの炭鉱問題などない。（中略）特にウェールズ問題に，直接に民衆の関心を向ける手段は，茶番だ」と述べている（HC Deb, 17 October 1944, Vol.403：Col. 2312）。また，1946年に，当時の貿易産業省大臣 President of the Board of Trade のスタフォード・クリップスは，以下のように，ウェールズ問題は，ウェールズの行政上の分離では解決できないと論じた。

「戦争前に存在した長期失業に対処するというこの問題は，もちろん，ウェールズに特殊なものではない。（中略）これらの発展地域を行政的な孤立によって，私たちは問題を最良の形で解決できはしない。むしろ，国全体の現在の産業における流れに，それらの地域をうまく引き入れることによってこそ，解決できる。（中略）イングランドから新しい産業をウェールズに導入することによってこそ，この地域を発展させることができた。だから，私の見地から重要なことは，国全体の全体的な産業や行政の流れからウェールズやその経済問題を分離したり，個別に取り出したりすることを，何もすべきではないということである」（HC Deb, 28 October 1946, Vol.428：Col. 298）

第Ⅰ部　ウェストミンスター改革

　上記は，下院議会におけるウェールズ・モンマウスシャー問題での白書 *Wales and Monmouthshire: A Summary of Government Action 1st August, 1945-31st July, 1946, Cmd. 6938* に関わる審議の発言であった。つまり，ウェールズの問題は，ウェールズ単体の問題ではなく，隣接するイングランドの地方とのかかわりで，貧困問題の一つとして位置づけられていたにすぎない。モンマウスシャーは，その帰属に関してウェールズなのか，イングランドなのかに論争のあった地域で，「ウェールズ・モンマウスシャー」というくくり自体が，当時の政府のスタンスを明らかにしている一つである。この問題に関しては，ウェールズ担当相を求める労働党内一部の動きとの間で，1948年11月に，ウェールズ・モンマウスシャー委員会 Council for Wales and Monmouthshire の設置が副首相モリソンによって下院で発表され，翌年1949年に設置された。この委員会は，モリソンによって，「ウェールズ担当相を設置する提案ではない」と説明された（HC Deb, 24 November 1948, Vol. 458：Col. 1262）。モリソンの演説では，むしろ，この委員会は，ウェールズと政府をつなぐ「バッファー」（緩衝材）であった。実際に，その役割も，ウェールズの人々の不満を政府に伝える以上の機能を任せられなかった（Council for Wales and Monmouthshire, 1950）。

　このように見てくると，まず，この時期までに言えることは，スコットランド，ウェールズにおける権限委譲，ないしは独立論への動きは，主要政党の間でも，多数派の支持を受けているわけではなく，少数派であったということである。自由党のように，党の方向性として「アイルランド自治」への方向が明確であった党もあったが，スコットランドやウェールズへの自治という動きは，多数とまではなりえていなかった。そして，その自由党は，第一次世界大戦から第二次世界大戦にかけて，二大政党の座から滑り落ちることになる。そして，それに取って代わる労働党は，少なくとも，アトリー政権期においては，上記のように主要閣僚からスコットランド・ウェールズへの自治への動きに対して反対論が表明され，権限委譲への支持論は各地での一部の動きに留まった。

第2章　地方から揺さぶられるウェストミンスター・モデル

3　権限委譲運動で危機に立つ二大政党

　スコットランド，ウェールズへの自治が，徐々に展開し始めるのが，1960年代からである。1967年には，労働党が絶対的優位を保ってきたハミルトン補選で，スコットランド民族党が議席を奪取し，ウェールズでも1956年にウェールズ語を話す地域の村落が，イングランドのリバプール用飲料水確保のため，ダムで沈められ，それに対する抗議運動でプライド・カムリが得票を増やし，ウェールズの地域主義が高まった。これを受けて，ウェールズで労働党が調査をした結果，プライド・カムリへの支持が増し，労働党が選挙区で苦戦するということが判明した。その結果，1959年総選挙マニフェストにおいては，懸案であったウェールズ省の設置について，「ウェールズの特別のアイデンティティへと向かう時がきたし，それは，ウェールズ担当相の任命によって認められる」（Dale, 2000b：98）と書いて公約した。この年の総選挙で労働党は政権奪還できなかったが，64年総選挙でも，ウェールズ省・担当相を公約し，勝利した結果，新政権はウェールズ省とウェールズ担当相を創設した（Dale, 2000b：112）。

　ドリーによれば，この時期に労働党内で権限委譲への動きが高まっていったのには3つの理由があるという。第1の理由が，1964年に政権に就いた労働党ウィルソン政権は，政治的・経済的近代化を目指していたが，その中で，ウェストミンスター対地方という形の重要性が増してきたことがあり，第2には，スコットランドの景気後退がイングランドよりも鮮明で，特別の対策が必要になっていたことであり，第3に，スコットランド民族党がこの不況の原因はウェストミンスター中心の政治にあると主張して，補欠選挙などにおいて伸張が著しかったからである。特に，上記のハミルトンの補欠選挙でスコットランド民族党が勝利したことは，労働党に大きなショックを与えた。

　これにより，当時閣僚であったピーター・ショーやリチャード・クロスマンなどは，スコットランドやウェールズでの権限委譲の強化に向けて発言をするようになった。ただ，労働党内において一気に権限委譲派の力が増したというよりは，従来の権限委譲に消極的な立場との間の緊張関係が，高まっていた状

態であると指摘されている（Dorey, 2008：213）。

　また，60年代には，北アイルランドでも，アイルランドへの帰属を望む人々の運動により，ある種の地域主義の高まりが顕在化した。1922年のアイルランド自由国の分離以来，北アイルランドは英国にとどめ置かれ，就職差別，暴力などによって，アイルランド系のナショナリスト（その多くはカトリック）は，ユニオニスト（英国との統一主義者，多くはプロテスタント）たちに弾圧されてきた。それに対して，ナショナリストたちは，1960年代後半の米国の「公民権運動」に触発され，様々なデモなどを組織した。

　しかし，英国側は1972年1月31日にはデモ隊に実弾を発砲し，13人のカトリック系住民が射殺された「血の日曜日事件」が勃発した。その後，当時のヒース保守党政権は，事態収拾のため，1922年以来行われてきた北アイルランド自治を停止し，1973年には，北アイルランドにおけるユニオニストとナショナリストの不和を決着させるために，英国史上初めて政府が管理するレファレンダム（住民投票）を実施した。この住民投票に対して，北アイルランドのナショナリスト系住民の多くは反対し，棄権を呼びかけ，その結果，レファレンダムでは英国への残留を98.9％の人々が支持したものの，投票率は，58.7％に留まった（Taylor and Thomson, 1999：5）。

　その後，保守党ヒース政権は1973年12月には，アイルランドや北アイルランドのナショナリスト系住民との権力分有を含む『サニングデール合意』を，北アイルランドの諸党派との間で，結んだ。この合意は，ユニオニスト第一党のアルスター統一党党首フォークナーの支援も受けて結ばれたものであるが，この合意の結果，そのフォークナーは統一党から追われ，その後の統一党は合意を破棄すべく，強硬派の民主アルスター党や，より過激なヴァンガードなどとの連携「統一アルスター・ユニオニスト連立」United Ulster Unionist Coalition（UUUC）を作った。このサニングデール合意をめぐって，結果的に北アイルランドのユニオニストたちは，保守党との連携関係を解消し，1974年2月総選挙では，独自候補を擁立して，12議席中11議席を獲得した（Aughey, 1996）。この連携解消で，保守党は8議席から12議席相当を将来にわたって失ったと言われ，その後，保守党は今日にかけて，北アイルランドでは議席を取ることがで

きていない (Butler and Kavanagh, 1974：260；Butler and Kavanagh, 1975：51)。さらに，合意に反対するユニオニストたちはゼネ・ストに突入し，北アイルランドの電力を初めとする基幹産業は停止し，74年4月に合意は崩壊した (Pilkington, 2002：72-91)。

この1974年2月総選挙では，自由党の台頭と，スコットランド，ウェールズ，北アイルランドの地域政党の躍進で，戦後初めて，どの政党も過半数議席が取れないハング・パーラメント（宙ぶらりん議会）が引き起こされた。自由党は，小選挙区制の効果で議席は14議席に留まったものの，得票率で19.3％を確保した。また，この総選挙では，スコットランド民族党が1議席から7議席へと大幅に議席を増加させ，ウェールズのプライド・カムリも初めて総選挙で議席を確保し，2議席となった。さらに，上記のような理由で，北アイルランドの全12議席が地域政党によって占められた。これらは，当然，ウェストミンスター中心の二大政党に打撃をもたらした。保守党は大幅に議席を減らして297しか取れず，第一党となった労働党も過半数を下回る301議席しか取れなかった。1974年2月総選挙の結果，保守党は，自由党やアルスター統一党との連立を打診したが断られ，労働党の少数政権が誕生した。労働党政権は，少数与党政権として薄氷の政権運営の末，同じ年の10月に再び総選挙を行い，3議席というわずかの差ながらも，過半数を得た。

4　1979年権限委譲レファレンダムの敗北

こうした地域主義の高まりは，1970年代に最初の大きな高まりを迎えた。スコットランド議会，ウェールズ議会設置による自治政府の提案であった。1974年2月の総選挙で地域主義の勃興に驚いた労働党政権は，9月に白書『民主主義と権限委譲』を発行し，その中で，スコットランド，ウェールズへの議会設置，下院での両地域の定数維持などを約束した (Prime Minister, 1974)。労働党政権は，10月の総選挙マニフェストでも，スコットランド・ウェールズでの議会 (Assembly) 開設を公約した (Dale, 2000b：208)。

その総選挙で，単独過半数を占めた労働党であったが，極めて少ない過半数

第Ⅰ部　ウェストミンスター改革

により不安定であって，補欠選挙の敗退や下院議員の離党（スコットランド民族党などへその後入党）によって，実際に過半数を割り込んでしまった。そのために，下院議会において自由党などの支持を得るためにも，権限委譲を進めなければならない局面に立たされていた。また，労働党内の調査では，独立を主張するスコットランド民族党が，労働党の伝統的支持基盤である肉体労働者において顕著な伸びを示していることが報告されていたので，選挙対策上も権限委譲を党の方針としていかざるを得なかった。そして，結局，労働党は，1977年3月に自由党との閣外協力（リブ・ラブ協定 Lib-Lab pact）を結ぶことで，何とか下院での過半数を維持することになった。この合意のなかには，「スコットランドとウェールズへの権限委譲立法の進展」や，自由党に配慮した比例代表制にもとづく欧州議会直接選挙法案の提出（ただし，議会採決は自由投票）という項目が入れられた（Dorey, 2011：390）。こうして，労働党は，憲法改革に積極的に取り組むこととなった。ただ，キャラハンは，回顧録でも，「比例代表制は毛色の違う動物であり，労働党も私も反対していた」と書いている（Callaghan, 1987：456）。また，権限委譲に関しても，キャラハンについて詳細な研究を行ったケネス・モーガンは，「できるだけ少ない機能しかウェストミンスターから奪わない形での」権限委譲を選択したいというキャラハンの手紙を引用して，キャラハンは決して権限委譲に情熱を抱かなかったと書いている（Morgan, 1997：629）。

　1976年には，これらの提案にもとづいて，スコットランド・ウェールズへの議会（Assemblies）設置が，ウェストミンスター議会でスコットランド・ウェールズ法として提案された。しかし，それでも労働党平議員も含めて反対が相次いだ。例えば，後の労働党党首となるニール・キノックも，ウェールズ党組織の大会で反対した。また，その大会では，労働党議員リオ・エイブスが，独自議会の設置に関してはレファレンダムの実施を求めた（*Labour Weekly*, 'Home-rule Referendum call is voted down', 21 May 1976）。1976年5月のこの大会では，エイブスのレファレンダム要求は退けられたが，1976年12月の段階でキャラハン政権はレファレンダム要求を法案に盛り込んで修正することに同意すると表明し，これにより，法案は第二読会を通過した（*The Times*, '45 majority for devolution after pledge on referendums', 17 December 1976)。しかし，その後も，権限委譲反対派の要求は続き，委員会での修正段階では，保守党の一部とともに，再び，エイブスや，タム・デリィイェル，ジョージ・カニンガムなど労働党下院議員がウェールズの権限委譲を取り下げ，スコットランド・ウェールズ法案からウェールズを分離することを主張し始めた。また，権限委譲反対派の議員たちは，多くの修正案を提出し，その数は350に上り，一種のフィリバスター（議事妨害）の様相を呈した。このため，政府は，議事進行のために1977年2月22日に打ち切り動議（通称ギロチン）を行った。しかし，この投票で，キャラハン政権は，与党労働党からの22名の反対と15名の欠席によって，29票差で採決に敗北した。エイブスや，デリィイェル，カニンガムらは，労働党の動議に反対し，キノックは欠席した（HC Deb, 22 February 1977, Vol. 926：Col. 1365)。

これによって，政府はスコットランド・ウェールズ法案を，スコットランド法案，ウェールズ法案として分離し，両方で権限委譲に関するレファレンダムを行う内容で，1977年に再度提案することとなった。しかし，その法案にも，1978年1月に，カニンガムは，スコットランドにおいて，立法後に世論確認の意味で行われる事後的・諮問的レファレンダムで過半数が賛成したとしても，その賛成数が有権者比で40%を超えなければ，政府は廃止案を議会に上程しなければならないという修正提案を行い，この修正提案は下院で可決された。その後も，スコットランド法案は，そのまま下院を通過し，さらに上院で修正を加えられて成立した。カニンガムによれば，過去の総選挙のスコットランドにおける投票率は約80%であり，その過半数となる有権者比40%が越えなければいけないハードルであり，低い投票率のなかでの過半数票によるスコットランド議会開設を阻止するという意図があった（*Labour Weekly*, 'Turnout limit is a fair test of opinion on devolution', 3 February 1978)。

そして，1979年3月1日にレファレンダムが行われたが，その結果は，スコットランドでは議会設置に51.6%が賛成したものの，投票率は62.9%に留まり，有権者比の賛成票は32.85%に留まった。ウェールズでは，同じ提案に80%が反対に回った。

このレファレンダム結果を受けて，労働党政権は大いに揺れた。というのは，

リブ・ラブ協定は，1978年9月で期限が切れ，その後は，自由党も総選挙準備に入り，延長は難しく，その一方で，労働党政権は過半数を失っていたため，その代わりに，スコットランド民族党の協力を必要としていたからであった。スコットランド民族党は，その主張においてスコットランド独立を強く主張していた勢力も強く，内部は一枚岩ではなかったものの，やはりスコットランド議会・自治政府設置に賛成の立場で運動を進めてきた。また，労働党内の反対派の造反により，スコットランド・ウェールズ法案が1度1977年に廃案になったことや，1978年のカニンガム修正で，不利な条件のレファレンダムの実施を余儀なくされたことに強い不満を持っており，労働党政権は閣外協力の確保のためだけに，権限委譲を進めてきたのではないかという疑いを，強く持ってきた。

それだけに，3月のレファレンダムで過半数の賛成を得ながらも有権者比40％ラインに届かなかったことを受けて，1978年スコットランド法の廃止案に，キャラハン政権がどのような態度を取るのかについて，スコットランド民族党は，重大な関心を持っていた。スコットランド民族党は，スコットランド法廃止案の提出自体はカニンガム修正により，法的な必要があることは認めつつも，労働党が「緊急登院命令により，イースター休会までに廃止案を否決し，スコットランド法施行を確認する日を明らかにしない限り，政権不信任案を自ら提案する」という方針を固めていた（Lynch, 2002：152）。

他方，キャラハン政権では，当初，副首相マイケル・フットが，とりあえず廃止案を否決し，しかし，実施案は秋まで時間を稼ぐことを提案したが，キャラハンは，そうした小手先の対応は返って状況を悪くするとして，その対応を拒否した。結局，キャラハン政権は，スコットランド法の扱いを全政党で議論することしか方針とすることができなかった。キャラハン政権は，アルスター統一党等の協力も追求したが，彼らが提示した北アイルランドへのガス・パイプラインの建設で合意できなかった。結局，そのときちょうど保守党が提出した政権不信任案に，スコットランド民族党議員11名は一致して賛成投票を行った。その不信任案には，アルスター統一党の2名とプライド・カムリは反対したが，アルスター統一党の大半と民主アルスター党，そして自由党は賛成した。

他方，労働党は重篤な病状の議員アルフレッド・ブロウトン，盟友であったはずの北アイルランド社会民主労働党党首ジェリー・フィット，無党派のフランク・マクガイアの賛成票を確保できず，彼らは棄権した。

その結果，キャラハン政権不信任案は，311対310の1票差で可決され，戦後英国史上初の不信任案可決による解散総選挙へとなだれ込んだ（Morgan, 1997：681-685）。総選挙ではサッチャー保守党が勝利し，スコットランド法は，1979年5月に政権交代して発足した保守党サッチャー政権下で，即座に廃止された。

5　1997年権限委譲レファレンダムでの勝利

保守党サッチャー政権の下で，小選挙区制はその特徴を遺憾なく発揮した。サッチャーは選挙では強いと思われがちであるが，彼女が勝った1979年，83年，87年総選挙で，保守党は，1970年までならば，敗北していたであろう40％台前半の得票率であった。ただ，そういう「低」得票率であっても，1983年には397議席という戦後最多の議席を獲得した。これは，鼻差でも1位になれば議席が得られるという小選挙区の効果が最大限に発揮された事態と言える。

しかし，その一方で，小選挙区制に対する批判，そして地域主義の勃興はますます強くなっていった。スコットランドやウェールズは，議会の定数上は2割程度しかなく，そこで如何に当時の野党であった労働党や地域政党などが，政権党である保守党を圧倒しても，政権を獲得することができない。1987年に保守党が総選挙で3連勝したときにも，保守党はスコットランドで全72議席中10議席しか獲得できず，ウェールズでも全38議席中8議席しか獲得できていなかった（Butler and Kavanagh, 1988：284）。にもかかわらず，サッチャー政権では，大胆な支出カットや反労働組合法制が導入され，製造業が多く労働者が集中するスコットランドやウェールズでの打撃が，イングランドよりも圧倒的に大きいことに批判が集中した。

その結果，1980年代後半に2つのエポック・メイキングな運動が登場した。それは，成文憲法を求める超党派的な「憲章88」と，スコットランドでの議会

設置・自治政府を求めるスコットランド憲法会議の運動であった。

　憲章88に関しては，後に詳しく触れる機会があるので，ここでは論じない。もう一つの画期的な取り組みであるスコットランド憲法会議も，超党派的な政党と市民レベルの参加という特徴点がある。スコットランド憲法会議は1989年に結成された。そこには，権限委譲に反対の保守党と，独立を求めるスコットランド民族党は参加しなかったが，政党レベルでは，労働党，自民 Lib Dems に加えて，共産党や緑の党も加わり，地方自治体，労働組合，教会，企業団体，黒人・アジア系マイノリティー組織なども参加した。1995年11月には，「憲法会議」は，小選挙区比例代表連用制によるスコットランド議会を設立すること，また，この議会には課税権と立法権を持たせることを内容とした提案を発表した（Pilkington, 2002 : 53-71）。

　1997年総選挙では，労働党が圧勝し，マニフェストで約束されていた権限委譲及びレファレンダムを実施に移すことになった。1997年7月の政府白書『スコットランド議会（Scottish Parliament）』では，医療，教育，地方自治，住宅，開発，法務，環境，農林水産業，スポーツ，芸術の分野は，スコットランド議会とそこで選ばれるスコットランド第一大臣を含む行政府 Scottish Executive の管轄とされたが，依然としてスコットランドは連合王国憲法の枠組みに留まり，外交，安全保障，金融などは，ウェストミンスター議会の管轄となった。課税権については，1ポンド中の3ペンス分を上下させる権利を，レファレンダムの結果によって与えるとした。選挙制度や定数も含めて，ほぼ憲法会議の内容が盛り込まれた（Scottish Office, 1997）。

　9月11日のスコットランド・レファレンダムでは，スコットランド議会の開設，課税権保持の2つの争点に対して，YesかNoを問う形式となった。79年のような有権者比での最低得票率は設けられなかった。

　スコットランド民族党は独立論の立場から権限委譲に反対するとしていた立場から転換し，独立論への過渡的一歩として賛成運動を展開することを決めた。これによって，労働党，スコットランド民族党，自由民主党が Yes-Yes 投票運動に取り組んだのに対して，どちらにも No として運動したのは，97年総選挙においてスコットランドで議席ゼロとなった保守党だけであった。投票

結果は，投票率60.4％に対して議会開設への賛成票が74.3％，課税権に関しては60.2％の賛成であった。この数字は，1979年の関門となった有権者比賛成票40％ハードルからすると，議会開設賛成票は44.9％でクリアされていたが，課税権については38.4％であった。しかし，トニー・ブレアは，議会設置，課税権保持の両方が認められたと述べ，「白書」の内容は，翌年1998年にスコットランド法として可決された。1999年には第1回目の議会選挙が行われ，労働党・自民の連立政権が成立した（Pilkington, 2002：95-121）。

　一方，ウェールズでは，スコットランドとは異なり，超党派の権限委譲運動は起こらなかったが，選挙上の必要もあり，ウェールズ労働党自身は権限委譲に積極的であった。1997年総選挙後には，白書『ウェールズの声』が発表された。その内容は，ウェールズ議会の設置，議会で選出される第一大臣と行政府の設置と，そのためのレファレンダムの提案であったが，ウェールズ議会の権限はウェストミンスター議会の立法の下での二次的立法にとどめられ，課税権保持の提案もなかった。ウェールズ議会の名前自体も Parliament という言葉は使われず，Assembly の名称であった。ただし，ここでも，レファレンダムにおけるハードルは設けられなかった。

　レファレンダムは，スコットランドのレファレンダムの一週間後に行われたが，これは予想されるスコットランドでの Yes 票勝利の政治的利用を意図したものと指摘されている。ウェールズのレファレンダム投票運動においては，議会開設のみについて，Yes か No を問う形となった。労働党，プライド・カムリ，自民は Yes 運動を行い，大学教員やカーディフの新聞が議会開設賛成の論陣を張った。しかし，ウェールズ北東地域はリバプール地域の新聞を読み，南東のカーディフ周辺は，ブリストルなどイングランドの都市から強く影響を受けていた。一方，議会設置反対運動は，やはり97年総選挙においてウェールズでゼロとなった保守党や一部の実業家たちが，課税権もなく立法権も制限された議会では実効性が乏しいという批判を展開した。

　レファレンダムの結果は，このような民族色や固有の言語が強く残るウェールズ西部と，イングランド化された東部の間で温度差が強く現れていたものであった。開票の行方は最後の瞬間まで No がリードし，最後のカーマーゼンの

開票でようやく逆転した。最終的な投票結果は，投票率50.1％で，議会設置に賛成は50.3％であった（Electoral Commission, 2011a：19）。プライド・カムリが強い北西部，労働党の伝統的支持基盤である南西部では，Yes が50％を超えた一方，カーディフ周辺の南東部，リバプール周辺の北東部は No が50％を超えた。

　これら2つのレファレンダムは，両方とも決定権を持つレファレンダムではなく，諮問的レファレンダムであり，最後はブレア政権がこのレファレンダム結果をいかに評価して進めるのかということにかかっていた。結果的に，トニー・ブレアは，僅差で Yes が上回ったウェールズも含めて，両方の議会設置・自治政府を作る方針を取った。

　また，ブレア政権では，この他に北アイルランドでも，超党派による自治政府を作る方針を固めた。この自治政府や，英国・アイルランド間の北アイルランドに関する協議機関の設置などを盛り込んだ1998年「聖金曜日」合意は，アイルランド共和国と北アイルランドでレファレンダムにかけられ，両方で圧倒的承認を得た。そのほか，ロンドンやその他の都市では，首長直接選挙制導入がそれら地域のレファレンダムにかけられて，承認された地域では首長選挙が行われた（英国の地方自治体ではもともと，「地方議院内閣制」ともいうべき形が支配的であり，首長直接選挙は存在しなかった）。

6　ウェールズ自治権の拡大とスコットランド独立への動き

　スコットランド議会とは異なり，先述のように，ウェールズ議会には，第2次的立法（日本流に言えば政令などの委任立法）を制定できる権限しか与えられていなかった。その後，労働党ブレア政権下では，こうしたウェールズの自治権をさらに拡大することを目指し，2006年ウェールズ政府法において，スコットランド議会と同等の第1次立法権を認めた。ただ，その発効は，ウェールズにおけるレファレンダム後とした。そのレファレンダムは，2011年3月3日に行われ，労働党，保守党，自民，プライド・カムリという主要四政党が，自治権拡大に Yes 運動を推進し，レファレンダムの結果においても圧倒的多数が

賛成した（The Independent, 'Wales to control major policies after overwhelming referendum', 5 March 2011）。このレファレンダムの結果，ウェールズは第1次立法権を獲得した。ちなみに，英国では，地方レベルでは1973年北アイルランド・レファレンダム，全国レベルでは1975年ECレファレンダムが行われて以来，たくさんのレファレンダムが行われたが，それらは全て，「諮問的レファレンダム」であった。結果自体に法的拘束力を持たせたレファレンダムは，このウェールズ・レファレンダムが初めてであり，その法的根拠は2006年ウェールズ政府法に記されている。

ウェールズ・レファレンダムの2ヶ月後に行われた2011年地方議会選挙では，スコットランド民族党が大躍進を遂げた。1997年レファレンダムを経て，1999年に最初のスコットランド議会選挙が行われて以来，1999年，2003年の2回の選挙では労働党が第一党になり，2007年選挙では，スコットランド民族党が第一党になった。しかし，過去3回のスコットランド議会選挙では，1度も過半数を制した政党は出なかった。

これには，選挙制度上の理由もある。スコットランド議会の全議席は，129議席で，そのうち73議席が小選挙区制で，残りの56議席は比例代表で選ばれる。しかし，この比例代表の選び方は，日本の小選挙区比例代表並立制のような選び方ではない。日本の並立制の場合は，比例代表においての集計は小選挙区とは全く別に行われ，純粋に比例代表の得票率にもとづいて各政党に議席が比例

図表2-1　2011年スコットランド議会選挙結果

政　党	全　体	小選挙区	比例代表
スコットランド民族党	69	53	16
労　働　党	37	15	22
保　守　党	15	3	12
自　民	5	2	3
他	3	0	3
	129	73	56

Source：http://www.bbc.co.uk/news/special/election2011/overview/html/scotland.stm

図表2-2　2011年スコットランド議会選挙結果（小選挙区と比例）

小選挙区

政党	Seats	＋／－	Votes	％	＋／－％
スコットランド民族党	53	32	902,915	45.4	12.5
労働党	15	－20	630,461	31.7	－0.5
保守党	3	－3	276,652	13.9	－2.7
自民	2	－9	157,714	7.9	－8.2
他	0	0	21,480	1.1	－1.1

比例代表

政党	Seats	＋／－	Votes	％	＋／－％
労働党	22	13	523,559	26.3	－2.9
スコットランド民族党	16	－9	876,421	44	13
保守党	12	－2	245,967	12.4	－1.6
他	3	1	241,632	12.1	－2.5
自民	3	－3	103,472	5.2	－6.1
投票率			1,991,051	50	－1.3

Source：http://www.bbc.co.uk/news/special/election2011/overview/html/scotland.stm

配分される。しかし，スコットランド議会の場合は，比例代表の議席配分の際に，小選挙区で獲得された議席が比例代表の獲得議席から控除されるシステムになっている。したがって，比例代表の議席配分の段階では，小選挙区制で多くの議席を獲得した政党の比例獲得議席には急速にブレーキがかかる。図表2－1に明らかなように，比例代表得票率で第一党であったスコットランド民族党が16議席しか取れず，逆に得票率で第二党である労働党が，比例区では22議席を獲得して，スコットランド民族党を上回った。ちなみに，このスコットランドの選挙制度は，日本では連用制と呼ばれている（詳しくは備考1を参照のこと）。

　こうしたことから，スコットランド議会選挙で，1つの政党が単独過半数を得るのは，単純小選挙区制と比べてもはるかに困難であると考えられてきた。

にもかかわらず，2011年スコットランド議会選挙で，スコットランド民族党が過半数議席を獲得したことは，大きなニュースになった。

　スコットランド民族党は，2006年に比較第一党で政権に就いたときも，過半数議席を持っておらず，それゆえ，予算法の可決などでは相当の苦難を受けてきた。さらに，スコットランド民族党の党是とも言えるスコットランド独立に関しては，実際に，2008年に独立レファレンダム実施法案をスコットランド議会に上程までしてきた。このときは，他の主要政党の反対にあって，議会で可決できず，少数政権の悲哀を味わった。

　しかし，2011年スコットランド議会選挙では，スコットランド民族党が過半数を制したことで，次の選挙までの間に，独立を問うレファレンダムの可能性が高まっている。実際，2011年選挙のスコットランド民族党マニフェストには，次の2015年までに独立レファレンダムを行うことを公約した（Scottish National Party, 2011：28）。そして，2012年1月，スコットランド第一大臣アレックス・サロモンドは，2014年秋に，独立を問うレファレンダムを実施すると発表した。このレファレンダムは，「スコットランドが独立国であるべきだということに同意しますか」という設問となり，単純過半数による承認で，最低投票率は設けないことを明らかにしている。また，独立したとしても，エリザベス女王を君主として仰ぐとしており，完全な共和国化を目指すことまでは言明されていない。その独立スコットランドの地位に関しては，スコットランド政府が発表したコンサルテイション・ペーパーでは，以下のように述べられている。

　　「スコットランドは，通常の主権国家の権利と責任を持ち，欧州連合のであり続ける。それは，諸国家が分かち合った利益にもとづき共同する連合王国の他の部分との新しい関係に入っていくだろう。スコットランド議会は，スコットランドを統治する完全な責任を得るだろう」（Scottish Government, 2012：8）。

　その一方で，スコットランド政府は，独立に至らない「最大限の権限委譲」Devolution Max について尋ねる第2の設問が，レファレンダムで問われる可能性も排除していない。この「最大限の権限委譲」は，「スコットランド議会

が，一定の例外を除き，スコットランドにおける全ての法律，税制，義務に責任を持つ」ことであり，その場合，「連合王国議会の権限であり続けるという主な例外は，防衛，外交，金融規制，通貨政策及び通貨が含まれる」(Scottish Government, 2012：15)。なお，キャメロン政権は，2014年よりも早期の2013年にレファレンダム実施を望んでいる (*The Guardian*, 'Alex Salmond challenged to hold Scottish independence vote in 2013', 22 February 2012)。

もっとも，このレファレンダムにおいて，スコットランドが英国から独立するという見込みは，現時点の世論調査を見る限りでは，必ずしも高くない。2012年1月の世論調査では，独立に賛成なのは40％で，反対が43％である (ICM, 2012)。ただ，上記のDevolution Maxに関する第2設問が設定されれば，そちらが承認される可能性は相対的に高まる。Ipsos-Moriの調査によれば，「スコットランドが連合王国に残りつつ，スコットランド議会がさらに法的権限と税制に関する権限を拡大する提案に，同意しますか」というDevolution Maxと同趣旨の提案に，71％のスコットランド住民の回答者が賛成し，反対は25％に留まった (Ipsos-Mori, 2012)。

ただ，ウェストミンスター・モデルとの関係で言えば，スコットランドが独立しようと，それが挫折しようとも，こうした地域主義の動きの進展という意味で言えば，変わらない重要性がある。なぜならば，スコットランド民族党やプライド・カムリなどの地域主義政党が台頭することにより，英国国内において，ますます，保守党・労働党という二大政党が議席の取れない，ないしは取りにくい条件が広がるからである。

実際，先述したように，北アイルランドでは，もはや二大政党は1974年から総選挙での議席は取れていない。スコットランドでは，保守党は2010年総選挙で全59議席中1議席しか取れていない。ウェールズでも，保守党は全40議席中8議席しか取れていない。労働党は，スコットランド，ウェールズを金城湯池にしてきたが，2011年スコットランド議会選挙の結果に見られるように，その地盤は大きく揺らいでいる。

このように見た場合，英国における二大政党制というのは，もはや英国（連合王国）の中のイングランド中心の現象でしかない。結果として二大政党のど

ちらか一党が総選挙での過半数を獲得することが，今日，著しく困難になってきている。むしろ，スコットランドが独立すれば，保守党が著しく弱い地域が減り，相対的に保守党が総選挙において全国で過半数を獲得できる展望が広がるとさえ言える。ウェストミンスター・モデルは，わが身を分離しなければ保つことができないほどの危機に晒され始めている。

　もちろん，今後のウェストミンスター議会において，小選挙区制の下で単独政党が過半数を獲得できる可能性は，今後もあるだろう。しかし，上記のような地域主義の台頭の中で，その可能性が小さくなりつつあることも，認めておいてしかるべきであろう。仮に，単独政党による過半数が，今後のウェストミンスター議会で獲得できるとしたとしても，1974年10月から1979年まで続いた労働党政権のように，薄氷の過半数であるならば，補欠選挙の結果や与党議員の造反などで，政権が窮地に至る可能性もある。1950年代60年代に存在した盤石のウェストミンスター・モデルは，もはや過去のものとなったと言えるのではないだろうか。

7　日本における地方分権と英国における「権限委譲」

　上記に見てきたように，ウェストミンスター・モデルを揺るがせている地域主義の台頭であるが，その英国における意味と，日本における地方分権との意味の違いについて確認しておきたい。英語での表現に即して言うと，もっとも英国で頻繁に用いられるのは，「権限委譲」devolution という言葉である。

　この権限委譲は，分権化と，その意味は微妙に異なる。日本で使われる分権化というのは，日本の国会や行政機関の持つ集権的構造を前提とした上で，地方自治体が決められる範囲を拡大しようというものである。それに対して，この権限委譲というのは，ほとんどの財政配分は依然として中央政府が行うが，ウェストミンスター議会が行使してきた権限自体は，医療，教育，住宅，農林水産業などに関して，スコットランドやウェールズなどの地域に委譲されて，英国中央政府は管轄ではなくなる点で，日本の地方分権とは異なる。例えば，スコットランドでは，教育に関してはスコットランド議会に権限があるので，

大学も含めた学校教育は，イングランドなどとは異なることができる。例えば，イングランドでは，節目の学年におけるキー・ステージ試験が初等・中等教育で行われている（実は日本の「学力テスト」はこれを真似たといわれている）が，これはスコットランドでは行われていない。英国の教育省は，今やイングランドの教育しか管轄していない。

　中央政府の権限や機能自体を，スコットランドやウェールズに委譲し，中央政府の管轄から外すという点で，日本で言う地方分権とは異なる点を持っているのである。

　それでは，権限委譲は連邦制化なのかというと，これも違うといわなければならない。合衆国憲法に「合衆国に委任されず州に対して禁止されなかった権利は，各州と人民に留保される」と書かれている限りでは，合衆国憲法がよほどドラスティックに改正でもされない限り，州自体を廃止したり，増設したり，統廃合することはできない。しかし，ウェストミンスター議会では，それが可能であり，過去も行ってきた。上記のようなスコットランドやウェールズの自治政府・議会設置も，レファレンダムは行われたが諮問的なレファレンダムであって，法的にはウェストミンスター議会のみの決定で実行できた。また，実際，1972年や，2002年に，英国政府は，北アイルランド自治を治安上の理由から停止した。つまり，州などが基礎となってできた政治システムを連邦制と規定するのであれば，英国で行われてきた権限委譲は，ウェストミンスター議会によって，改廃が可能という点で，連邦制とは異なる。

第3章

2010年総選挙と戦後初の連立政権発足

1　本章の概観

　ここでは，上記のような地域主義の台頭に加えて，英国の中央政治においても，ウェストミンスター・モデルの変容が進行している例として，2011年総選挙結果を検討する。ウェストミンスター・モデルは，周知のように，小選挙区制の下での単独政党過半数政権という要素が支配的であったが，その図式が崩壊した点に，2010年総選挙結果の歴史的意義がある。第三党であった自民 Lib Dems の台頭により[3)]，小選挙区制であるにもかかわらず，二大政党のどちらも総選挙（下院選挙）の過半数を獲得することができない状態，すなわち，ハング・パーラメント（宙吊り議会）という事態が，2010年総選挙で発生し，その結果，英国で戦後初の連立政権が発足したからである。

　ハング・パーラメントは，1974年2月選挙でも一度発生したが，そのときは，それまでの与党保守党が自由党等の連立合意を獲得できず，下野し，少数政権の労働党ウィルソン政権が発足し，少数政権のまま数ヶ月が経過し，10月に改めて総選挙を行い，ようやく労働党が過半数議席を獲得した。ただし，このときは過半数を超えたといっても，わずか3議席であり，その後，補欠選挙の敗退などで過半数を失い，1977年3月には，労働党政権は自由党との閣外協力の協定「リブ・ラブ協定」Lib-Lab pact を結んで，政権を維持せざるを得なかった。1979年総選挙でサッチャー保守党が政権交代を果たすまで，英国の

政権は不安定な状態が続いた。

2010年総選挙においては、保守党は過半数に19議席足りず、自民 Lib Dems との連立政権が樹立された。連立政権は、戦後初めてである。つまり、地域主義の台頭の中で、二大政党、特に保守党の議席が取れない地域が増大したとともに、保守党の議席の取れるイングランドにおいても、自民が台頭したことで、2010年のハング・パーラメントは発生した。

小選挙区制であるにもかかわらず、単独政党が過半数を取ることができず、連立政権に至ったことは、ウェストミンスター・モデルの単独政党過半数政権という重要な要素に疑問符がついた状態と言える。以後、2007年のブレア退陣、ブラウン政権の発足以降の経過を見ながら、検討していきたい。

2　ブラウン政権の発足と2009年欧州議会選挙

ブラウン政権は、2007年7月のブレア辞任後に発足した。後任を選ぶ党首選挙では、ブラウンがブレアの支持を受けて無投票で選出され、7月から9月にかけては、世論調査での支持率においても、労働党が保守党をリードしていた（*The Observer*, 'Cameron meltdown as public urge early vote', 30 September 2007）。ブラウンは首相が交代したことから、自らの信任を国民に得るために、総選挙を行うことを検討していた。労働党幹部たちも、11月1日総選挙を、予想して準備を加速させていた。しかし、この秋の保守党大会で相続税減税政策が発表されると、保守党支持率が上昇し、どの政党も過半数が取れない分析が出てくるなかで、ブラウンは解散総選挙をあきらめた（*The Guardian*, 'Brown: there will be no autumn election', 6 October 2007）。一方、保守党党首デイヴィッド・キャメロンは、決断できないブラウンの弱さを批判し、世論は保守党に傾き、保守党の支持率が労働党を上回りだした。長年の蔵相経験もあり、経済に強いブラウンであったが、個人的な人気を得るという点では、キャメロンには及ばなかった。同時に、キャメロンは、ルックスの良さと若さ、政策的な傾向から、選出されたときには「トーリー・ブレア（保守党のブレア）」というあだ名のつくほどであった。それ以後も、ブラウン政権、および労働党に対して批判が集まり、2008

年7月のグラスゴー東選挙区の補欠選挙では，前回総選挙での20％以上の差を覆されて，労働党候補者はスコットランド民族党候補者に敗北した。グラスゴー東は，労働党の最強選挙区の一つであり，同様のスウィングが総選挙で生じるならば，労働党は，金城湯池のはずのスコットランドで1議席しかとることはできないと，ストラスクライド大学のジョン・カーティスはテレビ番組で明言した (BBC, 25 July 2008)。

しかし，その後，2008年9月のリーマン・ショック以降，世界的な金融危機の中で，ブラウン政権は，銀行への公的資金投入やVAT減税などの対策を，自らの蔵相経験を活かして次々と展開し，11月には，グレンローシス補欠選挙で労働党候補が勝利するなど，復調の兆しを見せるかに見えた。

2009年欧州議会選挙では，政権党である労働党を中心に議員経費スキャンダルが勃発した。英国の国会であるウェストミンスター議会では，遠距離の選挙区で選出された国会議員のセカンド・ハウスに対する住宅ローンなどを，経費として認めてきた。しかし，実際には，その範囲を超えて様々な議員の経費を認め，支払いしてきた。欧州議会選挙の数ヶ月前から，保守党系といわれるテレグラフ紙が中心となって，その実態を暴きだした。後には，他紙が保守党議員や自民議員たちの様々な不適切な使途を暴露し，結果として，全下院議員の52％にあたる390名の不適切な使用が暴かれた。ロンドン郊外で充分に通勤圏にある議員がセカンド・ハウスのローン代金を請求したり，セカンド・ハウスの場所も議会への通勤には不適当なほど遠い場所であったりした例など，問題が次々と明らかにされた。また，中には，間違って夫のポルノ・ビデオの代金を請求してしまった女性議員もいた。これらの議員の大半は，それまでの慣習の範囲内で経費を請求していた点で，法的には問題なかったが，国民の怒りは大きかった。また，法的に問題があり，刑事告発された議員も4名いた (BBC, 'MPs expenses explained', 29 March 2010)。[4]

このスキャンダルは，やはり主として政権党である労働党に最も不利に働き，当時の首相であったゴードン・ブラウンもクリーニング代金の不正を指摘され，少額ではあったが該当額を返金した。また，キャメロン保守党党首，ニック・クレッグ自民党首も住宅ローン用に支払われた費用の一部を返金するよう

第Ⅰ部　ウェストミンスター改革

に勧告され，2人とも返金した(*The Daily Telegraph*, 'MPs' expenses: Brown, Cameron and Clegg ordered to repay money', 4 February 2010)。2009年6月に行われた欧州議会選挙では，保守党が第一党となり，二大政党としての面目は維持したものの，労働党は，新興政党で欧州連合からの脱退を掲げるUK独立党に抜かれ，得票率・議席ともに第三党に転落した。総選挙の結果ではなかったものの，主要な選挙においては，初めて二大政党の一角が崩された格好となった。

3　総選挙に向けた論争

3-1　秋の各党党大会

ブラウン労働党は，その後も低支持率にあえぎ，2009年10月の時点で保守党に支持率で15％以上引き離され，このまま総選挙を行うと確実に敗北する情勢にあった。

このような状況の中で，2009年9月末から10月はじめにかけて，英国政治は恒例の党大会シーズンを迎えた。英国の各党の党大会は，党員や下部組織を交えて，数日かけて行われるのが通例である。

主要政党の中では，自民が，最初に，英国南部の都市，ボーンマスで党大会を行った。党大会で，党首ニック・クレッグは，「私が首相になりたい理由を言わせてください」と述べ，政権への意欲を明らかにした。同時に，課税最低限を1万ポンドに引き上げるなどして，貧困者の生活を改善する政策も明らかにした(*The Guardian*, 'Why I want to be next prime minister', 23 September 2009)。党首ニック・クレッグは，このとき43歳で欧州議会議員1期，下院議員1期（2005年初当選）の若手であったが，2007年10月，前党首メンジス・キャンベルの辞任ののち，党首に選出された。彼自身は，ロンドン生まれ，名門パブリック・スクール（ウェストミンスター校），ケンブリッジ大卒のエリート・コースを歩んできた。

労働党大会は，チャールズ・クラークら，反ブラウン議員たちによる辞任要求が強まる中で行われた。この最中に，一部の世論調査では，労働党が自民に支持率で抜かれて3位に転落したと報じられ，また，同じく，党大会期間中に，

大衆紙『サン』がこの10年の労働党支持を撤回し，保守党支持を表明した。『サン』の保守党支持表明は，労働党大会とそれをめぐる報道に衝撃を与えた。なぜなら，この数十年，『サン』の支持を得ることなしに総選挙で勝利した政党がなく，特に，1992年総選挙では，投票日直前に保守党支持を表明した『サン』が，接戦のなかでの労働党の敗北を決定付けたという指摘も多かったからである。

　これに対して，党大会の席上では，副党首ハリエット・ハーマンが自ら労働党を「負け犬（underdog）かもしれない」と述べつつも，「この負け犬は噛み付き返す」と反攻を誓った。さらに，党大会では，こんな新聞の支持はいらないと，トニー・ウッドリー（労組ユナイト）が壇上で，『サン』を破り捨てた（The Guardian, 'Union leader shreds the Sun as Labour attacks tabloid's defection', 30 September 2009）。一方，マンチェスターで行われた保守党大会では，影の蔵相ジョージ・オズボーンが，労働党とは違い，保守党は「正直」な党であり，それだけに，私たちは，政権に就くとともに政府支出32億ポンド・カットを速やかに実施し，労働党政権が作り出した巨額債務の削減に乗り出すと述べた。英国では，この時期に，2008年の金融危機以降に生じた税収の落ち込みや労働党政権での支出増により，政府債務がGDP比で30％台から70％台まで上昇することが話題となっており，保守党の支出カット政策はこれに対応しようというものであった。ただし，このカット幅は，30年前のサッチャー政権下での政府支出の削減に匹敵するものであり，マスコミの一部によれば，これは一種の賭けであり，今後の有権者の支持に影響するかもしれないという指摘があった（The Telegraph, 'Tory conference: George Osborne plans biggest public spending cuts for 30 years', 6 October 2009）。

　もっとも，政府支出のカットという点では，労働党政権も同じであった。労働党も，党大会で公務員のベースアップの停止を含むカット策を発表していた。ただ，その後，保守党は，労働党よりも「速く深く削る」ことを表明し，またそのことを強調した（The Daily Express, 'Tory "Trade out of recession" plan', 10 January 2010）。労働党は，不況下における支出カットは景気を見ながら，時期を遅らせて行うべきだと主張していた。

保守党大会でもう一つ大きなテーマとなったのは，リスボン条約であった。事実上の欧州憲法条約とも言われるリスボン条約は，英国では議会によって前年に批准されていた。しかし，英国国内でもレファレンダムによる批准を求める声は強く，保守党やUK独立党（UKIP）は草の根を巻き込んで全国レファレンダム要求運動を展開してきた。この2009年10月の保守党大会では，10月2日のアイルランドでのレファレンダムの結果，アイルランドの批准が確認されたことを受けつつ，もし，保守党新政権発足時にリスボン条約が未発効であった場合には，英国ではレファレンダムで批准を問い直すと，キャメロンは約束した。この段階で，なお，未批准のチェコ，ポーランドの帰趨が不明で，リスボン条約は全加盟国が批准しなければ発効しないことになっていた。しかし，その一方で，新政権発足時に既に発効していた場合に関しては，キャメロンは明言を避けた（*The Guardian*, 'David Cameron rows back on Lisbon referendum commitment', 8 October 2009）。

　そして，結局，リスボン条約は，11月に最後まで批准を渋っていたチェコが条約の部分的修正を条件に批准に応じることを明らかにし，修正も各国の代表が集まり1日で終え，批准された。リスボン条約は，12月に発効した。保守党は，これに対し，既に発効した以上，政権をとった後にEUに対して再交渉したり，批准の是非を問うレファレンダムを行ったりしない方針を明らかにした。UK独立党も，ブリテン民族党も，こうした保守党の方針を「裏切り」「腰砕け」と批判し，やはり主要政党には英国の利益を守る力がないと主張した（*The Telegraph*, 'David Cameron to tell voters: no vote on Lisbon Treaty', 2 November 2009）。

　また，この10月，欧州議会選挙での躍進を経て，英国では有名なBBCのテレビ番組 *Question Time* にブリテン民族党党首ニック・グリフィンが招かれることが明らかになった。これに対する抗議が様々な勢力から巻き起こった。グラスルーツのレベルでは，右派のイングランド防衛同盟 English Defence League（EDL）と左派の反ファシズム同盟 United Against Fascism（UAF）が，イングランド北部の街々で一触即発の事態となった。サッチャー政権時代には，テロリストに主張させてはならないと，シン・フェイン党幹部たちのテレ

ビなどの出演が控えられたので、それを踏襲すべきで人種主義者に宣伝の場を与えるべきではないとする意見と、既にブリテン民族党も欧州議会に議席を持つ政党なのだから、公平に扱うべきだという意見が、マスコミで闘わされた（Macintyre, 2009；*The Guardian*, 'BBC is right to allow BNP on Question Time, says Mark Thompson', 22 October 2009）。結局、ニック・グリフィンをパネリストの1人として迎えた *Question Time* は、結果として、通常の番組とは異なり、ニック・グリフィン対他のパネリストおよび聴衆という形になり、過去のグリフィンの人種主義的言動を問いただす内容が中心的であった（普段の *Question Time* は、主要政党の政治家やジャーナリストのパネラーたちが5つか6つ程度の質問を聴衆から受け、応答しつつ討論するという形で、1対多という場面が作られることは稀であった）。

さらに、ブリテン民族党は、自党の宣伝としてスピット・ファイア（第二次世界大戦期の戦闘機）を多用してきたが、スピット・ファイアは、国民的シンボルであり、いかなる政党もこれを政治的に利用することは許されないと批判された。そして、ついには、マイク・ジャクソン卿やリチャード・ダナット卿ら、元英国軍の将軍たちの連名で、ブリテン民族党のスピット・ファイア利用を糾弾する声明が出された。逆に、グリフィンは、もしチャーチルが生きていたら、ブリテン民族党にこそ入党していただろうと述べ、むしろ将軍たちは、イラクなど違法な戦争に従事している点で、ナチの将軍たちと同じだと批判した（*The Daily Express,* 'BNP Leader Takes on Military Chiefs', 20 October 2009）。

なお、主要政党の党大会が終了した10月中旬の政党支持率は、労働党26％、保守党43％、自民19％で、この数字で投票行動が行われるならば、保守党の過半数獲得は間違いない状況であった（Ipsos-Mori, 2010）。

ところで、11月に入り、ブラウンがアフガニスタンで戦死した兵士の名前を間違うという事件が起こった。下院での発言においてもたびたび間違っていたが、ブラウン自身が兵士の家族に宛てた直筆の手紙の中でも間違いが見つかり、家族の憤激をかった。当初、マスコミはこの問題をこぞって報道し、野党は攻撃を強めたが、兵士の母親がブラウン首相自身からの謝罪電話を録音し、『サン』紙に流したことから風向きが変わった。この事件を、『サン』紙によ

る労働党攻撃とみる分析も現れた（*The Guardian*, 'Labour attacks Sun in row over Brown misspelling name of dead soldier', 8 November 2009）。このような中，11月にグラスゴー北東で補欠選挙が行われ，労働党が勝利した。もし，敗北すると，党内外からの責任追及は必至と見られていたが，これで，ブラウンに対する攻撃は一段落した。ちょうど，この時期は，アフガニスタンに向けて英軍を増派すべきかどうかが議論になっていたが，オバマ大統領の増派表明を受けて，ブラウン首相も11月末に増派を表明した。

3-2　労働党の路線探しと，キャメロン保守主義

　労働党は，ニュー・レイバーの次のビジョンを出すのに苦しみ続けた。9月の党大会でも，有権者に訴えかける確たる方針の概要を出すことはできず，その結果，「政府から支援を受けた銀行ボーナスの削減」を強調するくらいで，具体的な将来的政治像をあらわすことができなかった。

　党内のビジョン探しとしては，支持率の低下の中，伝統的な労働者階級票の確保を重視する動きが出た。トップ・ランクの富裕層に課税を強めようとするエドワード・ボールズ子供学校家庭相やイヴェット・クーパー年金担当相などに動きに対して，それに反対するアリステア・ダーリン蔵相やピーター・マンデルソン通商担当相の動きが表面化したが，ブラウンは前者を支持したといわれる。マスコミは，こうした労働党の伝統的労働者重視路線を「階級闘争」Class war と呼んだ（*The Independent*, 'Cabinet divided over "class war" attacks on Cameron', 28 December 2009）。翌年1月には，ジョン・デナム・コミュニティー担当相が，同じ貧困家庭でも，有色人種の家庭の子供は学校の成績などで健闘しているのに対して，むしろ白人生徒の成績の落ち込みが激しく，もはや「人種よりも階級」を重視すべき時に来ていると発言した（*The Guardian*, 'John Denham's subtler approach to race and class carries new risk', 14 January 2010）。デナムは，伝統的に労働党が強い地域での労働者階級の離反とブリテン民族党の台頭には，このような背景があると指摘した。その一方で，2010年1月16日のフェビアン協会の集会では，ブラウン首相は，全ての人々にミドル・クラスの仕事を提供できる社会的流動性を労働党は実現すると強調すると同時に，労働党はミドル・クラ

スを代表する政党であると論じ，両意見を折衷する意見を主張した（*The Times Online*, 'Gordon Brown starts battle for middle classes "betrayed" by Tories', 16 January 2010）。

2009年6月にブラウン辞任を求めて，閣僚を辞任したジェームス・パーネル元年金担当相やリーアム・バーン大蔵省首席担当官，デモス（シンクタンク）らは，次のレフトの戦略をアマルティア・センの「ケイパビリティ」のなかに見出そうとした（Crabtree, 2009；Purnell, 2010）。労働党政権では，ブレア時代から政府の教育支出は増大し，実額で1.5倍を超えてきたが，そのような教育政策に対する重視が，ターゲットを重視するあまり，必ずしも教室の中での生徒たちのケイパビリティの向上には結びついていないのではないかという問題意識から来たものと理解できる。また，こうした労働党の深刻なビジョン危機は，かつてブレアのスピーチ・ライターであったピーター・ハイマンが「ニュー・ニュー・レイバー」というフレーズさえ考えざるを得なかったことにも表れている（小堀，2010a；Rentoul, 2010）。

一方で，キャメロン保守党も，路線という点では議論があった。キャメロンは，1966年10月生まれで，2010年5月に政権についたときには，1812年のリバプール伯爵以来で史上最年少首相であった。また，ウィリアム4世の血筋を引く家柄で，有名なパブリック・スクール，イートン校を出て，オックスフォード大学に進学した。大学卒業後は，保守党のシンクタンクである保守党リサーチ・デパートメントの研究員を務め，2001年総選挙でウィットニー選挙区から下院議員として選出された。研究員時代には，サッチャーの下で働き，彼女とも交流があった。マイケル・ハワード辞任後の2006年党首選挙で選出された。

キャメロンの思想の特徴は，教育や貧困において英国社会には深刻な問題があり，サッチャー時代の保守党は，そこに十分な政策を持ってこられなかったという反省があった。そういう意味では，サッチャーよりも明らかに左であると理解できる側面もあるが，自助自立や市場主義などのサッチャリズムの価値を経済に関して重視する姿勢や欧州懐疑主義的立場などは，サッチャリズムを踏襲しているといわれ，むしろ，サッチャリズムの放棄ではなく，その社会への拡大という点に特色がみられるという指摘がある。キャメロンがこのように

「社会」を重視するのは，ニュー・レイバーに対する適応であるという評価もあり，キャメロンは「ポスト・サッチャー」であると同時に「ポスト・ニュー・レイバー」であると指摘された (Lee and Beech, 2009)。

さらに，サッチャー時代の保守党と異なるのは，キャメロン保守党が，分権化 decentralisation を，政策の中心に据えていた点である。保守党の言説の中では，民営化・民間委託，個人に対する決定権の付与なども含めて分権化として語られることが多かったし，そういう意味での分権化であるならば，取り立てて新味もなかった。しかし，キャメロン保守党の下では，民営化・民間委託という意味での分権だけでなく，地方自治体への分権も盛り込まれた。2009年2月に発表された保守党の地方分権政策では，起債許可の拡大，レファレンダム付きイニシアティヴ，地方税上限撤廃などが約束された。このイニシアティヴの提案においては，争点の制限はなく，住民の5％以上の署名でレファレンダムを行うことを約束している（この内容はローカリズム法案として，2010年に提起されたが，貴族院でイニシアティヴに関しては大幅な修正が加わって，成立した）。ただし，法的拘束力の有無について，政策文書では言及されていない。また，この分権化方針は，地方への財政的配分増に関しては言及されてはいない（Conservative Party, 2009）。したがって，むしろ，地方自治体権限に対する規制緩和策の性格が強いといえよう。しかし，サッチャー政権下においては，大ロンドン議会の廃止，レイツの上限導入など一貫して地方自治体の権限は奪われてきたので，この点においては，キャメロン保守主義とサッチャリズムは異なっていると述べても，間違いはないであろう。

このようなキャメロン保守主義に関しては，保守党内右派からは批判もあり，2007年1月には，キャメロンは，自分の考えとサッチャリズムには矛盾はないと説明しなければならなかった（*The Independent*, 'Cameron: Thatcher was right on role of government', 16 January 2007）。それでもなお，2007年以降，さらに右派的な方向を求める貴族院議員数名と下院議員1名が保守党を離党し，UK独立党に加入した。

3-3　フーン，ヒューイットによる事実上のブラウン辞任要求

　2010年の政治シーンの幕は，元閣僚たちによる事実上のブラウン辞任要求であけた。1月6日，ジェフ・フーン元防衛相とパトリシア・ヒューイット元医療相が労働党下院議員たちに，党首続投の是非を問う無記名投票への支持を求める E-mail を送付していたことが明らかとなった。フーンは，これをブラウンに対する辞任要求ではないと説明していたが，意図は明らかであった。しかし，これに応ずるものはほとんど現れず，完全に不発に終わった。

　ただ，この中で，注目されたのは，デイヴィッド・ミリバンド外相の態度であった。彼は，他の閣僚たちが，ニュースが伝わるや否や，続々とブラウンに対する支持表明をしていたのとは対照的に，沈黙を守り，最終的にニュースが伝わった6時間半後の夕刻に，「私は外交問題で首相と緊密に動いており，彼が進める労働党政権の再選を支持しています」と述べた。この不熱心な支持を，デイリー・エクスプレスのパトリック・オフリィンは，「軽蔑にも値しない」と評した（The Daily Express, 'David Miliband's Behaviour is now beneath Contempt', 8 January 2009）。

　ミリバンドは，マルクス主義政治学者ラルフ・ミリバンドの子で，中道左派系シンクタンクIPPRの研究員から2001年に下院議員に転じ，「ブレア派」の1人として注目されてきた。また，同じく，弟のエド・ミリバンドも，ブラウン政権の閣僚であった。2007年のブレア首相辞任の際には，ブラウンに挑戦して党首選挙に立候補するのではないかという観測もあったが，このときは，むしろブラウンの推薦名簿に名前を連ね，外相のポストを得た。2008年7月に，ブラウンがグラスゴー東補選敗北の責任を問われる中，『ガーディアン』紙に英国政治の展望について手紙を書いたが，その中でブラウンには一切言及しなかった（Miliband, 2008）。その手紙は事実上のブラウン降しに近いと受けとめられたが，結局，このときも，ブラウンへの挑戦を否定した。再び，ブラウンの支持率が低迷した2009年6月には，彼の親友といわれ，同じIPPR出身のジェームス・パーネルが，閣僚を辞職してブラウン辞任を要求したが，その際にも，一部の期待に反して閣内に留まった。彼の優柔不断さと，その一方での首相ポストへの「色気」は明らかだった。2010年1月の「6時間半の沈黙」も，結局，

フーン，ヒューイットの造反に対する党内の反応を確かめながらの反応ではなかったのかという疑惑を持たれ，彼の誠実さに対しては，疑問符が投げかけられた形となった。

3-4　「壊れた社会」をめぐる論争

一方，保守党は，1月21日のエドリントン事件の判決を取り上げて，労働党政権下での英国を「壊れた社会」Broken Societyであると主張した。エドリントン事件とは，2009年1月に，当時10歳と11歳の子供が同年代の子供2人を拉致し，裸にして性的虐待を加えた上で，火をつけて半死半生の目にあわせた事件であった。この2人の加害者は，その日，ターゲットを自転車で物色して犯行を行った。この2人の加害者は，居住する地域では有名な問題児で，何度も別の子供を襲ったり，非白人に対しては人種差別的攻撃を行ったりしていた。家も荒れ果て，親は家でこの兄弟を虐待する一方，外では放置し，両被告が逮捕された後，両被告の親は，その件については「関心がない」と語った（*The Telegraph,* 'Torture attack: brothers terrorised Edlington', 3 September 2009）。地域からは何度も対策を要望されていたにもかかわらず，警察や自治体が対応を怠ったことも問題にされた。また，両被告は，この裁判の最中に，法廷内で明らかに関心を失い，机に突っ伏した様子などが，傍聴人のイラストで書かれ，各紙が報道した。両被告には，それぞれ5年の刑が言い渡されたが，両被告の状態の改善がなければ，さらに延長される可能性もあると報道された。保守党は，この事件に関わる報告書が概要しか出されていないことを問題視し，全文を公表するよう議会で迫ったが，エドワード・ボールズ子供学校家庭相は，被告の更生と個人情報を理由にこれを拒否した。[5)]

英国では，1993年に起きたバルジャー事件以来，少年犯罪に対する政策が一貫して選挙争点の一つとされてきた。バルジャー事件は，当時2歳であったジェームス・バルジャーを当時10歳の2人の少年が誘拐の上，殺害した事件で，いったんは10年以上の服役刑を言い渡されたが，その後，裁判の過程が欧州人権条約の要求する公正さを満たしていない，という訴えが少年側からなされ，欧州人権裁判所もそれを認め，英国最高裁が仮釈放委員会の手続きを進め，

2001年6月，2人は釈放された。既に実名を顔写真入で報道されていた2人には，新しいIDが与えられた。ちなみに，2人のうちの1人，ジョン・ヴェナブルは，2010年3月に，児童ポルノに関係していたという理由で，再び収監された。その報に接したジェームス・バルジャーの母は，「彼が属する場所」に戻ったとコメントした (*The Daily Telegraph*, 'James Bulger's killer back where he belongs, says mother', 3 March 2010)。なお，これら以外にも，議論になった事件は多く，2009年には，障害者フィオナ・ピルキンソンの母が，娘と自分に対する周囲の少年たちのいじめを苦にして，フィオナを殺害した上で自殺した事件も大きく報じられた (*The Times Online*, 'Family behind Fiona Pilkington bullying "still causing problems"', 23 September 2009)。

こうした少年や若者の犯罪は，英国では yob culture とか，Anti-Social Behaviour Order (ASBO) と呼ばれてきたが，この根源が英国社会での格差，特に社会の底辺をなす貧困問題にあるという認識は，英国では党派を超えて自覚されている。また，1996年労働党大会でのブレアの「教育，教育，そして教育」発言に見られるように，労働党政権の重点の一つは，教育の向上によって，こうした貧困や格差を改善することにあった。

しかし，ブラウン政権の下で設置されたミルバーン委員会（アラン・ミルバーン座長）の報告では，英国における格差が，この40年で最大になっているという指摘もなされていた (Panel on Fair Access to the Professions, 2009)。また，ブレア政権において貧困地域の教育水準向上策の「切り札」として位置づけられた「アカデミー」での教育水準の向上も，統計に関して様々な疑問符がつけられている。この「アカデミー」とは，貧困地域の公立学校を廃止し，民間参入の上，地位的には「私学 (independent)」化した学校であるが，運営費は国がまかなう（小堀，2010b）。

保守党は，これに対して，スウェーデンや米国で用いられてきた「フリー・スクール」の経験を活かした新しいアカデミーを創設し，大半の学校をその形態に移すことを方針として明らかにした。この「フリー・スクール」では，労働党政権下でのアカデミーよりも，多くの自由を各学校に与えるとしており，これによって，貧困地域の教育水準は向上できると論じた (Conservative Party,

2010a)。

　なお，この時期には，ギリシャの経済危機がニュースになっていたが，2月18日には，英国の債務の多さが長期金利を急上昇させる事態になった（The Guardian, '"Bond vigilantes" offload gilts as UK plunges into the red', 18 February 2010）。

　また，こうした状況の中，2月に，ブラウン政権は，対案投票制 Alternative Vote System か，小選挙区制存続かを問う選挙制度改正のレファレンダム（国民投票）を，2011年秋に実施することを表明し，既に下院に提出されていた憲法改革・ガヴァナンス法案を修正して，選挙制度改革国民投票の条項を付け加えた（The Independent, 'Leading Article: For all its faults, the alternative vote is a step in the right direction', 9 February 2010）。これは，選挙制度改正を悲願としている自民に歩み寄りを示すことで，選挙後の連立を見越した労働党政権の最後のあがきでもあった。

3-5　暴露と陰謀の泥仕合と，高まるハング・パーラメントの可能性

　2月に入ると，ブラウンによる「官僚いじめ」疑惑が話題となった。これは，ジャーナリスト，アンドリュー・ローンズリーの取材で明らかになったことであるが，官邸の職員が上司からの「いじめ」を受けて，ヘルプラインに相談していたことが，新しく出版する本の中で明らかにされた（Rawnsley, 2010）。また，このニュースが表ざたになるや否や，ヘルプラインの相談員が自らテレビに出演して，その相談があったことは事実であると答えた。マスコミは連日このことを報道し，閣僚たちはそういう事実はないと釈明に追われた。しかし，この行為は，同時に，相談員の守秘義務上も問題があり，その相談員の夫が保守党関係者であったことや，相談員の事務所の隣が地域の保守党事務所であることなどが明らかになるにつれて，政治的意図を持ったものではないかという指摘もなされるようになった。こうした背景を受けて，保守党議員アン・ウィドカムを含む4人のヘルプラインの出資者が抗議辞任する余波も出た（The Guardian, 'National Bullying Helpline under fire as patrons resign', 22 February 2010）。

　もっとも，ブラウンの気性の荒さは，既に様々な著作でも明らかにされてい

ることであり，元副首相ジョン・プレスコットなどは「いじめじゃなく，それは仕事熱心だっただけだ」と事実上認めるようなコメントさえ出していた (*The Daily Telegraph*, 'Gordon Brown bullying claims: John Prescott mounts passionate defence', 23 February 2010)。ジャーナリストの著作では，そういうブラウンの気性の荒さは多く書かれており，ブレア夫人で裁判官のシェリー・ブレアは，それゆえブラウンを酷く嫌っていて，一度は，ブレアを怒鳴りつけるのはやめてほしいと哀願したとも言われている (Peston, 2005 ; Bower, 2004 ; Seldon, 2004)。

　２月末には，半年前には15％以上保守党が労働党をリードしていた世論調査での政党支持率が，数％の差に縮まり，ハング・パーラメントの可能性が高まっていると各紙から報道された。また，３月９日には，鍵を握る激戦区での調査結果によると，保守党と労働党が「首の差」の激戦になっていて，支持率は全くの同率になっていると報道された (*The Times*, 'Labour and Tories neck and neck in marginals: Times poll points to a photo-finish', 9 March 2010)。

　そんな中，３月になると，自民が春の党大会を行い，党首ニック・クレッグは，自分の赤のネクタイを指さし，「これはシグナルかもしれない。けれど，こちらは青」と上着の裏地の色を指さし，赤（労働党）と青（保守党）の両方と連携する可能性をほのめかした (*The Daily Telegraph*, 'Nick Clegg's balancing act as hung parliament looms', 10 March 2010)。また，このころ，保守党政権で元閣僚を務めてきたアシュクロフト貴族院議員が海外を本拠として，ほとんど英国に税金を納めていなかったことがニュースとなった。アシュクロフト議員は，下院議員から一線を退いて貴族院議員になった後も，依然として保守党へのトップ・ランクの献金者であり，保守党は，事実上，税金逃れの資金を得ていたことになった。このニュースが明らかになる数日前に，保守党はブライトンで全党的なフォーラムを行っており，ここで，党首キャメロンは「私たちは愛国者であり，あと５年のブラウン政権にはNoだ」と力説していたが，労働党は，アシュクロフト問題で保守党の「愛国」的スタンスはまやかしであると，攻勢を強めた。

　さらに，３月20日からは，ブリティッシュ・エアウェイズのストライキが開始され，その労組側であったユナイトが保守党から攻撃された。特に，労組ユ

第Ⅰ部　ウェストミンスター改革

ナイトが労働党傘下であることとともに，その中心メンバーの１人，チャーリー・ウィランが，ブラウン首相の元側近であったことも攻撃材料とされた。なお，このユナイトは，かつて1970年代に勇名を馳せたTGWUが他の組合団体と統合してできたものであった。

　３月後半になると，今度は，労働党の元運輸相スティーヴン・バイヤーズが，英国のテレビ局「チャンネル４」のおとり取材で，5000ポンドで現職閣僚にロビー活動しても良いと，過去の自分の実例を引き合いに出して答えた場面が暴露された。彼は実際に，英国の小売大手テスコのために食品表示の緩和を目指して活動した経験も語った。マスコミもこぞって取り上げ，怒った保守党党首キャメロンは，議会でこの問題の調査委員会を立ち上げるように迫った。ハリエット・ハーマン下院リーダー・党副党首は，この問題で閣僚たちはいかなるロビー活動も受けていないと疑惑を否定し，調査委員会の設置を拒否した（*The Guardian*, 'Stephen Byers did not influence ministers, says Harriet Harman', 22 March 2010）。なお，フーン元防衛相，ヒューイット元医療相も，チャンネル４の取材に対して，それぞれ3000ポンドでロビー活動を請け負うと発言しており，バイヤーズと合わせて，３人の議員は，議会労働党の資格を停止された。

　おとりのカメラの前で堂々と発言している点で，フーン，ヒューイット，バイヤーズらの問題は明らかであるが，同時に，フーン，ヒューイット氏が１月のブラウン降しの首謀者であったことから，報道に何らかの政治的意図や思惑があったことも否定できないであろう。総選挙を間近に控え，政党とマスコミの思惑を巻き込んだ暴露合戦の様相を呈していた。

3-6　2010年予算の発表

　24日には，2010年度予算がアリステア・ダーリン蔵相から発表された。目玉は，25万ポンド（3000万円相当）未満の初回住宅購入者に対する印紙税（購入額の１％）免除を，2012年３月まで行うことであった。しかし，その一方で，100万ポンドを超える住宅購入者への印紙税を，現行の４％から段階的に５％まで引き上げることを盛り込んだ。そのほか，2011年度からは，かなりの予算カットを明言したが，その規模の具体的詳細の発表については総選挙後にすること

を明らかにした。しかし，これに対して，シンクタンクの財政問題研究所 Institute of Fiscal Studies は，1年遅らせることで，2017年までの間の政府支出削減幅が，1980年代のサッチャー政権時を凌ぐことになると警告した。ダーリン蔵相自身も，ジャーナリストの取材の中で，しぶしぶその見通しになることを認めた。また，予算では，医療・教育を削減から外す方針にしていたが，それによって他の分野の削減幅が増えることも，ダーリンは認めた（*The Guardian*, 'Alistair Darling: we will cut deeper than Margaret Thatcher', 25 March 2010）。

これに対して，保守党は，今回もまた，労働党は政府支出削減について正直ではなかったと批判すると同時に，初回住宅購入者に対する印紙税免除は，2005年に保守党が提唱して，そのときは労働党政権が非現実的であると否定した政策であり，労働党政権はまたも政策を「盗んだ」と非難した。

3月末から4月初めにかけては，保守党が，労働党政権が前年12月から明らかにしている2011年4月からの国民保険料の1％アップが企業に負担をもたらし，雇用にマイナスであるとして反対し，総選挙で政権についた場合実施しないことを明らかにした。そして，4月9日には，IT投資の削減や契約の見直し，公務員の新規採用停止などによって，120億ポンドの節約プランは可能という案を明らかにした。この案を，ブラウンは「神話」であると批判し，実現性に疑問を呈した（*The Guardian*, 'Gordon Brown attacks Tories over "back of envelope" national insurance figures', 9 April 2010）。

4　2010年総選挙

4-1　英国総選挙史上初の党首テレビ討論

4月6日には，ブラウン首相はエリザベス2世に拝謁し，5月6日投開票の総選挙が宣言され，12日に議会は解散した。その後，各政党は，マニフェストを発表した。後の部分で主要ポイントについて説明する。

4月15日には，英国で史上初めて，総選挙に向けてのテレビ討論が実施された。テレビ討論では，下院における党首討論 Question Time では，あり得ない首相から野党保守党に対する「質問」も行われた。事前の調査では，世論調

査でリードする保守党の党首キャメロンに期待する回答が最も多かったが，キャメロンはブラウンやクレッグの質問に対して，主として支出カットの十分な内容を提起することができず，支持を落とした。逆に，長らく英国政治では第3勢力に留まっていた自民のクレッグの評価が上昇したことが，直後の世論調査で明らかになった。テレビ討論の視聴者の43％がクレッグを支持し，キャメロンは26％，ブラウンは20％であった（*The Independent*, 'Clegg smashes through two-party system', 18 April 2010）。

このクレッグの活躍が，世論調査でも自民を押し上げた。第1回目テレビ討論後の調査では，保守党が33％の支持を集めた一方，労働党は28％に落ち込み，3位に後退し，自民は30％へと飛躍的に支持を増加させた。しかし，この調査結果による議席の試算は，労働党276議席，保守党246議席，自民99議席で，労働党第一党のハング・パーラメントであった（*The Independent*, 'Clegg basks in his place in the sun', 17 April 2010）。また，『タイムズ』とBPIXが行った調査では，1985年の調査開始以降初めて，自民が32％で第1位に立った。保守党は31％に留まり，労働党は28％であった。この調査にもとづく試算でも，労働党が277議席を獲得し，引き続き第一党を維持するが，過半数には届かず，ハング・パーラメントになると予想した。保守党は，226議席に留まり，世論調査第1位の自民も118議席に留まるとした（*The Times*, 'Labour delight at Lib Dem surge', 17 April 2010）。これらの場合，労働党は，世論調査で第3位に後退しながらも，議席第一党になるという見通しであった。一つの理由としては，もともと自民支持者の構造は，階級的に見ても，全階級まんべんなく支持を得るという点で，保守党型に近いことにあった（成廣，2006）。このときは，自民の台頭が保守党の支持を食う勢いであったが，こうした自民の勢いが投票日まで続くのかどうかが，焦点であった。

また，世論調査の保守党リードにもかかわらず，保守党の過半数が微妙視されたのは，この間の区割り委員会Boundary Commissionsによる選挙区割変更の影響もあった。保守党の選挙戦略を担当している1人のジェレミー・ハント下院議員は，選挙区割委員会の区割変更が保守党票の多い南部地域の人口動態を十分反映しておらず，「フェアではない」と不満を述べていた（*The Telegraph*,

'Bias in electoral system means it is not a fair fight, says senior Tory', 12 April 2010)。もっとも,区割りが変更された2007年には大きな反対はなかった。選挙区割委員会はNon-Departmental Public Bodiesの一つで,日本で言う特殊法人であるが,その長は下院議長である。また,区割り編成の作業は,地方区割り委員会を中心に独立で行われており,それが特定政党の利益で動かされることはなく,下院議員も政党も関与できない(梅川,1998)。ハント議員の不満も,区割り編成に労働党の影響力があったという意味ではなかった。

　4月22日には,国際問題をテーマにして,2回目の党首テレビ討論が行われた。キャメロンは,現状の欧州統合を厳しく批判したが,クレッグとブラウンは欧州の中心にいることを支持した。トライデント・ミサイルの更新問題については,自民がその更新を拒否することを政策にしている点を,キャメロンが攻撃した。クレッグは,テロとの戦いが主たる任務となった今,トライデント・ミサイルの配備は無駄遣いであり,英国軍の将軍でさえそういう意見を述べる人々もいると反論した。この点に関して,ブラウンが,もしイランや北朝鮮が核ミサイルを持った時のことを考えると,無駄だと言って配備しないことにはリスクがあると指摘し,それに対して,「こんなことは予想していなかったが,私もゴードンに同意する」とキャメロンが応じ,場内を驚かせた。全体として,第1回目で,クレッグがポイントを上げたこともあり,前回みられた「クレッグに同意する」というセリフは,ブラウン,キャメロンからは聞かれなかった(BBC, 2010a)。直後に,コムレス社が調査した結果によれば,今回の討論の勝者としては,クレッグ33％,ブラウン30％,キャメロン30％という回答となり,引き続き,クレッグに人気が集まりつつも,キャメロン,ブラウンも盛り返す結果となった(*The Independent,* 'Cameron and Brown get tough, but Clegg stands firm', 23 April 2010)。

　また,この討論では,労働党が,保守党政権になると,年金生活者の無料バス定期,無料眼科検診,冬季燃料手当などが廃止されるというリーフレットを地方で配布しているが,全くの嘘による保守党攻撃だと,キャメロンが怒りを隠さなかった。ブラウンは,そういうリーフレットは労働党とは関係ないと述べたが,同時に,保守党は無料眼科検診についてマニフェストで公約していな

いのはなぜだと問いかけた。

　この第2回目の党首テレビ討論の結果を受けても，世論調査による議席獲得予想でも自民の台頭という状況は変わらず，どの党も過半数に届かないハング・パーラメントの可能性は日に日に高まりつつあった。下記のように，総選挙マニフェストにおいては，労働党は下院選挙制度改革を約束し，2011年にその争点でのレファレンダムの実施も公約に掲げていて，連立交渉となると，労働党と自民の間での政策的距離の近さは明らかであった。それに対して，保守党党首キャメロンは，それまで彼が拒否し，同党マニフェストでも言及していなかった下院選挙制度改革を自民との間で議論する可能性を，初めて認めた。キャメロンは，単純小選挙区制が最善であるという考え方を示しつつも，『オブザーバー』紙の独占インタビューの中で，下院選挙制度改革議論の門戸は閉ざさないと表明した（*The Observer*, 'David Cameron leaves door open for poll deal with Liberal Democrats', 25 April 2010）。

　一方，『タイムズ』は，自民党首クレッグはブラウン首相の継続ということならば，労働党とは連立を組まないことを表明したことを伝えた。それを受け，労働党幹部の中では，連立となった場合，内務相アラン・ジョンソンや副党首のハーマンを「暫定首相」として擁立する動きがあることも伝えられた（*Sunday Times*, 'Nick Clegg: I will not prop up Gordon Brown', 25 April 2010）。

　4月28日には，ブラウン首相による舌禍事件も起きた。マンチェスター近くのロックデールで遊説中，65歳の年金生活者の女性に移民問題などを問いただされた。このような「挑戦」は英国総選挙にはよくあることだったが，ブラウン首相は，胸にマイクが付いていることを忘れて車に乗り込んだ後，その一件を「災難だ」「偏屈女に会わせるなんて，誰のアイディアだ」と不平を漏らした。年来の労働党支持者だと伝えられる女性であったが，別れ際にはブラウンから「お会いできてうれしい」と言われ，彼女も「ロックデールの教育は称賛している」と述べ，最後は機嫌よく別れただけに，記者たちに，ブラウン首相の「本音」を聞かされ，明らかにショックを受け，今回は労働党に投票しないと述べた。これら，一連の事件が大きく報道され，ブラウン首相は，女性に謝罪した（*The Times Online*, 29 April 2010）。

第3章　2010年総選挙と戦後初の連立政権発足

　29日には，第3回目で，最後のテレビ党首討論が経済問題に関して行われた。このテレビ討論では，ギリシャ危機に触れながら，キャメロンは，保守党政権になるならば，絶対にユーロには入らないと強調した。同時に，キャメロンは労働党の経済政策が多くの金を浪費し，その結果，英国経済の債務を膨らませたと批判した。ブラウンは，保守党の60億ポンドの支出カット公約に触れて，それは経済で動いている60億ポンドを取り去って，経済を危機に陥れると批判した。また，保守党の相続税減税を金持ち優遇であると批判した。クレッグは，富裕層向けの増税や，軍事費や他の支出を削減しながら，医療・教育支出は維持し，低所得者の課税最低限の引き上げなどにより，減税効果をもたらすと述べた。もう1つのポイントは移民問題であった。ブラウンは，移民はしっかりとトレーニングされ，英語教育も受け，英国経済にプラスになる人しか受け入れてこなかったし，その点をさらに強化すると述べた。クレッグは，保守党が提唱する移民数キャップ制では，EU内移民の80％には適用されないと批判した。それに対して，キャメロンは，自民の移民政策では長年英国で暮らしてきた移民たちに国籍を与えると約束している点を捉えて，その政策では移民問題は必ず悪化すると批判した（BBC, 2010b）。

4-2　労働党総選挙マニフェスト

　ここでは，主要三政党の総選挙マニフェストについて紹介する。労働党のマニフェストは，全体として，非常に具体的であるが，その一方で，全体としてのアピール・ポイントが見当たらなく，理念は目立たない。冒頭に書かれていることから判断すると，保守党のように早期にカットに重点を置いて景気の腰を折ることはない，というのが唯一の基調として読める。

　□経済の回復を最優先に掲げている。保守党のように向う見ずなカットで回復を危険にさらさない。2010年は政府支出のカットをしない。50日以内に，緊急予算をまとめる。
　□2011年からの4年で，財政赤字を半減させる。
　□子供のケア，学校，NHS（国民医療サービス），警察などのフロント・ラインのサービスはカットしない。

□もし，NHS病院で待ち順番のため不具合があるなら，民間病院においてもNHSを使えるようにする。
□ポイント・ベース・システムによる移民管理。法を順守しているか，英語を話せるか，地域とうまくやっているかなど，ポイントを客観的に基準にして移民を管理する。
□選挙制度の改正，貴族院での初の選挙制導入，固定任期議会の導入，議員リコールの導入，議員の副業禁止，16-17歳有権者化に関して自由投票の実施。下院と上院の選挙制度改正のレファレンダムは，2011年10月に行うと明記した。
□このマニフェストは，実現可能性という点で，理想的で，達成できるという点で現実的であると述べた。

(Labour Party, 2010)

4-3　保守党総選挙マニフェスト

「大きな社会」Big Society というリベラル的スローガンを打ち出し，「私たちは，社会のようなものがある，と信じる。しかし，それは国家と同じではない」と書いた。この点は，重要である。なぜなら，この部分は，明らかに1987年のサッチャーの発言「社会のようなものはない」を意識して，その立場を変更したからである。しかし，その一方で，「それは国家ではない」とサッチャー以来の小さな政府にも配慮を示したと言える。

□分権化を強調。政治家から人々へ，中央から地方へ。
□カットして，他に回す。経済の回復プランを太字で強調。
□進歩的保守主義。ここでも従来のサッチャリズムとは距離を置いた。
□経済政策に関しては，以下の8つのベンチマークをあげて，政府債務のカットで経済の再生を図ることを強調した。
　1．マクロ経済：英国のクレディヴィリティを，赤字をカットすることで守る。独立のイングランド銀行は2％のCPI（消費者物価指数）に抑えることを目標とする。国民保険料増は行わない。裕福な家庭向けの税控除や子供トラスト基金を削減する。最初の年に各省の支出を60億ポンド削減する。
　2．より均整のとれた経済。国家に頼らない経済の仕組みを作る。
　3．英国の労働を回復する：若年者失業，失業家庭での子供対策を改善する。
　4．起業の促進：規制の撤廃，企業減税などで競争力を回復。移民を減らすが，英国経済にとって必要な価値のある移民は受け入れる。しかし，英国社会にな

じむ必要がある。外国人が英国で結婚する際には英語能力テストを行う。大学から不法移民化する例も多いので，留学生の要件を厳格化する。

　5．ロンドンとイングランド南東以外だけでなく，すべての地域で繁栄を達成する。

　6．公的サービスの改善に関しては，金に見合った価値 Value for Money を追求する。

　7．安全な銀行システム：レバレッジの抑制，中小企業への支援を重点にする。

　8．グリーン経済を推進する。

□「私たちの社会は壊れているが，私たちはともにそれを直すことができる」と，労働党政権における治安，移民，教育の悪化などを批判し，対案は，大きな政府ではなく，大きな社会であると述べた。

□権限委譲を進める。権限委譲に関するコールマン委員会の答申は実行する。自由投票でのぞむが，ウェールズ議会の権利拡大のレファレンダムは行う。

□下院の小選挙区制は守る。下院議員の10％削減。下院議員リコール制の導入。貴族院選挙制導入。

（Conservative Party, 2010b）

4-4　自民 Lib Dems 総選挙マニフェスト

　支出のカットが鮮明という点では，他の二党と同じであるが，低所得者向けの課税最低限の引き上げや，親ヨーロッパで，移民に寛容という姿勢が際立っているとともに，比例代表制の導入や連邦制を目指すという点が，特徴的である。

□「公正さ」Fairness が最も大切である。英国は，下位5分の1が，上位5分の1よりも，税金を多く支払っている。この構造を改めるために減税を行う。年金の収入連動を復活させる。

□課税最低限を1万ポンドに引き上げる。このことで，3600万人が税金の支払いから解放され，700ポンドの減税を獲得できる。

□現在の政府債務は続けられないレベルである。すでに年間150億ポンドの節約可能な原資を見つけている。このうち，50億ポンドは新政策の財源とする。政府債務の削減に向けて，政府債務のカットを行うが，早すぎるカットは，経済の回復基調を損なうので，2011年ないしは2012年から，経済を見ながら情勢を確認しつつ，行う。

□ユーロ加盟に長期的利益があるが，適切な時期にレファレンダムを行う。

□追加予算で，学校のクラス・サイズを小さくし，生徒個人指導を強化する。大学の授業料を廃止する。教育の第一線のサービスは削減せずに守る。
□労働党政権の進めてきた「アカデミー」は，「スポンサー管理学校」Sponsor-Managed Schools に改組し，全ての学校にそのステイタスを与える。
□国際公約の下，アフガニスタンへの関与は続ける。次の5年の議会に，英国軍が撤退できるようにする。
□2020年までに EU の温室効果ガス30％削減に向かうことで，低炭素経済を促進する。
□移民に関する公正なシステムの実現。出国チェックを復活させる。現在いる移民で，英語を話すことができ，法を順守する人々には，市民権を与えることも認める。
□比例代表制に，下院選挙制度を改正する。具体的には，候補者にも政党にも投票できる単記移譲式投票が望ましい。下院議員の数を150削減する。
□議会の固定任期制の導入。議員リコールの導入。ウェールズやスコットランドへの権限委譲を進め，「連邦英国」を目指す。

(Liberal Democrats, 2010)

5　保守党・自民連立政権の発足

5-1　小選挙区制でも単独過半数政権ならず

　5月6日に投票された総選挙の結果は，英国政治において異例のものとなった（図表3-1）。単独で過半数を取る政党がなかったからである。第一党となった保守党も得票率36.1％，307議席に留まった（うち1議席は議長）。全議席650の過半数は326であり，保守党の議席は19議席足りず，連立か，少数政権が必至となった。1974年2月総選挙時に，第一党の労働党が過半数に届かず，少数政権となったことはあったが，戦後英国政治においては，連立政権は一度もなかった。労働党は得票率29％，258議席に留まった。自民 Lib Dems も得票率こそ23％を記録したが，小選挙区の効果で議席は57議席に留まった。

　この結果，焦点は保守党か労働党かのどちらが自民との連立を獲得するのかということに移り，労働党と保守党両方が自民と交渉した結果，自民は保守党との連立を選び，保守党・自民の連立内閣が発足した。自民の党首クレッグは，保守党との連立を選んだ条件として，労働党政権が選挙で敗北したこと，保守党が第一党となったことなどを挙げた。もし，自民が労働党との連立を選んで

第3章 2010年総選挙と戦後初の連立政権発足

図表3-1 2010年英国総選挙結果

政党		保守党	労働党	自民 Lib Dems	UK独立党	ブリテン民族党	民主アルスター党	SNP	シン・フェイン	プライド・カムリ	社会民主労働党(北ア)	グリーン	同盟党(北ア)	ニュー・フォース(北ア)*	レスペクト	その他	合計議席
英国全体	議席	307	258	57	0	0	8	6	5	3	3	1	1	0	0	1	650
	増減	97	-91	-5	0	0	-1	0	0	0	1	0	1	-1	-1	1	—
	得票率	36.1	29	23	3.5	2.1	0.6	1.7	0.6	0.6	0.4	1	0.1	0.3	0.1	1.1	—
	率増減	3.8	-6.2	1	0.9	1.3	-0.3	0.1		-0.1	-0.1		-0.1	-0.1	0		—
イングランド	議席	298	191	43	0	0						1				0	533
	増減	92	-87	-4	0	0						1			-1	0	—
	得票率	39.6	28.1	24.2	3.5	2.3						1			0.1	0.9	—
	率増減	3.9	-7.4	1.3	0.3	-0.3						-0.1			-0.2		—
ウェールズ	議席	8	26	3	0	0				3		0				0	40
	増減	5	-4	-1	0	0				0		0				0	—
	得票率	26.1	36.2	20.1	2.4	1.6				11.3		0.4				0.4	—
	率増減	4.7	-6.5	1.7	1	1.5				-1.3		-0.1				-0.6	—
スコットランド	議席	1	41	11	0	0		6				0				0	59
	増減	0	2	0	0	0		0				0				-1	—
	得票率	16.7	42	18.9	0.7	0.4		19.9				0.7				1.7	—
	率増減	0.9	2.5	-3.7	0.3	0.3		2.3				-0.3				-1.1	—
北アイルランド	議席	—	—	—	—	—	8		5		3		0	0		1	18
	増減	—	—	—	—	—	-1		0		0		0	-1		1	—
	得票率	—	—	—	—	—	25		25.5		16.5		6.3	15.2		7.1	—
	率増減	—	—	—	—	—	-8.7		1.2		-1		2.4	-2.6		4.7	—

Source: BBC.
＊アルスター・保守党連合（北ア）は，保守党とアルスター統一党との選挙連合である。

も，それだけでは依然として過半数に足りず，スコットランドやウェールズの地域政党まで連立を広げなければ過半数が取れないことも，労働党との連立を厳しくした要因であった。ただ，マニフェスト上の政策的な距離という点では，労働党と自民との間の方が近かった。

　英国では，1885年に小選挙区制が基本となって以来，小選挙区制の母国の一つであると考えられてきた。また，その小選挙区制の下で，戦争などの例外を除き，ほぼ常に単独政党が下院議会の過半数を支配してきた。特に，戦後は1度も連立政権を作ってこなかった英国政治が，今回，明確な連立政権を作ったことも，画期的と言える。しかも，2010年の事態は一過性のものとはいえない。なぜならば，英国では近年，一党で過半数が取れる基盤が年々縮小しているか

らである。

　その理由の第1は，前章で見たように，1970年代以後，北アイルランド，スコットランド，ウェールズなどで，地域主義が高まり，民族政党が台頭し，二大政党は議席を得ることが，格段に困難になっていることであり，それは図表3-1にも明瞭に表れている。北アイルランドでは，ここ数回の総選挙では，保守党・労働党の候補は1人も立候補さえしていなかった。保守党は，この総選挙において，北アイルランドの地域政党アルスター統一党と連携して，ニュー・フォース New Force という選挙連合を立ち上げ議席を得ようとしたが，結局，現職のシルヴィア・ハーマンは中道左派志向で，その連携を拒否して無所属で出馬して再選された (Kavanagh and Cowley, 2010：125)。ニュー・フォースがようやく擁立できた別の候補1名は落選した。スコットランドでは，59議席のうち労働党は今回でも41議席を確保しており，依然として盤石であるが，保守党はたった1議席しか取れていない。ウェールズでは幾分か保守党も議席が取れるが，それでも，労働党が圧倒的に強い。つまり，二大政党が通用しない地域，特に保守党の影響力が通用しない地域が多くなってきた。保守党は，北アイルランドやスコットランドなどを除いたイングランドの議席のなかで，約6割の議席を取らなければ，下院全体の過半数議席が取れない仕組みになりつつあった。このことは，高いハードルで，したがって，今回の連立に至った背景がある。

　ちなみに，こうした地域主義の高まりは，2011年にはスコットランド独立国民投票を公約しているスコットランド民族党単独政権という新段階に至ったことは，第2章で見たとおりである。

　第2の理由は，左右の小政党の勃興である。英国では，EUからの完全離脱を求めるUK独立党や，極右と説明される人種主義のブリテン民族党の台頭が話題となってきた。UK独立党には，貴族院議員を中心に，「保守党より保守党らしい」と入党が相次いだ。UK独立党は，小さな政府，民営化，反移民政策などで保守党の右派から強い支持を受けている。ブリテン民族党は，高い失業率の中，労働党政権が英国人より移民に有利な姿勢を取っているのではないかという疑念を持つ低所得・低学歴の白人男性の支持が比較的多かった

(Ford and Goodwin, 2010)。

　2010年総選挙では，結果的に，これら二つの政党が，保守党・労働党の二大政党の票を切り崩した。小選挙区制では，接戦の場合，小政党の切り崩しが選挙結果に与える影響は大きい。特に，UK独立党が保守党票を切り崩した例が多く指摘され，テレグラフ紙の分析によれば，UK独立党が立候補を控えることで，保守党が労働党に競り勝ったと予想される選挙区が少なくとも21以上あったといわれている。もし，仮に，保守党が19議席以上多く議席を得ていたなら，過半数を上回り，連立は必要なかった。逆に，エドワード・ボールズ子供学校家庭相（当時）などのように，UK独立党の票で保守党候補の猛追から救われた大物議員も多かった（*The Daily Telegraph*, 'Ukip challenge "cost Tories a Commons majority"', 7 May 2010)。

　第3に，英国自民の選挙戦術が巧みになったことも，単独政党による過半数議席獲得を困難にさせている要因である。80年代においては，自民などの第三党の得票は競り負けて議席にならないことも多かったが，90年代以降，自民は勝利の見込める選挙区に集中的に資源を投入する戦術で，競り負けずに議席に結びつけてきた。これによって，かつて自民が競り負けることで利益を得てきた保守党，あるいは労働党の過半数獲得は，困難さの度合いを増してきたと言える。

5-2　連立発足の舞台裏

　しかし，保守党が自民との連立政権を選択したことには，英国政治におけるいくつかの偶然性も関係している。第一党過半数割れというケースは，1974年にもあったが，そのときは，連立政権は作られなかったということを指摘しておく必要があるであろう。

　1974年のケースでは，1974年2月総選挙で，保守党政権が過半数割れしたときに，結局，保守党は自由党やアルスター統一党等との連携を模索したが，実現できず，下野し，労働党の少数政権が発足した。労働党政権は，その年の10月に総選挙を行い，わずか3議席であるが，過半数を上回った。2010年総選挙においては，なぜ，そうした少数政権という道を，保守党が探らなかったのか

に関しては，すでに，保守党の議会秘書（政務官の下に位置する役職で，下院議員が配置される）ロブ・ウィルソン，自民下院議員で元大蔵省主席大臣のデイヴィッド・ローズ，元下院議員・閣僚でEU閣僚も長く務めたピーター・マンデルソンが著作において，その経緯について書いている。特に，ローズとマンデルソンは，連立交渉の直接の当事者であり，ローズはスキャンダルで閣僚を辞任し，マンデルソンは事実上一線を退いており，政権とは利害関係のない立場から，連立交渉の内幕を書いている。それらに依拠しつつ，連立交渉の内幕について説明したい。

2010年総選挙では，惨敗し，大幅に議席を減らして過半数割れし，第二党になった労働党であったが，マンデルソンによれば，投開票日5月6日（木）深夜の開票速報を見る労働党選挙対策本部は，第三党への転落や大物議員大量落選という最悪のシナリオからすると，比較的好結果であるという受けとめがあった。負けたと思った議席で勝利することに，むしろ沸きかえっていた，と書かれている。

こうした労働党内における安堵は，その後のブラウンの権力への執着につながった。マンデルソンの著作によれば，ゴードン・ブラウンは，保守党が過半数を維持できなかったことで，引き続き，首相に留まる意欲を前面に押し出して，マンデルソンに連立交渉を託した。マンデルソンによれば，選挙の大勢が判明した後，ブラウンに会ったとき，ブラウンは「座るや否や，黄色のパッドに数字を書き込むというより，突き刺す勢いで書きなぐり，書き終わると2つのシナリオを示した」といわれる (Mandelson, 2010：540)。それは，保守党の少数政権か，労働党と自民の連立政権かであった。

マンデルソンは，このブラウンの執着に不安を覚えていた。また，マンデルソンによれば，この危惧は，前首相ブレアにも共通していたとされる。マンデルソンは，選挙の大勢が判明した後，ブレアとも電話で話をしているが，そのときブレアは，次のように懸念を示している。それは，大幅に議席を減らして第二党に後退した労働党が再び政権に居座ることによって，世論やマスコミの反発は激化するであろうし，もし連立が万が一組めたとしても，数字から言えば，労働党と自民以外にスコットランド民族党やプライド・カムリなど他の少

数政党の寄せ集めにならざるを得ず，その結果，連立は不安定化し，早期に総選挙を行って労働党単独政権を目指すことになるであろう。しかし，その予想される総選挙では，権力に固執した労働党は，今回よりも，致命的な大敗を喫するのではないかという危惧を持っていた（Mandelson, 2010：541）。

マンデルソンは，ブラウンに対して，本気で連立交渉を進めたいなら，自民を「リベラル」と呼び続けるのはやめて，正式な名称で呼ぶようにした方がよいと，ブラウンをたしなめたという。しかし，ブラウンは，選挙制度改革の譲歩で，自民を必ず連立に引き込めると自信を示したと書かれている。

7日（金）の午後には，開票結果を受けて，ブラウンは演説を行い，そこでは辞任表明せず，連立を追求することを明らかにした。また，同日のほぼ同じ時間帯に，自民党党首のクレッグも短いコメントを発表し，まず，第一党に政権を追求する権利があり，自民は，まず保守党と交渉すると述べた。その後，同日に，保守党党首キャメロンも党本部で演説を行い，「自民に対して，大きく開かれた包括的な提案」を行うとして，連立協議を申し入れた。

しかし，ブラウンは，この日の午後5時に早くも自民党首ニック・クレッグに電話をしていた。このときの様子を見ていたデイヴィッド・ローズは，連立という結論を急ぐブラウンに対して，クレッグは困り果てていたと書いている。また，マンデルソンも，この通話を聞いており，ブラウンは「相手の考えを聞くというよりも，彼がこうすべきだということを話していた」と，その一方的な態度について書いている（Mandelson, 2010：545；Laws, 2010：61）。ブラウンは，この電話の中で，首相解散権の放棄，選挙制度改革，親ヨーロッパ的スタンスなど，自民側の要求ないしは，そうなると思われる事項について矢継ぎ早に提案し，連立の確約を迫った。

ブラウンのこうした性急さは，自民側にとって，熱心さというよりは，疑心暗鬼を生み出させた。もともと，自民は，1980年代にはサッチャー政権の下で，労働党とともに反サッチャー的スタンスで対応し，90年代には，事実上，労働党との連立を前提に連携を深めてきた。しかし，1997年総選挙で労働党が圧勝すると，労働党は手のひらを返し，自民と合意していた選挙制度改革を事実上凍結した。それ以来，自民の中には，労働党に対する愛憎半ばする感情があっ

た。それでも，この連立交渉において，メンジス・キャンベル，チャールズ・ケネディ，パディ・アシュダウンという3人の前党首はいずれも，労働党との連立可能性に期待した（Laws, 2010：158）。

なお，この7日（金）夜には，自民交渉チーム（ローズ，ダニー・アレグザンダー，クリス・ヒューン，アンドリュー・スタンネル）と保守党交渉チーム（ジョージ・オズボーン，ウィリアム・ヘイグ，オリバー・レトウィン，エド・レウェリン）との最初の協議が行われた。このときは，主として，税，教育，憲法改革，経済政策という4つの重点について今後協議することが確認され，あまり内容には踏み込まれなかった。ただし，このとき，選挙制度に関して，保守党は，党内の小選挙区制支持は強固なので，譲歩は難しいと回答した（Laws, 2010：69）。

8日(土)には，労働党は，ブラウンが話した内容で文書 *Labour 'Offer' Document* を作成し，自民に送付した。そこには，早期の選挙制度改革や固定任期議会などの連立への公約が並んでいた。また，8日には，自民は，影の内閣会議と議員総会を開催し，そこでは，経済危機においては，過半数を持った強い政権が必要であり，そのために，早々に連立不参加を決めるのではなく，自民として連立を積極的に検討することが確認された（Laws, 2010：78-80）。

9日（日）は，午前から保守党と自民の協議が行われた。ここでは，まず，憲法改革については，首相の解散権廃止や貴族院選挙制が，連立政権がある場合の条件として，両党によって合意された。また，選挙制度改革については，自民は比例代表制ではなく，対案投票制の実現を保守党に迫った。アレグザンダーは，対案投票制を「改良型小選挙区制」であると述べて，保守党が条件として飲むことを要求した。それに対して，保守党側は，一票の格差を是正する区割り改正とのセットで，対案投票制レファレンダム実施法案を提出することは可能であるが，その法案には党議拘束をかけない自由投票しかできないと述べた。しかし，自由投票では，反対意見が強い保守党議員たちは，レファレンダム実施に賛成するはずがなく，実際問題としてレファレンダム実施の展望がないという回答であった。次に，経済政策が検討された。これに関しては，政府支出のカットを2010年から開始するという保守党の公約か，これを2011年からにするという自民の公約かのどちらを取るかについて議論されたが，結局，

保守党の公約でまとまる方向となった。この点に関しては，連立政権であるがゆえに強い政策を打ち出せない，というメッセージを送ってはならないというオズボーン（影の蔵相）の主張が説得力を持った。この日は，教育，年金，環境などの幅広い問題について協議が行われたが，自民は特に貧困者むけの教育支出や年金を維持することに重きを置いた。(Laws, 2010：96-119)

この間，ブラウンとクレッグも会っていた。そこにおいては，ブラウンは対案投票制についてはレファレンダム前に立法化することを提案した。この両党の協議は，午後9時半からも行われ，労働党側はブラウンとマンデルソン，自民側は，クレッグとアレグザンダーが会談した。その会談では，レファレンダム実施で連立に引き込もうとするブラウンに対して，クレッグとアレグザンダーが，ブラウンが首相として残る限り，民意に反するので労働党とは連立できないと率直に述べた（Laws, 2010：122）。

なお，その日の深夜，ローズは，元党首のパディ・アシュダウンと会い，連立交渉の状況について説明したが，それを聞いたアシュダウンは，10日（月）未明午前1時半に，中東に滞在するブレアを電話で叩き起こした。その電話で，ブラウンの辞任なしに自民は労働党と連立できないと，アシュダウンはブレアに，ブラウンを説得するように依頼した（Laws, 2010：126）。

10日（月）には，4年の固定任期議会法制定のほか，小選挙区制を廃止し，対案投票制をまず立法化し，その後に確認的レファレンダムを行うという「画期的」提案ほか，全政策分野にわたる文書 *Labour Party Proposals* が朝に自民に届けられた。

また，この日の午後5時に，ゴードン・ブラウンの首相辞任の意向が表明された。ただし，連立交渉は継続して，それが決着してから辞めたいと述べた。これで，労働党・自民の連立条件という点では前進した。しかし，その日の午後8時からの両党交渉チームの会談では，労働党幹部の連立への後ろ向きの姿勢が鮮明となった。労働党の交渉チームは，マンデルソン，ハリエット・ハーマン（下院リーダー），エドワード・ボールズ（子供学校家庭相），エド・ミリバンド（エネルギー・気候変動担当大臣），アンドリュー・アドニス（貴族院議員）であった。自民側は，ローズ，アレグザンダー，ヒューン，スタンネルであっ

た。

　会談では，ボールズとハーマンは，明らかに連立に消極姿勢であった。ボールズは，労働党側が用意した文書 *Labour Party Proposals* に記載された政府支出削減計画に難色を示した。しかも，財政運営に関しては，アリステア・ダーリン蔵相の了解なしに進められないと自民側に回答し，自民側を大いに失望させたが，労働党側は，交渉チームにダーリン蔵相を入れていなかった[6]。

　選挙制度改革については，自民のアレグザンダーが，レファレンダムをする際には，その選択肢を，第1に，現行選挙制度（小選挙区制）を廃止するか否か，第2に，廃止後の選挙制度として，対案投票制か比例代表制かのどちらかを選ぶ2問形式にするべきだと自民側の要求を述べた。また，自民側が，労働党側は本当にレファレンダムを実施するつもりがあるのか，と質問した。それに対して，マンデルソンは，「そのことは，私たちのマニフェストでも書いてあることだ」と述べ，アドニスも「たしかに，私たちはそれを通すことができる」と述べたものの，ボールズは，「正直言うと，院内幹事は対案投票制レファレンダムを通すことは困難だと思っている。多くの同僚が反対している。レファレンダムの実施を保証することはできない」と全く正反対の意見を述べた（Laws, 2010：153）。もはや，労働党側は自分たちのマニフェストの内容にさえ，一致できない状態であった。

　このように，実際のところ，ブラウンの政権への執着はあったが，「労働党は明らかに分裂しており，連立交渉チームに参加していた幹部たちでさえ，連立に反対していた」と，交渉チームの一員であったローズは明記している（Laws, 2010：146）。

　このように，労働党の提案は，その内容こそ画期的なものであったが，その一方で，労働党の連立への態度という点で明らかな不熱心さがあり，それに乗るのは非常に危険だという点で，自民交渉チームは，一致していた。しかし，その一方で，自民は，こうした労働党の「積極的」提案を最大限に利用した。保守党との連立交渉においては，労働党の提案を示しつつ，保守党から最大限の譲歩を引き出そうとした。特に，クリス・ヒューンは，ブラウンの小選挙区廃止・対案投票制実現を先行的に議会で立法し，レファレンダムは確認のため

に行うという案の情報を流すことで，保守党にプレッシャーを与え続けた(Wilson, 2010：231)。その結果，保守党の交渉チームにおいては，最大限の譲歩をしなければ，再び労働党政権が継続するという危機感があった。

ロブ・ウィルソンによれば，当初7日金曜日の時点で，デイヴィッド・キャメロンは，連立交渉はするが，不調な場合は，第一党である保守党が少数政権をスタートさせ，その後に解散して，議会過半数を確保したいという意向であったという (Wilson, 2010：91)。上記のようなブラウンの権力への執着と，労働党による選挙制度改革への大幅譲歩が伝わったことで，保守党にとっては，政権をあきらめるか，自民との連立を追求するかの選択しかなくなり，事実上，保守党少数政権という選択肢はなくなっていた。

結局，保守党側は，労働党の積極的な提案を知り，10日（月）の午後の時点で，「最後の賽の一振り」として，対案投票制の是非を問う国民投票を，自由投票ではなく，保守党の党議拘束をかけて実現する。ただし，保守党は，国民投票においては対案投票制にNo運動を行ってもよいという内容で，譲歩案をまとめた。譲歩案をまとめている過程では，その日の午後4時45分ごろに，キャメロンにクレッグから直接電話が入り，ブラウンからは国民投票なしの対案投票制への改革が提案されたことが直接説明され，保守党の新たな譲歩案作りにプレッシャーがかけられた。保守党影の内閣では，元党首ウィリアム・ヘイグ，テリーザ・メイが賛成し，テリーザ・ヴィラーズやクリス・グレイリングは反対し，貴族院議員トム・ストラスクライドは「不幸だ」ともらしたという (Wilson, 2010：211)。

保守党が影の内閣の譲歩案をまとめた直後の10日午後5時には，先述したとおり，ゴードン・ブラウンの辞任・連立交渉継続発表があった。ウィルソンによれば，この辞任演説のおかげで，労働党と自民の交渉が進むことを警戒して，保守党が譲歩案を決断したという説があるが，それは真実ではなく，それ以前の段階で保守党執行部は，上記のように，党議拘束による対案投票制国民投票の可決という譲歩案をまとめていたと述べている (Wilson, 2010：213)。

このように，保守党にとっては，連立に前向きにならざるを得ない環境が作られていたが，その一方で，自民側にも同様の事情があった。保守党，労働党

との連立交渉に失敗した場合，保守党の少数政権が発足し，その後，総選挙が行われることが予想された。しかし，その場合，リーマン・ショックやギリシャ危機の後で，政権作りに非協力的な姿勢を見せるのであれば，その予想される総選挙において，自民は敗北すると考えていた。

また，ローズによれば，自民の中において，経済危機の中で政権を担当するためには，過半数を持つ強固な安定的政権が必要であり，経済や財政運営に限った閣外協力では，英国が経済危機を乗り越えることができないという意見が，支配的であった（Laws, 2010：81-83）。

さらに，自民の悲願であった選挙制度改革をはじめとした憲法改革という目標を実現するうえで，2010年のハング・パーラメントは千載一遇のチャンスであることは明らかであり，容易に連立入りを回避することはできなかった。

このような中で，自民は，交渉チームと党首クレッグとの協議の上，保守党との連立一本に絞ることを方針として確認することになった。そして，その方針を，5月10日の夜に，下院議員や欧州議会議員などを集めた総会において，明らかにすることになった。10日の総会では，交渉チームは，労働党の事実上の分裂や，保守党政権への閣外協力では経済危機に対応できないという認識を，説明した。議場では，労働党が連立に不熱心という実態が説明されたが，それに納得のいかない議員たちの質問もあった。しかし，交渉チームの全員が，労働党の事実上の分裂状態を説明するに至り，保守党との連立交渉に絞ることが合意された。

その日の夕刻には，レファレンダム案を党として成立させることを含む連立方針に関して，保守党議員総会も開かれた。総会では，譲歩に反対する右派の意見が心配されたが，最初に発言を求めたサッチャー政権下での閣僚，マルコム・リフキンドは，党の利益ではなく，国益という観点から，譲歩案を支持すると述べた。コーナーストーンや，NO TURNING BACKなどの右派議員たちには，保守党執行部が事前に会って，既に意見を聞いていたために，総会ではほとんど発言がなく，発言したジョン・ヘイズも結果的には，キャメロンらの譲歩案に賛成する発言を行った。影の内閣からの反対は1人に留まり，その外，ピーター・タスペル，クリストファー・チョップなど数人が反対意見を述べ，

むしろ譲歩せずに，少数政権を目指すべきだと発言した。その他は，不満があっても，将来の首相に対して反対することを諦める者や，対案投票制に反対でありつつも，過半数をめぐって自民の支持を労働党と争っている状態では，条件は飲まざるを得ないという諦めを持っていた。その結果，総会は，投票に至ることなく，交渉チームの譲歩案を支持・確認することで終わった（Wilson, 2010：217-222）。

しかし，結局その日の深夜まで，自民からの連絡はなく，保守党交渉チームは，自民との連立を半ばあきらめていた。デイヴィッド・キャメロンは，10日の帰宅後，夫人から尋ねられ，「野党暮らしを続けたい。そして，新しい政権を打ち負かすことができると思っている」と述べていた（Wilson, 2010：224）。しかし，日付も変わった深夜午前1時半，保守党のレウェリンに自民のアレグザンダーから電話が入り，自民が労働党との交渉を断念したことを知る。電話では，自民が保守党との完全な連立政権に絞り，交渉を進めることを伝えてきた。レウェリンは，この内容を長いメールにして，キャメロンやヘイグなど党の幹部に伝えた（Wilson, 2010：238）。

翌11日には，再び自民交渉チームと，労働党交渉チームが連立の可能性を探ったが，交渉はまとまらなかった。特に，ボールズは，労働党の全議員が議会投票で対案投票制に賛成するとは思えないと断言し，やはり，労働党は，自民との連立を結ぶことに真剣ではなかった。ローズによれば，ブラウンの辞任表明は，労働党・自民の連立交渉にとってプラスにもなったが，おかげで労働党内での亀裂は拡大し，アドニスや，マンデルソンを残して，他の交渉チームの人々は，明らかに不熱心であった。まさに，「労働党は，野党に向かっていた」（Laws, 2010：178）。それでも，午後1時15分には，ゴードン・ブラウンが，議会のニック・クレッグのオフィスを直接訪ね，説得した。ローズによれば，「ゴードン・ブラウンは，連立を進めるべきであることに全く死に物狂いのように見えた。彼は，ニックに再考を嘆願した」。その会合の後，クレッグは，ローズらに「極めて気分が悪い」とつぶやいたという（Laws, 2010：179）。

実は，先述のように，自民は10日の時点で労働党との連立の可能性を捨てていたので，11日の交渉は必要なかったとも言えた。それでも，この交渉を継続

することによって，ブラウンは辞任することなく，自民が連立交渉を有利に展開する時間が確保できた。自民のローズは，「連立合意が出来上がるまで，皆，ブラウンを待たせたがっていた」と書いている（Laws, 2010：181）。また，11日には，ダーリン蔵相とヴィンス・ケーブルの蔵相級交渉も予定されていて，それは午前に行われるはずであったが，その交渉はケーブルの一方的都合で延期された。ダーリンの回顧録によると，この延期はクレッグの指示によるもので，同日の後に両者が会ったときには，ケーブルは保守党との連立ができることを伝え，両者の会談自体は短いもので終わった。その結果を知らされたブラウンは，自分が時間稼ぎに利用されたことを知って，激怒した（Darling, 2011：303-304）。

　保守党と自民の交渉チームでは，その日の午前から連立政権合意に向けたツメの作業が行われていた。まず，対案投票制国民投票には，最低投票ラインを設けないことが合意された。また，首相の解散権を基本的に廃止することが，政権を構成する両党にとって重要であることに合意した。5年間固定の議会任期と，不信任解散は下院議員の55％以上による不信任決議がないと行わないことに合意した（この55％の意味については，第6章を参照のこと）。

　この日の夕刻，内閣秘書官のガス・オドンネルから，もうブラウンが辞任することを止めることはできないという情報がもたらされた。政権に空白を作ってはいけないという使命感をもつオドンネルは焦って，こう述べた。

「この作業はいつまでかかるのか。官邸では惨めな首相がいて，後先考えずに辞任しようとしている。もうこれ以上彼に待つようにできないが，次の政権ができるとわかるまで，彼を辞任させたくない」（Laws, 2010：186）。

　ただ，ヴァーノン・ボグダナーによれば，1922年には4日間の政権空白があったと述べられている。次期首相を命じられたアンドルー・ボナー・ローは，正式に保守党党首になるまで就任を受諾せず，そのため，4日間の空白があった（Bogdanor, 2011：22）。次の政権が定まらない場合に，選挙で敗れた首相が，どのような行動を取るべきかということに関しては，後に見るように，議論となった。

第 3 章　2010年総選挙と戦後初の連立政権発足

　11日午後 7 時15分からは，ブラウンはダウニング街の首相官邸で辞任演説を行い，その後，女王に拝謁し，正式に首相を辞任した。午後 8 時を過ぎて，女王はキャメロンに組閣を命じ，ここにキャメロン首相が誕生した。翌日12日（水）には，副首相ニック・クレッグを含む組閣が発表された。自民からは，ローズ（大蔵主席大臣），ヴィンス・ケーブル（通商金融担当大臣），クリス・ヒューン（環境・エネルギー担当大臣），ダニー・アレグザンダー（スコットランド担当大臣）が入閣した。

　自民側から見れば，ブラウンの権力への執着は，保守党との連立交渉を成就させる十分な時間を与えたことになった。ブラウンが選挙結果を受けて，即座に辞任していれば，女王はキャメロンに組閣を命じたであろうから，第一党保守党は自らの政権が決まった状態で，少数政権か，連立政権かを選ぶことができたであろう。しかし，ブラウンの執着がそのシナリオを不可能にさせた。

　ブラウンがエリザベス女王に拝謁して辞任した後には，まだ，完全には連立合意が固まっていなかったと言われるので，強引に連立合意を反故にすれば，理論的には少数政権（そして早期解散総選挙）は可能であったが，キャメロンはその選択をしなかった[7]。これは，筆者の推測であるが，ブラウンが辞任した以上，次の総選挙を行うとしても，新党首の労働党が復調してくる可能性はかなり高く，保守党としては次の総選挙を楽観できなかったのかもしれない。さらに，先述の2010年総選挙時の区割りでは，保守党は若干の不利があり，この区割りを直してから選挙に臨む必要があったが，強引な手段で少数政権になった場合，区割りの変更法案を通すことさえ困難であったろう。実際，次章に見るように，保守党はこの総選挙の後，選挙区割りの変更を行うことになる。

　なお，この2010年のケースは，ハング・パーラメントで次期政権が未定の場合に，首相がどのように行動すべきかについて論争を呼び起こした。また，こうしたハング・パーラメントへの対応も含めて，ニュージーランドの例を参考に，『内閣マニュアル』を整備すべきだということになった。キャメロン政権は，2010年12月にその原案を提示し，それを上下両院の特別委員会が検討し，2011年10月に『内閣マニュアル』初版が発表された。この過程で，次期政権が明確でないハング・パーラメントの状況での首相の対応に関して，様々な意見

が出された。

　連立という決着に批判的なヴァーノン・ボグダナーは，1929年総選挙後にスタンリー・ボールドウィン首相が，次期政権が未定でも第二党に転落した時点で，即座に国王に拝謁して辞任したことを引き合いに出して，1974年のヒースや2010年のブラウンも「1929年にボールドウィンがしたように，即座に辞任すべきであった」と書いている（Bogdanor, 2011：21）。

　彼によれば，英国政治史上，多くの場合，国王は，辞任する首相に次期政権について助言を求めるが，求めなかったケースもある。また，1957年のように，女王が推薦を受けた場合でも，女王は辞任する首相からの推薦に拘束されない。1957年には，辞任するアンソニー・イーデン首相は後継にラブ・バトラーを推薦したが，女王は保守党全体の意向に配慮し，マクミランを次期首相として選んだ。また，ボグダナーによれば，国王は後継首相に組閣だけを命じるので，少数政権か，連立かという選択に関して，首相が決めることに習律上問題ないと論じた（Bogdanor, 2011：15-18）。なお，ボグダナーは，1957年のケースにおいて，「イーデンは女王から相談を受け，事実上，バトラーを推薦した」（Bogdanor, 1995：94）と書いているが，君塚直隆は，同じ部分に関して，同じ史料を使いながらも，イーデンは「後継首班の推薦は行わずに退席することとなった」と書いている（君塚，1998：202）。

　このようなボグダナーの論に立てば，ブラウンは，第二党に転落した時点で即座に首相を辞任することができたし，ボグダナーはそうすべきであったと論じる。したがって，もし，ブラウンが選挙後即座に辞任していれば，キャメロンは連立という選択肢を選ばなかったかもしれなかった。

　しかし，こうしたボグダナーとは異なった見方をしている意見もある。例えば，先述の内閣秘書官ガス・オドンネルは，「現職首相は，後継が明らかとなるまでは辞任しない責任がある」と，下院法務特別委員会で述べた（Justice Committee, 2010：8-9）。

　また，同じ点を，下院の政治憲法特別委員会で，憲法学者のロバート・ヘイゼルが指摘した。彼によれば，「現職首相は，誰が新しい議会で信任を得ることができるのか明らかになるまで，政権に残る義務があり」，「ブラウンの辞任

した正確なタイミングに関しては，彼が辞任のために宮殿に向かったのは，労働党の党首として新議会で信任を得られないことが明らかで，したがって，野党党首キャメロンが組閣するだろうという見込みによるものであった」と述べ，「あの時点では，キャメロンがどんな種類の政権が作るのか，保守党の少数政権か，連立か，それは明らかではなかった」と，むしろ，ブラウンの辞任が首相の義務としては早すぎたという認識を示した（Political and Constitutional Reform Committee, 2011：Ev. 34）。

貴族院憲法特別委員会では，1974年2月総選挙（前回のハング・パーラメント）時に内閣秘書官を務めたアームストロング貴族院議員（無所属）が，バトラー貴族院議員（無所属），ウィルソン貴族院議員（無所属），ターンブル貴族院議員（無所属）と連名で貴族院の憲法特別委員会に意見を寄せ，「現職の首相は，次期の人物が下院の信任をうまく率いられるようにしなければならないので，政権を作るために招待されるべき人が明確になるまで，辞任することは期待されない」と述べた（Select Committee on the Constitution, 2011b：DCM 1 ）。

貴族院憲法特別委員会は，こうした意見の相違を考慮して，ハング・パーラメントの場合に，次期政権が定まるまで首相が留まる義務と，連立交渉で政権に残る権利については峻別する必要があり，「内閣マニュアルは，この点についてある程度不確定であると述べるべき」で，「現職首相は，結論が明確ではない総選挙の後に，次期政権の形態が明らかになるまで政権に残る義務はない」とまとめた（Select Committee on the Constitution, 2011b：25）。

2011年10月に発表された『内閣マニュアル』では，「最近の例が示すところでは，これまでの首相は，誰が政府を作ることを依頼されるのかに関して，明確な助言が君主に対して与えられる状況ができるまで，辞任を申し出ていない。これらの例が，将来に憲法的習律として確立されたとみなされるかどうかは，問題として残る」と書かれた（Cabinet Office, 2011：2.10）。ここでは，過去の先例としての表現に留め，これから先に憲法的習律になるかどうかも，課題として指摘されるに留められた。なお，この『内閣マニュアル』は，副題のとおり，「政府運営の法律，習律，規則に関する指針」であり，キャメロン首相の序言では，「政府運営に関する習律が，初めて一箇所に透明性を持って明

第Ⅰ部　ウェストミンスター改革

らかにされた」と述べられた（Cabinet Office, 2011：ⅲ）。

3）　本書では，英国のLiberal Democratsと，日本の自民党との混同を避けるため，英国のLiberal Democratsは「自民 Lib Dems」ないしは「自民」と表記した。
4）　なお，この議員経費スキャンダルの結果，保守党は，2010年総選挙マニフェストで選挙区有権者による「下院議員リコール」制度の導入を公約した（Conservative Party, 2010 b：65）。また，「下院議員リコール」は，労働党，自民 Lib Demsもマニフェストに記載していた。連立政権プログラムでも，「下院議員リコール」は盛り込まれ，キャメロン政権は，2011年12月に『下院議員リコール草案』を発表した。そこにおいては，下院議員に12ヶ月以内の有罪判決が出た場合，あるいは下院決議でリコール対象として議決された場合には，選挙区有権者の10％を超える署名が集まり次第，下院議員は失職し，補欠選挙が始まる。失職した下院議員はその補欠選挙に立候補できるとされた。従来は，議会が停止や追放を決定する以外では，1981年民衆代表法により，12ヶ月以上の実刑判決が下された場合に失職するのみになっていた（Deputy Prime Minister, 2011 b）。
5）　旧教育科学省はブラウン政権でDepartment for Children, Schools and Familiesへと改組された。
6）　ダーリンが交渉チームに入らなかった理由については，ダーリン自身の回想録において，彼が総選挙敗北後の連立に疑問を持っていたことで，外されたのではないかと書いている。また，ブラウンからは自民側にも蔵相格のヴィンス・ケーブルは入っていないし，彼に会う必要性が出てきたら連絡すると言われたと書いている。ダーリン自身も，そのことで気分は害せず，むしろ「ほっとした」と書いている。後の11日（火）には，ダーリンも自民側のヴィンス・ケーブルと会うことになったが，そのときは，もう既に自民は保守党との連立を決めており，ケーブルはダーリンにそのことを伝えただけで，実質的な交渉にはならなかった（Darling, 2011：295-305）。
7）　BBCの『英国を変えた5日間』では，キャメロンは女王に拝謁して，組閣を受諾したとき「私は連立のつもりだったが，翌朝に宮殿に戻って，やや異なる事態になったと言い得たかもしれない」と述べており，その時点では，連立を最終的に選ばない選択肢もあったようである。

第4章

2011年小選挙区制廃止をめぐる国民投票

1　本章の概観

　本章では，選挙制度改革という点で，ウェストミンスター・モデルの変容を考察する。言うまでもなく，ウェストミンスター・モデルにとって，小選挙区制という選挙制度は，1885年以来，不可欠な構成パートであった。

　しかし，第1に，第2章に見たように，スコットランド，ウェールズ，北アイルランドにおいて地域政党が伸張したことによって，第2に，第3章で見たように，イングランドでも，自民 Lib Dems のような二大政党以外の政党が伸張してきたことによって，一つの政党で単独過半数を制することが困難になってきた。

　このような中では，小選挙区制効果で，二大政党が得票率を低下させる中でも，議席数だけは維持できるということ，逆に，その他の政党においては，相当な得票率があっても議席に結びつかないことなどが，大きくクローズ・アップされるようになった。かつて1950年代には，政権党は，50％に近い得票率で，50数％の議席を得ていたので，その不相応な議席獲得率は目立たなかったが，2005年には，35％の得票率しかない労働党が議席の60％近くを占めるという結果が，問題視されることになった。

　さらにまた，総選挙投票率の低下が，それに拍車をかけた。総選挙投票率は2001年に60％を割るなど，戦後過去最低を記録し，2005年には上記のように，

35％の得票率の労働党が60％程度の投票率で政権を維持した結果，政権は有権者比21％程度の支持しか得ていないことが問題視されるようになった。

このような中で，2010年総選挙後の保守党・自民 Lib Dems 連立政権の政権合意で，選挙制度改革のレファレンダム（国民投票）の実施が方針化され，2011年に実施された。もっとも，この選挙制度改革国民投票においては，小選挙区制の維持が圧倒的多数で確認されたので，この部分でのウェストミンスター・モデルの変容は未だ起こっていない。しかし，この国民投票では，その代替案となったのが，「対案投票制」Alternative Vote という小選挙区制の亜種であり，そのため，比例代表制論者などでも，この国民投票に冷淡な態度を取る者

図表4－1　戦後英国の総選挙結果に見る政党得票率・議席の推移

	投票率	保守党		労働党		二大政党得票率	自民＊1		主要三党得票率	その他＊2	
		得票率	議席	得票率	議席		得票率	議席		得票率	議席
1945年	73.3	39.8	213	48.3	393	88.1	9.1	12	97.2	2.7	22
1950年	84	43.5	299	46.1	315	89.6	9.1	9	98.7	1.3	2
1951年	82.5	48	321	48.8	295	96.8	2.5	6	99.3	0.7	3
1955年	76.8	49.7	345	46.4	277	96.1	2.7	6	98.8	1.1	2
1959年	78.7	49.4	365	43.8	258	93.2	5.9	6	99.1	1	1
1964年	77.1	43.4	304	44.1	317	87.5	11.2	9	98.7	1.3	0
1966年	75.8	41.9	253	47.9	363	89.8	8.5	12	98.3	1.6	2
1970年	72	46.4	330	43	288	89.4	7.5	6	96.9	3.1	6
1974年2月	78.1	37.8	297	37.1	301	74.9	19.3	14	94.2	5.8	23
1974年10月	72.8	35.8	277	39.2	319	75	18.3	13	93.3	6.7	26
1979年	76	43.9	339	37	269	80.9	13.8	11	94.7	5.3	16
1983年	72.7	42.4	397	27.6	209	70	25.4	23	95.4	4.6	21
1987年	75.3	42.3	376	30.8	229	73.1	22.6	22	95.7	4.3	23
1992年	77.7	41.9	336	34.4	271	76.3	17.8	20	94.1	5.8	24
1997年	71.5	30.7	165	43.2	418	73.9	16.8	46	90.7	9.3	30
2001年	59.4	31.7	166	40.7	413	72.4	18.3	52	90.7	9.3	29
2005年	61.2	32.4	198	35.2	356	67.6	22	62	89.6	10.4	31
2010年	65.1	36.1	307	29	258	65.1	23	57	88.1	11.8	28

Source: Kavanagh and Cowley, 2010.
＊1　自民の列は，1983, 87年は Alliance。その前は自由党の数字である。
＊2　その他の部分は，多くが北アイルランド選挙区で，1974年以降，北アイルランドの議席は地域政党に占められている。

たちや，反対する者たちさえいた。また，英国の改革の歴史を振り返った場合，権限委譲にしても，一度に実現されてきたわけではなく，レファレンダムの敗北を乗り越えて徐々に達成されてきた。

そういう意味では，今後も小選挙区制が盤石であるともいえないし，この改革の歩みが今後は止まるであろうということもいえない。

ここでは，以下において，英国における選挙制度改革の歩みを振り返りつつ，2011年選挙制度改革国民投票とその結果について検討したい。

2　低下する投票率，二大政党の正統性危機

英国では，第1章に見たように，1945年総選挙で，保守党・労働党による二大政党制という戦後の形が形成されたが，その後，1950年代，1960年代には，二大政党は得票率で，絶頂期を迎え，二大政党制もウェストミンスター・モデルも「安定期」を迎えた。1951年総選挙では，全投票者中，実に96.8％が保守党，労働党という二大政党に投票し，投票率82.5％で，実に全有権者の約80％が二大政党のどちらかに投票をしていた。一方，自由党や他の政党はほとんど得票することができず，没落色が強い時代であった。

しかし，図表4－1が示すように，1974年2月総選挙では，自由党は19.3％を獲得し，復調してきた。1983年総選挙では，自由党は，労働党から分離してきた社会民主党と選挙で連携し，「連合」Allianceとして，得票率25.4％，23議席を取った。ただ，しかし，小選挙区の効果で，議席数ではかなりの不利を受けていた。たとえば，1983年総選挙の場合で言うと，労働党は，このとき約2％多いだけの27.6％であったのに，209議席を獲得していた。

こうした状況の中で，当時，英国憲法および，その中のウェストミンスター・モデルそのものを問い直し，変えていく運動も起こった。それが憲章88の運動であったが，それについては，詳しくは後述する。

1990年にサッチャーが辞任すると，長年野党であった労働党は，今度こそ政権が奪還できると，後継首相ジョン・メイジャーとの間で熾烈な選挙戦を繰り広げた。1992年には総選挙直前まで世論調査で労働党がリードし，党首ニール・

キノックは直前のシェフィールドの集会で勝利を確信したかのごとく、発言していた。しかし、予想に反して、92年総選挙でも保守党メイジャー政権が小選挙区制の下で過半数を確保した。

すると、小選挙区制の下での政権交代が不可能かもしれないと思い始めた労働党は、第三党である自民との連携、比例代表制の導入に大きく舵を切り始めた。自民は、その前身であった自由党、連合（自由党と社会民主党の連合）時代を含めて、得票率にして約20％を取りながらも、小選挙区制の下で十分に議席に結びつけることができていなかった。その自民にとって、比例代表制の導入を含めた選挙制度改革は、悲願であった。

しかし、1997年総選挙で、今度はトニー・ブレア率いる労働党が、小選挙区制の効果で戦後最多の418議席を獲得した。これにより、労働党は下院選挙制度改革の取り組みに対する関心を一気に後退させてしまった。労働党と自民は、1998年にジェンキンス委員会で「対案投票制プラス」（備考1参照）という選挙制度で下院選挙を改革するということに合意しながらも、労働党ブレア政権は、それ以上の取り組みを一切行わなかった。

もっとも、このブレア政権下でも、選挙制度の危機は進行していた。2001年総選挙の投票率は、59.2％で戦後最低を記録したが、このような低投票率の中で、ブレア労働党の得票率は40％をようやく上回る程度であったので、有権者の過半数を大きく下回る支持しか受けていないことは明らかであった（図表4−1）。投票行動研究者として有名なジョン・カーティスとマイケル・スティードは、こうした低投票率を、保守党前政権とほぼ同じ政策を採用する労働党の「ニュー・レイバー」路線に原因の一つがあると、以下のように指摘した。

> 「明らかに代償は大きかった。投票者はとりわけ労働党の安全区では棄権したようである一方、労働党は自民と極左に陣地を明け渡した。左派支持者は常に行き場がないと思い込むのは愚かと言える。その間、小選挙区制のおかげで、これらの動きは労働党議席を失わせてはいない。結果として、英国の選挙制度は、かつてない歪な結果をもたらした。これは、ニュー・レイバーにとっては良いニュースかもしれないが、英国の民主主義の健全さにとって良いかどうかは、極めて議論のある点である」(Curtice and Steed, 2001：304-338)。

もっとも，このような低投票率は，その要因を選挙制度にのみ帰することはできないが，小選挙区制の下では，こうした「最大の少数派」の議席が過大に評価される傾向は否定できなかった。その傾向が最大限に発揮されたのが，2005年総選挙であった。この選挙では，ブレア政権が，労働党政権としては初めて総選挙を3連勝したが，得票率は約5％減らし，ブレア自身は側近たちに敗北を認めた選挙であった（Barber, 2008：249）。この総選挙の労働党の得票率は35.2％であったが，議席においては57％を占め，過半数を大幅に上回った。この選挙においても，投票率は，61.2％で戦後2番目に低い投票率であったので，35.2％に留まった労働党は，有権者全体からみると21.5％の支持によって議会の過半数を制したことが明らかとなった。こうした状況を，多くのマスコミや政治家たちも批判することになった。

　また，この選挙では，スコットランドやウェールズの民族政党以外にも，イラク戦争を批判した「レスペクト」や，何人かの無所属候補が労働党現職を破り，下院の議席を得ることになった点も，特徴的であった。

　こうした小選挙区制の問題点を包括的に説明したものとして，IPPRのロッジ＆ゴットフライドが書いた論文がある。それによれば，第1に，英国の小選挙区制においては，かつて1992年には，その選挙区において過半数の得票を得て議席を獲得した候補者が56.21％いたのに対して，2005年・2010年には33・44％しかおらず，議員が民意を代表していない。その一方で，各選挙区を平均して，53％の死票（代表されない票）が発生していると述べる。第2に，1955年総選挙時には160以上あった「激戦区」（二大政党間の5％の変動で当落が決まる選挙区）が，大幅に減少し，その数は2010年総選挙で80程度になった。その一方で，「安全区」が増加し，選挙を行って有権者の動向が少々変動しても，影響を受けない選挙区が増加している。英国全体の選挙区のうち，この「安全区」の比率は，78.6％にもなり，これが意味するところは，英国の総選挙の実質的な変動幅は2割程度の選挙区でしか存在しないということである。なお，ロッジ＆ゴットフライドによれば，この2割の選挙区の中において，2010年総選挙で実際に動いた幅（スウィング）は，全投票者の1.6％に過ぎず，言い換えれば，小選挙区制の下での総選挙の帰趨は，この1.6％によって決められると述べら

れた。第3に，こうした一部の選挙区における一部の有権者動向が焦点になることは，政党の選挙運動の「激戦区」への集中を引き起こしたと述べる。「安全区」では，何らかの選挙運動を受けたという有権者は40.02％で，「安全区以外」では，58.85％の有権者が選挙運動を受けたと答えた。こうした「安全区」の無風状態は，「安全区」における政治参加の意識低下を招いていることも指摘された。「安全区」の有権者は，50.18％が「投票しても変えられない」という意見を持ち，「安全区以外」の38.98％よりも顕著に多い。また，「安全区」では，それ以外と比べて，投票率も有意に低いと論じられた（Lodge and Gottfried, 2011）。

3　憲章88と選挙制度改革

　英国の選挙制度改革運動，ならびに憲法改革全体の展開を語る上では，この小さな圧力団体を避けて通ることはできない。特に，当初は選挙制度改革をはじめとした憲法的改革に消極的であった労働党の姿勢を変えさせたという点で，憲章88の果たした役割は，そのサイズには不相応に大きなものがあった。ここでは，第2節で少し触れた憲章88について述べる。

　憲章88は，1987年総選挙でサッチャー政権が勝利し，総選挙3連勝となった後，1988年に作られた。サッチャー政権の下での基本的人権への攻撃や，小選挙区制下で40％台前半の得票率で勝利し続けたことに対して，基本的人権と民主主義を守る立場から，英国における成文憲法の制定に向けて署名活動を行った。その最終的な数は8万人以上に上った。もっとも，数としては決して多数とはいえないが，政治家，学者，ジャーナリストなど著名人を中心に署名は集められたので，実際には，その影響力は大きなものがあった（Weir, 2008）。1993年3月には当時の労働党党首ジョン・スミスが憲章88で演説し，同年の9月には元労働党党首ニール・キノックが，憲章88にサインした。その他，憲法的改革に関して，歩調を合わせた政治家は，ロイ・ハッタースリーやトニー・ブレアなど労働党政治家が多い。

　1988年12月に『ニュー・ステイツマン』誌上で発表された憲章への署名者と

しては，デイヴィッド・マーカンド（元労働党下院議員），レスリー・スカーマン（貴族院議員），リチャード・ウェインライト（元自由党下院議員），ペリー・アンダーソン（歴史学者），ドーン・オリバー（憲法学者），トム・ネアン（政治学者），デイヴィッド・ヘルド（政治学者），スチュアート・ホール（政治学者），ヴァーノン・ボグダナー（政治学者・憲法学者），アンソニー・ギデンス（社会学者），ロバート・スキデルスキー（政治学者・歴史学者），ロナルド・ドーア（社会学者），ウィル・ハットン（政治学者）などがいた（*New Statesman*, 2 December 1988）。

なお，初代の憲章88の代表 Council Chair は，東南アジアやソ連に関する人権活動家で作家のアンソニー・バーネットであった。その他の中心メンバーとしては，当時のニュー・ステイツマン編集長のスチュアート・ウェアや，ロンドン大学バークベック校のポール・ハーストなどがいた。また，憲章88という名称は，1980年代に西ドイツにいたチェコ人たちの民主化要求組織「憲章77」から着想を得たものであった。

憲章88自体は，その規約 constitution においても明文化されていたように，「可能な限り幅広い層からの支持を積極的に求める非政党運動組織」であった（Charter 88, 1991a）。しかし，そこに参加する政治的勢力の傾向は，もちろん，決して全ての党派を含む均質なものではなかった。中心となった人々には，自民や労働党の一部の勢力と見られる人々も多くて，たびたび，労働党と自民の連携運動，いわゆるリブ・ラブ的(Lib-Lab)運動として評価されてきた（*Tribune*, 'Charter Flight', 17 September 1993）。実際，エセックス大学に所蔵されている憲章88の内部資料によれば，署名数の内訳は，労働党22％，保守党0％，社会民主党17％，グリーン2％，共産党1％，無党派51％，回答なし7％であり（Charter 88, 1989），主要政党支持者の中では，労働党と社会民主党（のちの自民）が大半を占め，保守党支持者は皆無であった。また，2007年に，憲章88と合同した「ニュー・ポリシー・ネットワーク」は，英国共産党が1991年に解散した後に発足した「民主的左翼」の後継組織である。このような実態をみるならば，憲章88は，無党派組織というよりも，保守党系を除く，超党派的な運動といった方がよいであろう。

憲章88の政治的主張の特徴は，基本的人権を定める成文憲法と，選挙制度改革，貴族院改革などの民主主義的要求であり，そこには，貧困・格差の改善などの経済的要求が一貫して入ってこなかったことに特徴がある。

1988年の年末に，憲章88の主張がまとめられ，それに対する賛同署名が開始されたが，その内容に，憲章88の政治的主張は明らかである。彼らの核心的要求は以下のとおりであった。なお，紙幅の関係上，憲章88の呼びかけ文の箇条書き部分のみを訳出した。全文に関しては，以下の文献を参照のこと（倉持・梅川，1997）。

1．権利章典という方法によって，平和的集会，結社の自由，差別からの自由，裁判なき拘束からの自由，陪審員裁判などへの権利，プライバシーの権利，表現の自由への権利などの市民的自由が記されなければならない。
2．執行権力と国王大権は，誰に行使されようとも，法の支配に服さなければならない。
3．情報の自由と公開された政府が確立されなければならない。
4．比例代表による公正な選挙制度が創設されなければならない。
5．民主的で，世襲ではない第二院を確立するために，上院は改革されなければならない。
6．民主的に刷新された議会の権力の下に執行府が置かれ，全ての政府の代理機関も法の支配の下に置かれなければならない。
7．改革された司法の独立が確保されなければならない。
8．中央・地方政府の役人による権力の濫用には，法的救済が与えられなければならない。
9．地方，地域，中央政府の間において，権力の公平な分配が保証されなければならない。
10．普遍的な市民権の理念に結びつけられ，上記の諸改革を統合した成文憲法が書かれなければならない（*New Statesman*, 2 December 1988）。

自民が憲法的改革に対して，もともと積極的であったことから，憲章88の主たるターゲットは，労働党であった。1989年労働党大会においては，彼らの賛同者や党内団体「労働党選挙制度改革支持運動」Labour Campaign for Electoral Reform などを通じて，選挙制度改革に関する作業委員会の設置を求める Composite 29を提出した。この決議は，労働党全国執行委員会で，ロビン・クック，ジョン・エヴァンス，ケン・リヴィングストン，クレア・ショートなど4名の支持者を得たが，反対多数であったし，党大会においても大差で否決された。憲章88での分析では，特に労働組合において比例代表制・連立政権というなかでは，自分たちが埋没する恐れがあるとして，選挙制度改革に対する反対論が強いと報告された（Barnett, 1989）。また，当時の党首ニール・キノックも，結成当初の憲章88の運動に対して低い評価しかもっておらず，憲章88を「自己満足で，悲嘆している人々」Wankers, whiners and whingers と形容した（Weir, 2010a）。

　憲章88は，引き続き，労働党大会に積極的にメンバーを派遣し，その詳細を執行部会議で報告・議論し，対策を練った。しかし，同時に，憲章88の中心人物の1人であり，労働党員でもあったスチュアート・ウェアは，「労働党は我々を吸収したがっている。我々はその独立を維持しなければならない」と労働党に吸収されることを警戒していた（Charter 88, 1990）。

　二大政党のもう片方の保守党に対しては，保守党側の頑なな姿勢から，憲章88は，ほとんどアクセスをすることができなかった。1990年保守党大会では会場外のセキュリティー・ゾーンの外でないと，ビラまきさえ許されず，1991年大会でも討論集会を開くことができず，取り付く島がなかった（Charter 88, 1990：Charter 88, 1991b）。

　日常的な運動としては，宣伝や集会などにも力を入れており，メンバーの選挙区から下院議員に手紙を書く運動を常に呼びかけていた。1991年と1993年には，労働党議員や自民議員，無党派の学者や弁護士，市民を集めて，マンチェスターで大規模な討論集会を行った。

　憲章88は，1993年のニュージーランドにおける選挙制度改革レファレンダムの実施や，それによる小選挙区制廃止・比例代表への移行を追い風に，クワンゴ quango（英国における一種の特殊法人）問題やヨーロッパ通貨総合問題などで揺れる保守党政権末期の中で，影響力を強めていった。

　1993年3月には，当時の党首ジョン・スミスが憲章88の集会で演説を行った。この年の4月には，憲章88を含めた党内外の様々な意見を集め，労働党内

の「選挙制度作業委員会」Working party on electoral system が答申を出し，そこでは，対案投票制に非常に近い補助投票制 Supplementary Vote を下院の選挙制度として推薦した。ただし，この推薦は，委員会の多数意見というだけで，小選挙区制支持者や比例代表制支持者にも配慮することが書かれており，この方針を党の方針として採用するかどうかについて答申したものではなかった (Labour Party Archive, PD. 3280/April 1993)。また，1993年の大会の前に，労働党全国執行委員会は，「声明」を発表し，「下院の現在の小選挙区制に対する何らかの変更には，過半数の支持がある」，「次に来る労働党政府によって，選挙制度改革のパッケージが，憲法改革全体の中で導入される必要がある」と述べながらも，その具体案については，コンセンサスがいまだないとした(Labour Party, 1993a)。

9月の党大会では，前党首のキノックが以前の憲法改革への消極的方針，憲章88への批判を撤回し，憲章に署名した (*Citizens*, 'Historic breakthrough at Brighton conference', No. 6 December 1993)。この労働党大会では，憲法改革が争点の一つとなり，ジョン・スミスの憲法改革方針（欧州議会への比例代表導入，貴族院選挙制導入，スコットランド・ウェールズ議会設置，下院選挙制度改革レファレンダム）が，Composite 31として提案された。また，下院への比例代表導入の決議案 Composite 32が提案され，労働組合のGMBからは小選挙区支持の決議案 Composite 33が提案された。労働党全国執行委員会は，比例代表導入決議と小選挙区制支持決議には取り下げを勧告し，比例代表導入決議は取り下げに同意した。しかし，小選挙区制支持の決議案に関しては，GMBが差し戻しに同意せず，採決に付され，44.606％対35.235％で，可決された。選挙制度改革レファレンダム反対決議案 Composite 34も提案されていたが，これは39.680％対46.471％で否決された。その一方，スミスの憲法改革方針に関しては，執行委員会は「受諾」を勧告し，45.491％対42.021％で支持が上回り，可決された (Labour Party, 1993b：255)。

当時の憲章88は，大会の結果分析に関して，小選挙区制支持決議が可決されてしまったことに関しては，「2年後までにはひっくり返せることを信じる」と課題を挙げながらも，スミスや執行委員会などの積極姿勢を評価して，「労

働党は，今や，憲章88の大部分の目標にコミットしつつある」と書いている（Charter 88, 1993）。ちなみに，1994年の大会では，小選挙区制支持決議は否決された（Labour Party, 1994：243）。

トニー・ブレアと憲章88の関係も，親密なところがあった。ブレアは，1991年から労働党の憲法改革担当であった。1993年3月の憲章88執行部会議では，ブレアが政権をとってすぐに「権利章典」を立法化して，欧州人権条約を英国法に統合するという方針を持っていることが報告された（Ellis, 1993）。1993年党大会においては，ブレアは，憲章88主催の討論集会で，ブラウンとともに，憲法改革について賛同する立場で講演を行った。

1994年のスミス党首急死後の党首選挙における立候補声明では，トニー・ブレアは，選挙制度改革やスコットランド・ウェールズへの権限委譲に関しては明言しなかったが，憲章88や自民が長く求めてきた「権利章典」Bill of Rightsの実現については，公約した（Blair, 1994）。この「権利章典」とは，成文憲法を持たない英国において，サッチャー政権期に欧州人権条約が定める内容から大きく後退してしまったとして，憲章88や自民が成文化することを求めてきたものであった。労働党内では，英国で長く続いてきた「政治的憲法」へのこだわりから，反対論があった。

その後，ブレアが党首に選出された労働党は，「権利章典」だけでなく，情報公開法，スコットランド・ウェールズへの議会設置，貴族院選挙制などを政策として公約するようになり，下院の選挙制度に関しても現行制度の見直しを公約とした（Labour Party, 1997）。ブレアが1996年に世襲貴族院議員廃止を明らかにしたことについては，憲章88は，「積極的前進として歓迎する」と執行部会議文書で書いている（Charter 88, 1996）。ただし，ブレア自身は，比例代表制への反対のため，最終的に憲章88に署名はしなかった（*New Statesman*, 'Give them a harf-inch', 15 July 1994）。

労働党が1997年に総選挙に勝利し，その後，「権利章典」は，1998年人権法という形で，欧州人権条約の内容を統合して実現された（この制定過程や意味については，元山，1999，江島，2005が詳しい）[8]。スコットランドやウェールズの権限委譲は，1997年にレファレンダムで承認され，その後，両地域に議会が開設

されて，ウェストミンスター議会権限の委譲が進んだ。貴族院改革に関しては，労働党政権は1999年に世襲貴族院議員の大半を廃止した。その後，貴族院改革については，保守党・自民連立政権で貴族院議員選挙制の導入が計画されている。下院の選挙制度改革に関しては，2011年にレファレンダムが行われたが，対案投票制が否決され，小選挙区制が存続している。これらの出来事を振り返ると，憲章88の目指したものは，実現されていない課題もあるものの，かなりの程度実現されてきたし，実現されつつある。そういう意味では，憲章88の運動は，英国の憲法改革にかなりの影響力を持ったといってよいだろう。

しかし，憲章88の内部においては，憲法改革という大きな枠内での一致はあったものの，慢性的な財政危機と，その克服を優先しようとする活動家と，主要政党に対する圧力団体という当初の目標を維持しようとするバーネットやウェアらとの路線上の対立があった（Charter 88, 1995）。2007年には，憲章88は，別の運動団体「新政策ネットワーク」と組織統合し，「アンロック・デモクラシー」として再スタートしている。なお，このアンロック・デモクラシーが，憲章88の20周年を記念して出版した『アンロッキング・デモクラシー』という論文集には，バーネットやウェアなど，設立当初の幹部たちだけではなく，ゴードン・ブラウン（当時首相・労働党党首），デイヴィッド・キャメロン（当時保守党党首），ニック・クレッグ（当時自民党首）など，主要政党の政治家が各々の立場から寄稿している（Facey et al. 2008）。どの政党にも属さない小さな団体が，そのサイズからすると不相応なほどの影響力を持っていたことは，このことにも明らかであろう。[9]

選挙制度改革を主張し続ける自民や憲章88の動きが，労働党を動かし，そして，やがて保守党も，それに抗し切れなくなり，2010年総選挙での連立を契機にして，選挙制度改革国民投票へと動いていくのである。

4　国民投票を決めた連立政権合意

第3章のような2010年総選挙を経て，保守党と自民の連立政権合意は，5月12日に発表されたが，そこにおいては，様々な合意項目とともに，選挙制度改

第 4 章　2011 年小選挙区制廃止をめぐる国民投票

革の国民投票を行うことが次のように盛り込まれた。

　「両党は選挙制度改革のレファレンダム（国民投票）法案を進める。そこにおいては，より少数で，より同等のサイズの選挙区を作ることと共に，レファレンダムの積極的結果で対案投票制の導入を含むものである。両党は，こうしたレファレンダムの期間中の態度にかかわらず，対案投票制に関する単純過半数レファレンダムを支持し，両院において議会政党の党議拘束を行う」（*The Guardian*, 'Conservative-Liberal Democrat coalition deal: full text', 12 May 2010）。

　ここには，保守党と自民の妥協があった。保守党は，総選挙マニフェストにおいても，小選挙区制をベストのものとして残すことを公約しており，また，議員数の削減も公約していた（Conservative Party, 2010b）。これと，自民の小選挙区制廃止に向けての選挙制度改革公約が組み合わされる形で，連立の基本合意がまとめられた。しかも，保守党・自民は，選挙制度改革の国民投票法案に賛成することに合意したが，国民投票への取り組み期間中は，各党はそれぞれの態度を拘束されず，保守党は対案投票制に反対することもできる内容となった。

　また，対案投票制そのものも，妥協の産物であった。自民は，総選挙マニフェストにおいて，単記移譲式投票の比例代表制を支持していた（Liberal Democrats, 2010）。しかし，実際に合意されたのは，小選挙区制の修正型とも言える対案投票制であった。

　対案投票制 Alternative Vote System とは，1 選挙区で 1 人の議員を選出するという意味では小選挙区制と同じである。ただ，有権者は，対案投票制においては，各候補者に順位を書き込んで投票しなければならない。集計においては，1 位票で過半数を獲得した候補者がいた場合には，その時点でその候補者が当選するが，1 位票で過半数に達する候補者がいない場合には，1 位票で最下位となった候補者から順次削除し，削除候補者票の 2 位票を順次他の候補者に加算し，最も早く過半数に達した候補者が当選となる。

　この対案投票制では，やはり 2 位以下の票を合わせても過半数の票が必要になることから，結局，議席を取れる政党は限られてくる。この対案投票制を使ったシミュレイションに関しては，BBC や PSA（英国政治学会）が過去の選挙デー

図表 4-2　1983-2010年総選挙における小選挙区制と対案投票制の主要三政党議席のシミュレイション

	保守党			労働党			自民 Lib Dems		
	対案投票制 (A)	小選挙区制 (B)	差 (A-B)	対案投票制 (A)	小選挙区制 (B)	差 (A-B)	対案投票制 (A)	小選挙区制 (B)	差 (A-B)
1983	391	397	-6	190	209	-19	48	23	+25
1987	381	375	+6	202	229	-27	44	22	+22
1992	328	336	-8	268	271	-3	31	20	+11
1997	70	165	-95	445	418	+27	115	46	+69
2001	140	166	-26	423	412	+11	68	52	+16
2005	171	198	-27	377	355	+22	68	62	+6
2010	287	306	-19	255	258	-3	80	57	+23

Source: Renwick, 2011a.

タを使って行っている。その一つのPSAのシミュレイションによると，小選挙区制で労働党が大勝した1997年総選挙では，対案投票制の方がより一層，労働党の議席が増加し，445議席に到達するという小選挙区制以上の一党集中の様相を呈するケースがある一方，2010年総選挙の場合では，対案投票制の方が，小選挙区制よりも，第一党の議席を減少させ，より明確なハング・パーラメントを引き起こす（図表4-2）。ただ，全てのケースにおいて，自民のような第三党が議席を増やす傾向が明確であった。(Renwick, 2011a)。その他の諸政党は，対案投票制シミュレイションにおいて議席の変化はなかった。その他の政党にとっては，単記移譲式投票や拘束・非拘束名簿式の比例代表制などの方が，獲得議席数は増加すると予想された（BBC, 2010c）。

このような対案投票制の性質もあり，この対案投票制をめぐる選挙制度改革論者たちの支持にも，2010年総選挙前には温度差があった。自民党首ニック・クレッグ自身も，選挙前には，労働党の対案投票制への動きを「惨めで小さな妥協」であると，批判していた（*The Independent*, 'I want to push this all the way, declares Clegg', 22 April 2010）。

労働党のアラン・ジョンソン元内務相やベン・ブラッドショウ元文化・メディア相などは，長く党内選挙制度改革派として知られてきたが，総選挙前の2009年には対案投票制については「決して支持しない」などと発言しており，

政治的妥協として対案投票制を受け入れているに過ぎなかった（Hasan and Macintyre, 2009）。

しかし，総選挙後にレファレンダムが行われることが確実になると，自民はもちろん，ブラッドショウやジョンソンら労働党内の選挙制度改革派，選挙改革協会，アンロック・デモクラシーは，レファレンダムにYesで取り組むことを明らかにし，対案投票制賛成派は，レファレンダムでの運動団体として，Yes to Fairer Vote を結成した。一方，反対派の団体としては，NO 2 AV が，「納税者同盟」のマシュー・エリオットを代表に結成された（*The Independent*, 'No 2 Av campaigners refuse to publish donor details', 15 February 2011）。労働党においては，デイヴィッド・ブランケット元医療相やジョン・プレスコット元副首相たちをはじめとして，114人の議員が小選挙区制を支持して，対案投票制に反対した（*The Guardian*, 'Ed Miliband's pro-AV stance opposed by 114 Labour MPs', 29 December 2010）。

なお，幅広い憲政課題に取り組んできた「民主的監査」や「憲章88」の創設者であり，2011年時点もアンロック・デモクラシーの副会長を務めていたスチュアート・ウェアは，対案投票制の導入に強く反対を表明し，選挙改革協会のアンディ・ホワイトとインターネット紙「オープン・デモクラシー」紙上で，激しい論争を展開した（Weir, 2010b；Weir, 2010c；White, 2010a；White, 2010b）。このような選挙制度改革論者たちの分かれた対応を受けて，ガーディアン紙は社説で，「対案投票制は誰からも愛されてはいない」と書いた（*The Guardian*, 'Alternative vote: Loved by no one', 11 October 2010）。

ところで，5月5日に国民投票を行う法案は，下院議員定数を650から600に減らす区割り提案を抱きあわされて，2010年7月に議会に上程され，11月に下院で可決された。しかし，労働党は，この法案の定数削減と選挙区割り部分には猛烈に反対し，両者を分離するよう主張した。労働党は，従来の区割り議論とは異なり，地方の区割り委員会 Boundary Commission からの意見聴取が十分ではないとして，この法案を「ゲリマンダー」（英語の正確な発音に即して言うと「ジェリマンダー」が近い）であると述べた。法案は，連立政権が過半数を持つ下院を通過したものの，貴族院では成立が危ぶまれた。

この法案の内容においては，各選挙区の有権者人口が上下5％に収まるという意味で優れた点が含まれていたが，その一方で，相対的には労働党議席を多く減らすのではないかという懸念が示された。ただ，法案では，下院議席を650から600に減らすことや，選挙区間の差を5％以内にするなどの原則が書かれてあっただけで，実際の区割り自体は含まれておらず，ゲリマンダーという批判は当たらないという指摘もあった。この点に関しては，法案が通過し，レファレンダムも終わった後，2011年9月段階で区割り委員会が新区割りを発表した。それによると，区割り変更・定数削減が，保守党2％，労働党7.3％，自民23.5％の議席減少に結びつくと指摘され，保守党の議席減少が比較的軽微なのに対して，他の二党の減少幅が大きかった（*The Guardian*, 'Boundary changes: Labour and Lib Dems set for big losses, first analysis shows?', 13 September 2011）。

　労働党の貴族院議員たちは，この法案を阻止するために，1月から2月にかけて，49本の修正提案を行い，審議は連日深夜にまで及んだ。労働党は，これによって長時間討論で時間稼ぎを行い，連立政権側の譲歩を引き出そうとした。なぜならば，法案で規定されている5月5日の国民投票を行うためには，選挙監視団の準備からして，2月16日の成立がタイム・リミットとされていたからであった。下院では，時間稼ぎをしても政府側の打ち切り動議（通称ギロチン）で採決に持ち込めるが，上院貴族院では，この100年以上打ち切り動議をしたことがなく，自由で独立的な討議が保障されてきた。しかし，労働党の時間稼ぎにいらだったデイヴィッド・キャメロン首相は，この100年ぶりとなる貴族院での打ち切り動議を行うこともちらつかせ，連立政権側と労働党側との間で，熾烈な駆け引きが繰り広げられた（*The Guardian*, 'Voting reform bill: peers threaten "mass revolt" over guillotine attempt', 29 January 2011）。また，法案の修正案採決の中で，ルーカー貴族院議員（労働党）の提案により，国民投票に40％の最低投票率を設ける修正案が可決され，法案は修正された（HC Deb, 7 February 2011：cc.15-36）。

　連立政権側にとって，この法案は連立継続のための命綱とも言えるものであった。自民は，2010年5月以来，厳しい支出カットや大学学費の3倍化という中で，極めて傷ついていた。自民は，政権に就く前は，イラク戦争反対や公

的支出の増加という主張で支持を集めていた経緯があり，また，特に大学の学費値上げには反対するということを公約としてきた。それだけに，2010年11月の大学学費3倍化をめぐっては，それまでの支持基盤であった学生たちから厳しい批判を受け，自民の支持率全体も大幅に低下していた。それだけの苦難においても自民が連立政権から離脱しなかったのは，選挙制度改革を実現するためであったと言ってよいだろう。もしも，選挙制度改革の国民投票自体が実現しなければ，連立政権からの離脱という事態に結びつく可能性も高かった。それは，保守党にとっても問題であった。というのは，キャメロン政権は，度重なる支出カットなどにより，支持率を大幅に低下させて，このとき労働党に抜かれていたからである。カットの嵐がやんだ5年後に総選挙を行うならまだしも，自民が政権から離脱し，総選挙に持ち込まれると政権を失ってしまう公算も十分にありえた（固定任期議会法が成立するのは，この年2011年9月であり，この時点では未成立で，連立が崩壊すると総選挙が行われる可能性があった）。

　結局，連立政権側と労働党での水面下の交渉（いわゆる Usual Channels）の結果，2月に入ると審議のテンポは速くなった。法案がタイム・リミットの16日に下院庶民院に戻されると，再び連立政権側は再修正して原案に戻し，上下両院を法案が行き来する通称「ピンポン」が行われた。このピンポンは深夜まで続いたが，結果的に，民意を受けていない上院貴族院は，様々な修正を全て断念した。最後は，40％の最低投票率も取り払われ，法案は原案通りの形で上下両院を可決され，「王室の同意」の手続きも経て，議会投票制度・区割り法として制定された。下院議事録では，「王室の同意」を得たのは，午後11時45分でリミットの15分前だった（HC Deb, 16 February 2011: Col.786）。

　2月16日に，国民投票実施の法案が可決された後の金曜日18日に，保守党党首デイヴィッド・キャメロンは，国民投票に関して選挙制度改正 No の立場で取り組むことを明らかにした。また，自民党首ニック・クレッグは，選挙制度改正 Yes の立場で運動に取り組む姿勢を明らかにした。

　成立した2011年議会投票制度及び選挙区法では，国民投票で有権者が Yes, No を問われる文言は以下のとおりであった。

「現在,連合王国では,下院議員を選出するために『小選挙区制』を使っています。これを,対案投票制に取り替えるべきですか。」(Parliamentary Voting System and Constituencies Act)

5 2011年選挙制度改革国民投票の結果について

2011年5月5日に,国民投票が行われたが,その結果は,大差によるNo陣営の勝利であった。国民投票は,地方選挙と同日に行われ,投票率は42.2％で,対案投票制Yesが32.1％,Noが67.90％であった(Electoral Commission, 2011a:16)。

しかし,国民投票の事項での世論調査を振り返ってみると,多くの期間でYes陣営がリードしてきたことが分かる。他にも,約1ヶ月前のYouGovの4月1日調査では,Yes40％に対して,No37％で,Yesがリードしていた(YouGov, 2011)。また,図表4-3にも表れているように,2010年総選挙直後は対案投票制を支持する意見が大幅に多かったが,その後,「分からない」という世

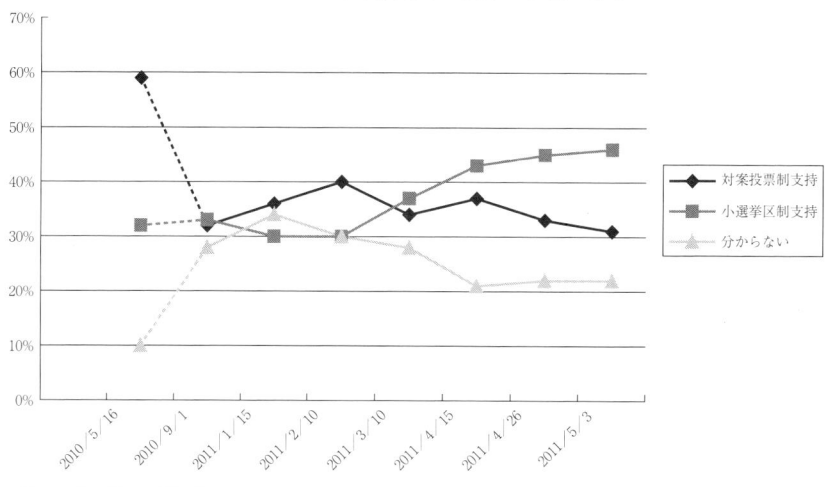

図表4-3　選挙制度改革に関する世論の推移

Source: ComRes and YouGov.
＊　上記データのうち,2010年5月16日のものだけがComResのデータで,質問形式が異なる。

第 4 章　2011 年小選挙区制廃止をめぐる国民投票

論が増加し，今度は，その世論が，「小選挙区制支持」に流れていったという大きな流れを読み取ることができるだろう。

　世論のこのような大幅な No へのシフトが起こった要因としては，主として二つある。一つは，対案投票制という制度の問題である。

　2010 年 5 月総選挙の時点では，その前年に起きた「議員経費スキャンダル」を受けて，なお「反政治ムード」が非常に高まっていた時期であった。それゆえ，有権者の動向としては，既成の政治の枠組みである小選挙区制に対する不満が高まりやすい傾向にあった。その一方で，有権者たちの間では，反小選挙区制という傾向はあっても，対案投票制に対する理解は低い傾向があることが指摘されていた。それゆえ，多くの調査では，3 割程度が対案投票制と小選挙区制のどちらを選ぶかについて「分からない」と答え，対案投票制を支持している意見を持つ人々の間でも，対案投票制に関して正しい理解をもっている割合は少ないことなどが指摘されていた。しかし，レファレンダムが迫り，対案選挙制の内容が理解されてくるにつれて，その「分からない」が，小選挙区制支持へと流れていったと言える。その傾向がもっともはっきりしたのは，4 月 13 日に発表された YouGov 調査においてであった。そこにおいては，対案投票制の説明を行わず調査を行った場合は，対案投票制への支持が高く出るのに対して，対案投票制の説明を行った場合には，対案投票制への支持は，説明なしの場合と比較するとかなり低くなるということが述べられていた（Wells, 2011）。

　また，この選挙制度改革を進めてきた自民や，労働党，そして選挙改革協会や，アンロック・デモクラシーなどの改革論者たち全体にとって，対案投票制は意中の選挙制度ではなかったという点も，重要なポイントであった。2011年 2 月に行った筆者と自由法曹団のインタビュー調査においては，労働党 Yes リーダーのブラッドショウ下院議員・元文化スポーツ担当大臣，同じく労働党 Yes のジェシカ・アサト，選挙改革協会代表ケイティ・ゴーシュ，アンロック・デモクラシー代表ピーター・フェイシーらは，国民投票を控えた時期であったが，異口同音に，対案投票制は選挙制度の改革の第一歩であり，理想的な意中の選挙制度は比例代表制であると述べていた（小堀，2011）。

99

そして，保守党は，この点を実際に突いてきた。2月18日の演説で，キャメロン首相（保守党党首）は，対案投票制は比例的ではないことを説明し，選挙制度改革を求める国民の期待に応えない制度である点を強調した。そして，様々な選挙制度改革論者の発言を紹介しながら，彼らにとっても「2番目の選択の制度」であること強調した。対案投票制が，二位票の意見を反映させようとする制度である点を，皮肉を持って説明したのである（Cameron, 2011；全文和訳は，小堀，2011）。

もともと，対案投票制は，たしかに，選挙制度改革論者にとっても，自民にとっても，セカンド・ベストであった。自民にしても，選挙改革協会にしても，長年，単記移譲式投票（STV）という比例代表制の実現を要求してきた。しかし，保守党との連立政権という枠組みにおいては，対案投票制が「保守党にとって最大限の譲歩だった」（労働党 Yes アサト）だったわけである（小堀，2011）。いわば，保守党に合わせたおかげで対案投票制という選択になったにもかかわらず，キャメロン演説をはじめとする保守党の攻撃の1つは，その点に集中した。

No への世論のシフトを招いたもう一つの理由が，ニック・クレッグ副首相，および自民への世論の反感であった。

クレッグおよび自民は，選挙制度改革をはじめとする憲法改革を最優先にして，連立政権に入った。その結果，敗れたとはいえ，選挙制度改革レファレンダムの実現にこぎつけた。また，後に詳述する上院（貴族院）改革も実現の俎上にのせている。しかし，経済や，医療，教育などの分野においては，かなり保守党の方針が反映した政策が，連立政権では展開されてきた。そのなかでの基本方針は，政府支出を大幅にカットしようというものであった。

そして，こうしたカット政策に対する怒りのほとんどの部分が，保守党ではなく，自民とニック・クレッグに集中した。自民も，保守党や労働党と同じく，2010年総選挙の段階で，政府債務を削減しなければならないことは方針化していたが，大学の学費に関しては，1997年以前の無料化を復活させることを約束しており，連立政権では全く正反対のことを実行する羽目になっていた。また，保守党は，もともと「小さな政府」の党として見られてきたので，支持者から

の批判は強くなかった。労働党時代には医療・教育への支出増額を主張してきたニック・クレッグは，支持者からすれば，裏切り者であった。

このクレッグの不人気のなかで，対案投票制レファレンダムの運動にあたっては，Yes 陣営は，極力ニック・クレッグを表に出さない戦略をとった。代わりに，労働党支持者の Yes 票が勝利のためには必要だったので，エド・ミリバンド労働党新党首が運動の顔として全国を回った。2011年国民投票の運動団体としては，大枠として見ると，保守党は No 運動を牽引し，自民は Yes 運動を牽引し，労働党は分裂したと言える。

サンやデイリー・テレグラフ，デイリー・メールなどの右派系の新聞は，対案投票制＝ニック・クレッグという図式を作り出し，徹底的に攻撃した（一方，インディペンデント，ガーディアン，ミラー，フィナンシャル・タイムズは，Yes を支持した）。特に，予算カットと絡めながら，対案投票制になれば，制度が複雑化して，電子計算機で開票しなければならないことになり，それは，予算カットの時代に無駄な分野にお金を使うことだという攻撃を展開した。もっとも，大蔵省も，選挙委員会も，対案投票制を実施するに当たって，特別な費用の増加は見込んでいなかった（*The Independent*, 'Voting reform will not cause more cuts, Treasury insists', 27 February 2011）。

なお，2011年11月に選挙委員会は，国民投票の費用を各団体・個人の届出にしたがって，公表した。それによると，Yes 陣営が220万9748ポンド，No 陣営が347万2213ポンドという費用支出であった。このうち，中心的団体であった Yes in May 2011が213万9741ポンドを支出し，No campaign は259万8194ポンドを支出した。違いとして目立つのは，Yes 陣営で中心団体の Yes in May 2011 がほとんどの費用を支出し，政党としては自民が6万2782ポンドを支出した他，ほとんどなかったのに対して，No 陣営は，保守党が66万785ポンドを支出し，労働党 No to AV が19万2084ポンドを支出していた。No 陣営は，保守党本部と労働党 No to AV から，かなりの資金提供を受けていたことが分かる。労働党には，Yes 団体もあり，Yes in May 2011を通じて資金提供をしていたと思われるが，組織的には，党首が応援する Yes 陣営と，114名に上る議員たちが支援する No で大きく分裂していたことが分かる。また，Yes 陣営はジョ

第 I 部　ウェストミンスター改革

セフ・ローントリー財団から3万ポンドを借り入れていた（Electoral Commission, 2011b）。このジョセフ・ローントリー財団は，労働党 Yes やアンロック・デモクラシーなどにも資金助成しており，英国の左派的運動には常に幅広く資金助成を行ってきた。ジョセフ・ローントリー基金は，ビジネスマンであり，篤志家であったジョセフ・ローントリー（1836—1925）によって始められた基金である。ローントリーは貧困の改善や社会改革に関心を持ち，積極的にそれらを支援してきた。今日でも，社会改革を目指す活動や研究に多くの資金を提供している。なお，邦訳では「ラウントリー」と記載されている例も多いが，発音的にはローントリーが正しいので，そう記載した。（小堀，2011）。

　上記のように，英国における小選挙区制は，廃止を免れることができた。しかしながら，上記に見てきた事柄からすると，1950年代と同様の安定期に戻ることができるという条件は，あまりない。なお，この点は，先述の投票行動研究者カーティスも，同様の点を指摘している。彼は，地域政党の台頭や，自民の台頭などを考えると，小選挙区制が2011年の国民投票の結果生き残ったとしても，今後も単独政党による過半数政権は難しく，2010年の連立政権は「1回限りの事件ではない」と述べている（Curtice, 2010b）。

8）　もっとも，2010年政権についた保守党は，総選挙マニフェストはブレア政権下の国民の ID カードや，それに関するデータベースの整備を，国民の自由を侵害するものとして厳しく批判し，「国家による侵害からの自由を守り，社会的責任を促すため，私たちは人権法を英国の権利章典に取り替える」と公約した（Conservative Party, 2010b：79）。これは，欧州人権条約の内容に統合された1998年人権法を，英国独自のものに置き換えるということを意味した。
9）　ちなみに，憲章88で活躍していたアンソニー・バーネットやスチュアート・ウェアは，現在でもアンロック・デモクラシーとのつながりは深いが，主として *Open Democracy* というウェブ上の雑誌で論文や記事を書いている。バーネットによれば，憲章88運動（今日のアンロック・デモクラシー）は，労働党ブレア政権，自民 Lib Dems の保守党との連立，金融やメディア権力への対抗というアジェンダの転換，インターネット普及による世論の変化などに対応しなければならないが，その対応は，従来の憲章88運動に追加できるものではないと論じ，「憲章88は，今や死んだオウムである」と述べた（Barnett, 2011）。この発言は，アンロック・デモクラシーの代表ピーター・フェイシーとの間で議論を呼び起こした（Facey and Barnett, 2012）。
10）　「民主的監査」Democratic Audit は，ジョセフ・ローントリー財団が英国の民主主義

に関するプロジェクトを検討していたときに，エセックス大学の人権センターと憲章88によって1991年に作られた団体である（Weir, 1991）。しかし，ウェアが憲章88の執行部からはなれて以降は，別の団体として活動してきた。ただし，「民主的監査」と憲章88は，その後も互いに連携して運動を行ってきた。「民主的監査」は，憲章88とは違い，運動というよりは，言論・出版に重点を置いてきたといえる。特に，ウェアは多数の著作を書いており，主要政党や学者とのパイプも太かった。

第**5**章

英国貴族院改革

1　本章の概観

　英国のウェストミンスター・モデルは，選挙された下院庶民院と，世襲貴族と一代貴族からなる上院貴族院からなることが知られているが，連立政権は，その貴族院に段階的に選挙制を導入することを明らかにした。2011年5月，保守党・自民 Lib Dems 連立政権は，白書『貴族院改革草案』*House of Lords Reform Draft Bill* を発表し，2012年に，法案として議会に提出することを表明したのである。

　『貴族院改革草案』(以下『草案』)は，これまでの世襲・任命による貴族院から，その8割の議員を選挙するシステムに変えること，その選挙は地方ごとの比例代表制にすること，任期は15年と長いが5年ごとに3分の1を入れ替える米国上院と類似する仕組みにすることなどが特徴である。この結果，庶民院・貴族院からなる英国の議会は，日本の衆議院・参議院と類似した仕組みになる提案と言える。日本の場合は，衆議院は小選挙区制が中心となった制度で，参議院は6年任期で半数を3年ごとに選挙で入れ替える。

　また，英国では，1911年議会法によって，金銭法案 money bill に関しては，上院である貴族院の審議にかかわらず，1ヶ月で自動成立し，その他の財政法案も，下院の「財政的特権」により，上院で反対・修正されることなく，また委員会段階以後を省略して成立して来た。今回の『草案』においては，英国で

上院の選挙制を導入する提案にもかかわらず, 1911年議会法を含む, こうした上下両院の関係に関しては, 変更は全く予定されていない。

英国の金銭法案や, それを含む下院の「財政的特権」は, ウェストミンスター・モデルの中核をなすシステムである。また, 英国, ならびに欧州各国の二院制の考え方においては, 財政法案と, その他の法案を区別してきた国が多い。このことは, 近年の日本の「ねじれ」国会の弊害を克服する上でも, 一つの参考になるであろう。

実際, 日本でも, こうした各国のシステムは, 比較政治ないしは比較憲法的な論点で紹介されてきた。しかし, その一方で, 現状における日本政治のあり方の議論においては, 近年の英国の動きや, 金銭法案以外の下院の「財政的特権」に関して, 必ずしも十分に参考にされてこなかった。

したがって, 本章では, 英国で提起されている上院改革の内容と問題意識, そして, それが出てきた歴史的経緯を検討していきたい。

2　1911年議会法, 金銭法案, そして下院の「財政的特権」

2-1　1911年議会法と金銭法案

ここでは, 英国における上下両院の関係に大きな影響をもたらした1911年議会法と, それを含む下院の「財政的特権」に関して整理しておきたい。1911年議会法については, 非常に多くの研究が, 憲法学や歴史学などでなされてきた。本書を執筆する際に参照した全ての文献を個々に挙げて論評することはできないが, 必要な限りで参照し, 引用文献としてあげた。

なお, この節の末尾にも触れるが, 1911年議会法の意義は, 多くの先行研究が述べているように, 英国における上下両院の関係の歴史的展開において理解されなければならない。この点で, 「君主は金銭を要求し, 庶民院はそれを承認し, 貴族院はその承認に同意する」という基本的仕組みはよく引用され, 強調されるところであるが, その一方で, 日本では, この下院の「財政的特権」が1911年議会法の金銭法案に結実したとだけ説明する傾向もあった。しかし, それでは, 歳入法案が議会法1条の金銭法案ではない場合が多かったにもかか

わらず，長年にわたって貴族院では否決・修正もなく，第二読会で議決さえされず，その後の委員会段階を省略して，成立してきたことが説明できない。上位の論理として，庶民院の「財政的特権」があり，その下位に金銭法案が位置するという構造を理解しておくことが重要である。

下院の「財政的特権」と1911年議会法について説明する前に，両院の歴史を簡単に振り返っておきたい。貴族院の歴史は古く，1215年のマグナ・カルタのころには，「パーラメント」（議会）という言葉が使われていた。その後，1264年には，シモン・ド・モンフォールが，国王の名前において，英国の各州から4名の「正しく思慮深い騎士」を選出するように命じており，ここに庶民院の起源が見られる（マッケンジー，1977：1-9）。

こうした貴族院であるが，戦費をめぐってピューリタン革命が勃発したあと，王政復古を経たころには，歳出入に関する庶民院の優位は確立されつつあった。今日でも，議会で引用される1678年庶民院の決議においては，このように書かれていた。

> 「支援と供給 aids and supplies（歳入と歳出（筆者補足）），すなわち，議会における陛下への支援は，庶民院の独占的な贈与である。このような支援と供給の助成のための法案は，庶民院から先議されるべきである。このような法案において，助成の対象，目的，考慮，条件，制限を，指示し，限定し，指定することは，庶民院の疑いなき独占的な権利である。それは，貴族院に変更され，改変されるべきではない」(Jack, 2011：786)。

庶民院事務官 Clerk of the House of Commonsで有名な議会研究者であるケ[11]ニス・マッケンジーによれば，1688年の名誉革命以後には，「庶民院のみが課税を発議する」，「貴族院は課税法案を修正し得ない」，「貴族院は財政法案を拒否できない」という慣習が定着していったといわれる。その後，1860年まで歳出，歳入に関する法案は貴族院によって拒否されなかった。しかし，1860年に貴族院は新聞紙税廃止法案を，伝統を破って拒否し，庶民院はそれに対抗するために，様々な課税法案を単一の法案に統合し，貴族院に対して，それら全てを拒否して国家財政に甚大な打撃を与えるのか，それとも可決するのかという

二者択一を迫り，それはその時点では功を奏して，貴族院は歳入に関する法案を拒否しなくなった（マッケンジー，1977：65-73）。

　しかし，何が歳出入で，何がそうではないのか，確立されてきた憲法的原則は何かという点には庶民院と貴族院の間では，議論もあった。下院庶民院は，それを歳出入にすれば上院貴族院の反対にもかかわらず法案として成立させることができるため，そうした事項を歳出入事項に付随させて可決させようとする傾向があった。これは，タッキング tacking と呼ばれてきた。同時に，貴族院も，歳出入に該当する問題において，たびたび拒否権を行使し，習律であって，明文化されていないがゆえに，紛争の火種となってきた。1911年議会法に至る過程でも，1909年に提出された「歳入法案」の中には，それまで貴族院が個別に否決してきた法案の事項が入れられていた（佐藤，1987）。

　結局，上下両院の間で問題となってきた金銭法案をめぐる問題は，1911年議会法が制定されることで，制定法として確立された。この1911年議会法は，1909年のいわゆる「人民予算」（歳入法案）が貴族院の反対に合い，自由党アスキス政権が1910年に2度の総選挙を行った後，国王に貴族院議員の大幅な増員の了解を取り付け，それによる貴族院での可決の可能性をちらつかせながら，貴族院で支配する保守党の強硬な反対を，最終的には説き伏せて，成立させたものである（小山，2003）。

　この1911年議会法では，金銭法案に関しては，下院の可決の後，上院貴族院の反対や修正にかかわらず，1ヶ月で，王室の同意を得て成立することになった（1条（1））。なお，金銭法案の内容は以下のように規定された。

「金銭法案 Money Bill とは，庶民院議長の意見において，次の事項の全部あるいは一部を扱う諸規定のみを含む。すなわち，租税の新設，廃止，減免，変更，ないしは規制。債務の償還，その他の財政上の目的のために，統合基金または議会の議決を経た金銭に対して，負担を設定したり，それを変更したり，もしくは廃止すること。歳出。公金の割当，受領，管理，発行，または監査。新たに公債を起こし，債務の負担をし，または償還すること。公債の募集あるいは保証，または，それらの返済。あるいは，前掲の諸事項，またはそのいずれかに付随する諸事項。この項において「租税」，「公金」及び「公債」という文言は，それぞれ地方自治体，又は地方の諸目的のための諸団体によって徴募される租税，金銭又は公債を含まない」。

また，金銭法案に該当しない公法案（ただし，議会の任期を5年以上に拡大する法案を除く）については，3会期連続して下院庶民院で可決され，会期終了1ヶ月前に上院貴族院に送られ，貴族院がそれぞれの会期において否決した場合，貴族院の3回目の否決にかかわらず，法案は，王室の同意を得て成立することができる（ただし，この規定は，最初の下院第二読会の日と，3会期目の可決の間に，2年以上が経過していなければならない）ことになった。つまり，金銭法案以外の法案においても，その「無制限の拒否権権能の有効期間を二ヵ年のみに制限」したと言える（佐藤，1987）。

　それから，もう一つ重要な点として，「庶民院の現行諸権利と特権の維持」と題された6条がある。6条では，「この法における何物も，庶民院の現行の諸権利と特権を減少させたり，制限したりしない」と書かれている。この意味は，金銭法案以外における下院の「財政的特権」は減じられないということである。ここでも，金銭法案は，下院の「財政的特権」の一部である。

　その後，1945年に政権についた労働党アトリー政権は，鉄鋼産業国有化法案可決の難航が予想される中，1947年から1949年にかけて，1911年議会法の規定を使って，庶民院の3回可決によって貴族院の可決なしで，1911年議会法を改正した。この1949年議会法では，公法案が2会期連続して下院庶民院で可決され，会期終了1ヶ月前に上院貴族院に送られ，貴族院がそれぞれの会期において否決した場合，貴族院の2回目の否決にかかわらず，法案は，王室の同意を得て成立することができる（ただし，この規定は，最初の下院第二読会の日と，2会期目の可決の間に，1年以上が経過していなければならない）。つまり，1911年法では2年かかったところが，1年でも庶民院の可決した法案が貴族院の不同意を乗り越えて成立することになった。

　なお，1911年議会法及び1949年議会法とも，貴族院の可決なしに法案を成立させるのは，「貴族院が否決した場合」の対応であるが，この否決には，修正や，遅延による会期終了も含まれる（Kelly, 2007）。

　しかし，この1949年議会法に関しては，その後も議論がある。1955年には，H. W. R. ウェイドが，1911年議会法によって貴族院の可決なしに成立した法は，「委任立法」delegated legislation であって，法律 Act of Parliament では

ないと主張する論文を発表した。それによれば、法律は庶民院、貴族院、王室という三者によって同意されたものを言うのに対して、1911年議会法で貴族院の同意なしに成立した立法は、庶民院と王室に権限を「委任」されたものであり、第一次立法 primary legislation ではないと論じられた（Wade, 1955）。

1949年議会法の1年の期間を空けて下院で再可決することによって法案を成立させるという規定に関しては、その法の成立以来、長い間使われてこなかった。しかし、1991年戦争犯罪法で使われて以来、90年代を通して使われるようになり、特に、1997年からの労働党ブレア政権は、1999年欧州議会選挙法、2000年性犯罪法、2004年狩猟法と、三度その規定を使って貴族院の可決なしに法案を成立させた（Kelly, 2007）。

ブレア政権で1949年議会法の発動が多かったことは、ブレア政権が憲法的改革を進めたこと、そして、保守的価値観からの反発を招く改革を行ってきたことの反映と言える。1999年欧州議会法は、欧州議会選挙の英国部分に関して拘束名簿式比例代表を導入する法案で、憲法改革としての意味を持つものであった。2000年性犯罪法は、性交同意年齢を16歳未満に統一する法律で、それまでは男性同性愛に関してだけは、21歳未満が同意年齢になっていた。同性愛の同意年齢を下げる内容に関しては、保守党系の貴族院議員に強い反発があった。2004年狩猟法は、地方における狐狩りを事実上禁止する法案であって、地方の貴族や保守的な有権者の間には反発の強い法律であった。ブレア政権は、自由投票の方針を取ったが、反対派は保守党内に多かったので、事実上政権として狩猟法の制定を進めていたといえる。

特に、狐狩り禁止法案の議会法発動に関わっては、1949年議会法の合法性を問う訴訟に発展した。狐狩り法案反対の姿勢を強める「カントリーサイド・アライアンス」のメンバー3人が、法案成立後、法案の無効を唱えて訴訟を行った。この裁判は、高等裁判所、上訴裁判所、最高裁（貴族院）まで続いたが、いずれも判決は1949年議会法の合法性を確認した。

高裁段階での裁判官によれば、原告の主張は3点であった。第1に、1911年議会法は自らを改正するために、自らを使うことはできない。第2に、1911年議会法によっては、貴族院の同意のない委任立法しか成立し得ないので、その

委任立法により,庶民院と王室の権限を拡大することはできない。第3に,1911年議会法によって成立した委任立法によって,立法に関わる権限を修正したり,改正したりすることはできない,というものであった (Kelly, 2007)。

その他にも,2000年にドナルドソン貴族院議員から,2001年にレントン貴族院議員から,1949年議会法の合法性に対して疑義が呈され,その内容を改正するという法案が提出されたが,いずれも議員立法提案であったので,可決にまで至らなかった。また,2000年の貴族院の王立改革委員会は,1949年議会法を,その規定を用いて自らを改正できないようにする改正することと,貴族院の法案拒否権をさらに広範囲に拡大することを求めた (Royal Commission on Reform of the House of Lords, 2000: 182)。

ところで,このような金銭法案の範囲であるが,キャメロン政権となってから,後に見るように,多くの議論を巻き起こす事態が起こってきた。

金銭法案の認定は,議会法1条(1)によって,下院議長によって行われるが,1条(3)には,この手続きについて,議長は,「認定の前に,もし実施可能であれば,各会期の初めに議長委員会 Chairmen's Panel から選出委員会によって任命された2名と相談する」と書かれている。議会の運営規則や先例をまとめた『アースキン・メイ』*Erskine May*によれば,この議長委員会とは,下院議長が義務として任命する委員会議長で構成される。これらの議長は,第二読会以降の委員会段階での公法案委員会議長を務める。任命は会期ごとの一時的なもので,議長の数は10以上で若干名を加えることができる。(Jack, 2011: 68)。また,法的な義務はないが,下院議長は,下院事務官にも相談してきた。ちなみに,下院議長は,下院議員の互選で選ばれるが,選出された後は所属政党を離脱する。したがって,金銭法案の認定など,政府の利益によって左右されてはならない事項に関しても,独立の判断が行われてきていて,『アースキン・メイ』でも,「特定の法案が『金銭法案』かどうかについて,深刻な実践的困難は通常生じない。認定を与えたり与えなかったりという議長の行動に,批判はほとんどない」と書かれてきた (Jack, 2011: 796)。

金銭法案に該当する事項は,1911年議会法のとおりであるが,実際に,主として金銭法案として挙げられるのは,統合基金法案 Consolidated Fund Bill,

歳出法案 Appropriation Bill，歳入法案 Finance Bill であり，これら以外にも金銭法案として認定される法案もあるが，決して広くない。『アースキン・メイ』では，金銭法案の範囲については，以下のように書かれている。

　「もし，他の諸問題が含まれていたら，それらが，法案の中で（金銭法案として（筆者補足））列挙されている諸事項に『付随的に従属し』ていない限り，その法案は金銭法案ではない」（Jack, 2011：796-797）。

『アースキン・メイ』によれば，金銭法案の範囲は，要件を満たしていれば，支出を拡大する法案が該当するときもあれば，1911年議会法に金銭法案として列挙された事項以外が付帯することによって，その事項を含んでいても金銭法案とはならない法案もあるという。特に，歳入法案は，そういうことから，1911年以来，半分程度しか金銭法案とはなってこなかったと説明されている（Bradley and Ewing, 1993：206；Jack, 2011：796）。歳入法案は，明らかに金銭法案の該当事項を含むものであるが，それ以外の部分があることによって，金銭法案には認定されてこなかったのである。

　実際，2000年から2010年までを振り返ってみても，歳入法案が金銭法案となったのは，2006—07年，2008—09年の会期のみであり，その他年度の歳入法案は金銭法案とはなっていない。その一方で，統合基金法案，歳出法案，歳入法案以外で，16法案が金銭法案となっている。ちなみに，2008年リーマン・ショック後にブラウン政権は VAT を17.5％から15％に引き下げたが，このときは，歳入法案によってではなく，1994年 VAT 法の2条(2)に依拠して，引き下げた。しかし，2010年1月から VAT を17.5％に戻す際には2009年歳入法案によって行い，この法案は金銭法案として認定された。保守党・自民 Lib Dems 連立政権下で，2010年に VAT を20％に値上げするときも，歳入法案によって行われたが，この2010年歳入法案は金銭法案として認定されなかった。

　なお，統合基金法，歳出法以外の法案で金銭法案に認定された法案を，2000年から2010年にかけて，年度ごとに紹介すると，以下のとおりである（Select Committee on the Constitution, 2011a：12）。

2000-01
　　資本控除法案 Capital Allowances Bill
2001-02
　　民間防衛（補助金）法案 Civil Defence（Grant）Bill
　　ヨーロッパ共同体（歳入）法案 European Communities（Finance）Bill
　　国民保険料法案 National Insurance Contributions Bill
2002-03
　　所得税（所得・年金）法案 Income Tax（Earnings and Pensions）Bill
　　産業発展（財政支援）法案 Industrial Development（Financial Assistance）Bill
2003-04
　　年齢関連支払法案 Age-Related Payments Bill
2004-05
　　所得税（貿易その他所得）法案 Income Tax（Trading and Other Income）Bill
2005-06
　　なし
2006-07
　　歳入法案 Finance Bill
　　所得税法案 Income Tax Bill
　　計画・所得補足（準備）法案 Planning-Gain Supplement（Preparations）Bill
　　評価（空家）法 Rating（Empty Properties）Bill
2007-08
　　ヨーロッパ共同体（歳入）法案 European Communities（Finance）Bill
2008-09
　　法人税法案 Corporation Tax Bill
　　歳入法案 Finance Bill
　　産業・輸出（財政支援）法案 Industry and Exports（Financial Support）Bill
2009-10
　　法人税法案 Corporation Tax Bill
　　財政責任法 Fiscal Responsibility Bill

　この金銭法案の認定に関して，2010年には一つの事件が起こり，全く異例の議論が行われることになった。それは，退職手当法案と「貯蓄預金と妊娠助成における健康法案」についてである。
　退職手当法案は，解雇公務員の退職手当削減を盛り込んだ法案で，公務員を

はじめとした労働組合の広範な反発を受けていた。しかも、この法案に対して、担当大臣のフランシス・モードは、「金銭法案」とするように下院議長に申し出ているという報道が行われた（*Financial Times*, 'Civil servants in plea over jobs cull', 24 August 2010）。この法案が金銭法案として下院議長に認定された場合は、貴族院では委員会以後の審議は省略されて、成立してしまう。これらの報道に怒った労働組合は、下院の公法案委員会に非常に多くの嘆願書を寄せた。結局、この退職手当法案は、金銭法案として認定されなかった。

　しかし、その一方で、「貯蓄預金と妊娠助成における健康法案」が下院議長によって金銭法案として認定された。この認定は意外性を持って受けとめられ、11月23日の貴族院での発表を聞いて、バッサム貴族院議員（労働党）は、この認定を「憲法上の侵害」であり、「貴族院の役割への攻撃」であると述べた（HL Deb, 23 November 2010：Col.1008）。

　この「貯蓄預金と妊娠助成における健康法案」は、子供トラスト基金という貯蓄口座へのバウチャーと妊娠女性への助成金を廃止し、その代わりに貯蓄口座への課税は免除を維持することを目的としていた。子供トラスト基金 Child Trust Fund とは、子供手当 Child Benefit を受け取っている低所得の家庭に対して、その子供の名前で口座を作り、そこに一定額の資金（年間22万円程度が上限）をバウチャーとして配布し、その子供が18歳になるころには一定額の資金を手にすることができるという仕組みであった。なお、子供が18歳になるまでは、そのバウチャーによる貯蓄は引き出すことはできない。この仕組みは、労働党政権時に、子供の貧困対策として行われたものであったが、保守党・自民連立政権は、労働党政権が作り出した財政危機に対処するためとして、上記のバウチャーや諸手当を廃止する法案を提出したのであった。「貯蓄預金と妊娠助成における健康法案」においても、貯蓄口座の税金は免除になったが、バウチャー制度が廃止された以上、口座に資金が入ってこなくなるので、口座の非課税に大した救済効果はなく、労働党を中心に大きな反発があった。

　この「貯蓄預金と妊娠助成における健康法案」は、下院の審議終了段階で、下院議長が金銭法案として認定した。内容に不満がある法案が、金銭法案として認定されたことで、貴族院では不満を持ったマッケンジー議員（労働党）が、

異例にも，委員会段階を行う動議を提出した。

マッケンジーによれば，その趣旨は「議長の認定に挑戦するつもりはないが，金銭法案を扱う際に貴族院に利用可能な制限された機会を，拡大するのではなく，フルに使いたい」（HL Deb, 29 November 2010：Col.1273）ということであった。マッケンジーの意図は，11月22日に下院を可決された「貯蓄預金と妊娠助成における健康法案」は，1ヶ月後に成立するが，その間においては委員会段階で審議し，下院が同意すれば修正をすることは，1911年議会法からみても，上院規則から見ても問題ないし，それを下院が拒否するのであれば，そのまま成立するだけのことだ，というものであった。1911年議会法では，金銭法案を下院が可決した場合，1ヶ月で，「庶民院がその逆を指示しない限り」，貴族院の同意なしでも，王室の同意を得て法律となるとあるので，1ヶ月の間は，庶民院の同意を得られる修正を行うことができるというのが，マッケンジーの主張であった。また，マッケンジーは，貴族院の議会規則の『手引き』*Companion* においても，「僅かな場合であるが，小規模な修正は，このような法案（金銭法案（筆者補足））に対しても貴族院でなされてきたし，庶民院も受け入れてきた」（Clerk of the Parliaments, 2010：164）と書かれていることを，発言の中で引用した。

マッケンジーのこのような動議は，その意図が下院議長による金銭法案の認定という根本問題に対する挑戦ではないとしつつも，同時に，この金銭法案認定が「教育維持手当の廃止から諸手当システムの変更まで，一連の政策を精査する貴族院の機会を否定する」ものであると指摘し，この法案にタッキングの疑いがあることを匂わし，事実上，下院議長の認定に疑義を呈するものであった（HL Deb, 29 November 2010：Col.1273）。

このような結果，「これでは，理論的には，ほとんど全ての政策が金銭法案とみなされてしまい，貴族院はその精査を否定されるだろう」（ホリス議員（労働党）），「この法案は金銭法案ではないと確信するし，このように示されることは恥辱である」（バトラー・スロス議員（無所属）），「認定があまりにも大雑把過ぎる」（リチャード議員（労働党））と，議長の認定に疑義を表明する発言も多く出た。また，下院事務官 Clerk から議長は法的助言を受けているのかなどが

質された。一方，これに対して，父を世襲し，21歳から貴族院議員を務めるトレフガーン貴族院議員（保守党）は，「下院議長の金銭法案認定に対する挑戦は，私の貴族院として活動してきた48年間で初めてのものだ」と驚くとともに憤慨して，「動議を取り下げるべきだ」と発言した（HL Deb, 29 November 2010：Col. 1274）。

これに対して，政府側の貴族院リーダー Leader of the House of Lords ストラスクライド議員（保守党）は，まず，この認定は議長の認定であり，政府の認定ではないこと，法案の修正を追求しても時間の無駄遣いであると述べ，不満を述べた議員たちに労働党議員が多いことから，最も金銭法案を多用したのは近年では労働党政権であったと，反論した。また，議長が認定するのは，議長の選択ではなく，議長の法的義務であると説明し，さらに，「私の理解ではあるが」と断りつつ，下院議長は下院事務官と相談の上，認定を行っていると考えていると説明した（HL Deb, 29 November 2010：Col.1278）。

マッケンジーの動議については，その後採決に移され，169対202で不採択に終わったが，かなりの支持を集めたことも事実であった。

12月には，「貯蓄預金と妊娠助成における健康法案」自体の第二読会が行われた。ここでも，ハウ議員（無所属）が，何が金銭法案なのかという疑問を表明したのに続いて，ホリス議員（労働党）が，『アースキン・メイ』を引きながら，「純粋に財政的ではない」法案は，金銭法案とされないし，多くの憲法学者がこの法案を金銭法案ではない述べていること，そして，手続きとして議長委員会の中の2名との相談の上，金銭法案と認定されたかどうかの過程に疑義があると批判した。この最後の部分の疑義に関しては，政府側のサッソン貴族院議員（保守党）は，それは政府の問題ではなく，下院議長の問題だと反論した（HL Deb, 7 December 2010：Col.144）。

なお，英国の下院議長は，二大政党のどちらかから選出されてきたが，この法案が問題となったときの議長は，元保守党下院議員のジョン・バーコウである。下院議長は，2009年議員経費スキャンダルの際に，当時の下院議長マイケル・マーティンが不正常な経費使用を指摘され辞任し，その後の下院内選挙でバーコウが選ばれた。バーコウは，保守党議員ながらもリベラルな信条の持ち

主で、それゆえ2010年総選挙ではUK独立党が対立候補を立て、それを元保守党幹事長テビット貴族院議員が支持表明する事態に至った（Tebbit, 2010）。英国の下院議長が立候補する選挙区では、主要三政党は近年候補者を立ててこなかったので、テビットは現役下院議員ではないものの、元保守党議員の議長の対抗馬を支持することは異例であった。なお、英国の場合は、議長に選出されて以後は、政党を離れ、独立的に動くので、議長の元の所属政党が保守党だからといって、保守党の政権に有利な判断をするということは、ないと理解されてきた。

結局、「貯蓄預金と妊娠助成における健康法案」法案に対する議長認定は、こうした討論によって覆る見込みはもともとなかったが、1ヶ月のちに成立し、王室の同意も得て、法律となった。

2-2 下院の「財政的特権」

なお、この金銭法案は、先述したように、下院の「財政的特権」全体のなかで、理解されるべきである。『アースキン・メイ』36章冒頭には、「<u>貴族院の財政的権限は、第1に、古代からの下院の『諸権利と諸特権』によって、第2に、1919年及び1949年議会法の規定によって制限されている</u>」と書かれている（Jack, 2011：785）。つまり、ここで明らかなように、下院の「財政的特権」は、金銭法案よりも幅広い。

なお、「財政的特権」とは、『アースキン・メイ』によれば、次のように説明される。

> 「庶民院は、最も早い時期から、歴史的に『支援と供給法案』と呼ばれる法案との関係で、優越した諸権利—財政的特権—を主張してきた」（Jack, 2011：713）。

この「支援と供給」は、庶民院事務官と立法事務官によって「支援（歳入）と供給（歳出）」taxation（aids）and government spending（supplies）であると説明される（Clerk of the House and the Clerk of Legislation, 2012）。すなわち、下院の「財政的特権」は、歳出及び歳入法案両方に適用される。

「財政的特権」が適用される歳出法案と歳入法案と、金銭法案との違いにつ

いては,『アースキン・メイ』は,次のように説明する。まず,「公的支出に対する課金の範囲を創り出し,拡大する純粋な目的を持つ法案が,『金銭法案』とされる」と説明し,「歳入法案のような支援と供給法案は,それがしばしば「『金銭法案』の定義に列挙される以外の事項を扱う諸規定を含んでいるため,必ずしも『金銭法案』ではない」と,両者を区別する。

　また,「財政的特権」が主張される支援と供給法案は,貴族院が修正してはならないが,拒否してもよい(もっとも,そうした例も実際にはほとんどないが)のに対して,金銭法案に関しては,貴族院は拒否してはならない。したがって,庶民院は金銭法案という方法を取るのか,「財政的特権」を取るのか,選ぶことができる。金銭法案を貴族院が修正した場合,庶民院はその修正全部を拒否して金銭法案を1ヶ月で成立させることはできるが,一部の修正を受け入れ,他の部分を拒否する形では,1ヶ月での成立をすることはできない。しかし,金銭法案が修正のために委員会段階に進むことは極めて稀で,実際には第二読会で審議は終了してきた(Jack, 2011：797)。

　それでは,『アースキン・メイ』で,「財政的特権」が適用される代表的な法案として挙げられる「歳入法案」Finance Bill に関して見ることで,「財政的特権」の適用される法案が,どのように扱われるか見てみよう。

　図表5-1に示されるように,1990年以降,金銭法案認定のない歳入法案に関しても,貴族院は第二読会(実質的な最初の審議)で審議を終えて,採決さえせず,その後の委員会段階・第三読会を開催してこなかった。そういう扱いの中で,歳入法案は全て成立してきた。法案の修正などを行う際には,委員会段階で議論されるので,この段階以降を行わないということが意味することは,金銭法案認定のない歳入法案に関しても,上院貴族院が否決・修正しないということで,それが下院の「財政的特権」の一例であると説明できる。

　ここで,歳入法案については,さらに詳しく説明しておきたい。ただ,蔵相の予算演説から歳入法案へと至る一連の流れに関しては,1906年の例を引いて,佐藤芳彦が詳しい説明を行っている(佐藤,1987)。また,戦後における一連の流れに関しては,小嶋和司も詳しく説明している(小嶋,1996：47-54)。ただし,両者とも,1911年議会法以降の下院の「財政的特権」と金銭法案との関

第Ⅰ部　ウェストミンスター改革

図表 5-1　歳入法案 Finance Bill の取り扱い

会期及び法案名	金銭法案認定	法案の取り扱い	議事録（HL Deb）の日付
2011年歳入法	なし	第二読会で審議終了。委員会段階・第三読会は開催されず，法案通過・成立	18 July 2011：Col.1190
2010年歳入法No. 3	なし	同上	22 November 2010：Col.978
2010年歳入法No. 2	なし	同上	26 July 2010：Col.1148
2010年歳入法No. 1	なし	同上	8 April 2010：Col.1690
2009年歳入法	あり	同上	20 July 2009：Col.1500
2008年歳入法	なし	同上	18 July 2008：Col.1500
2007年歳入法	あり	同上	17 July 2007：Col.191
2006年歳入法	なし	同上	17 July 2006：Col.1094
2005年歳入法No. 2	なし	同上	19 July 2005：Col.1410
2005年歳入法No. 1	なし	同上	7 April 2005：Col.935
2004年歳入法	なし	同上	20 July 2004 Vol.664 Col.212
2003年歳入法	なし	同上	3 July 2003 Vol.650 Col.1143
2002年歳入法	なし	同上	12 July 2002 Vol.637 Col.902
2001年歳入法	なし	同上	10 May 2001 Vol.625 Col.1110
2000年歳入法	なし	同上	28 July 2000 Vol.616 cc.760-761
1999年歳入法	あり	同上	23 July 1999 Vol.604 Col.1248
1998年歳入法	あり	同上	29 July 1998 Vol.592 Col.1586
1997年歳入法No. 2	あり	同上	31 July 1997 Vol.582 Col.373
1997年歳入法No. 1	あり	同上	19 March 1997 Vol.579 Col.916
1996年歳入法	あり	同上	26 April 1996 Vol.571 Col.1390
1995年歳入法	あり	同上	28 April 1995 Vol.563 Col.1178
1994年歳入法	あり	同上	29 April 1994 Vol.554 Col.974
1993年歳入法	なし	同上	27 July 1993 Vol.548 Col.1233
1992年歳入法No. 2	なし	同上	14 July 1992 Vol.539 Col.144
1992年歳入法No. 1	あり	同上	16 March 1992 Vol.536 Col.1605
1991年歳入法	あり	同上	19 July 1991 Vol.531 Col.420
1990年歳入法	なし	同上	20 July 1990 Vol.521 Col.1169

Source: Select Committee on the Constitution（2011a）; HL Deb.
　議事録の文言は，「法案に関して第二読会が行われた。委員会は開かれない。議会規則47条は免除されたことにより，法案は三度読まれ，通過した」（2008年の例）とほぼ同じ文言が繰り返し使われている。
　なお，議会規則47条は，同一日程で委員会段階と第三読会を行わないという規則で，それを免除することで，同じ日に委員会・第三読会を行ったことにされている。

係については説明していない。以下では，近年の歳入法案の流れに関して，ポイントのみを説明する。

まず，歳入法案の提出される過程である。多くは3月に行われる蔵相の予算演説の後，1968年暫定課税徴収法 Provisional Archives of Taxes Act にもとづいて発議が行われ，後に歳入法案になる内容が採決され，採決されると暫定であるが，これらの課税は有効になる。この採決は，庶民院の過半数は与党が握っているため，通常は問題なく可決される（この採決は，大臣によってのみ提出され，資金調達の方法及び手段を意味する「方法及び手段決議」Ways and Means Resolution と呼ばれる（Standing Order No.50(1)）。これに対して，1994年のように，野党が中心となった提案に与党議員の一定数も賛成して，17.5%への燃料費のVAT値上げに関して，家庭用及び慈善用の場合に限り除外するという議決が通ってしまったこともある。こうした決議は「予算決議」Budget Resolutions と呼ばれるが，予算演説そのものを議決するのではない(HC Deb, 6 December 1994, Vol. 251：cc.159-250)。このときは，与党保守党政権は，その内容で歳入法案を作成すると同時に，その税収不足分のために，アルコール，タバコ，道路燃料の税率を引き上げた。上記の諸決議の有効期間は，5ヶ月で，その期間に歳入法案を成立させなければならない。なお，英国の予算演説は，1992年まで，ほとんど3月に行ってきたが，1993年から当時の保守党政権が11月に変更した。しかし，労働党が政権奪回後，元に戻し，1998年からは再び3月に行われてきた（Seely, 2011）。なお，支出に関しては，「金銭決議」Money Resolutions を挙げなければいけない（Clerk of the House and Clerk of the Legislation, 2012）。

上記のように，「財政的特権」で貴族院では否決・修正されてこなかった歳入法案であるが，そこには緩やかな範囲がある。歳入法案に何でも入れることは基本的にはできないし，その範囲を超えて別の事項を含めることは，タッキングであると認識されてきた。歳入法案の範囲は，その長い正式名称に表されている。それは，「国家の債務と公的な歳入に関して，一定の義務を認め，他の義務を改変し，法律を改正し，さらに財政に関して規定を作る」法案である。かつては，「方法及び手段委員会」Committee of Ways and Means において，歳入法案と認められるかどうかが検討されてきたが，その委員会は1967年に廃

止された。ただし,『アースキン・メイ』によれば,その委員会廃止後も,「女王に認められる歳出を調達する方法と手段を検討する」という伝統的な考え方は,維持されている。また,『アースキン・メイ』によれば,歳入法案は中央政府の支出に対する費用を調達する歳入のみを含み,地方自治体や他の公的諸団体への支出や「特定の支出目的」のための費用調達のための歳入を含まず,また,その会計年度の歳入に限定しなければならない。しかし,この限定は,議会で「手続き（将来の税制）」Procedure (Future Taxation) 決議をすることで,緩和可能になり,この方法はよく使われてきた。また,「歳入法案に適切な事項の厳格な定義には漏れているが,にもかかわらず,包摂が正当化できる諸事項に十分に緊密に関係している」ものに関しては,「方法及び手段委員会」の議決などによって,歳入法案とされてきたと述べた。ただし,それらの場合でも,「歳入法案への包摂が正当化できないような,中央財政からこれまで除外されてきた事項に関しては,許可されてこなかった」と述べている (Jack, 2011：780-781)。

このように,歳入法案は,下院の「財政的特権」のなかで上院での否決・修正なく成立してきたが,他方,その下院における審議自体に関しては,あまりにも時間が少ないという批判もある。例えば,2008年の場合では,歳入法案は3月18日に示されたが,本会議の委員会段階では160条のうち8条項しか審議できず,公法案委員会では12日間で審議されたが,報告段階と第三読会はそれぞれ7月1日・2日で可決され,上院に送られた。税の専門家の間からは,毎年同じ内容の短い法案と,複雑でテクニカルな法案を分離して,後者をもっと時間をかけて審議し,専門家の意見も聞くべきだという指摘があった (Seely, 2011)。

さらに,先に見た金銭法案と同じく,この下院の「財政的特権」に関しても,2012年に事件が起こった。その事件とは,政府が議会に提出し,下院を通過した福祉改革法案 Welfare Reform Bill が上院によって修正された後,2月1日に下院に戻ってきたところで,下院議長が「財政的特権」の発動を宣言したことである。

この福祉改革法案は,子供手当を含む家計全体に対する政府からの給付金に

年間26000ポンドの上限を定め，子供支援エージェンシーを利用する際には，片親家庭から50-100ポンドの実費を徴収するなどする政策であり，キャメロン政権は，それによって年間70億ポンドを節約できると考えた。政府支出削減を最優先するキャメロン政権全体のカット政策の一環と言える。これに対して，上院貴族院は，26000ポンド上限の撤廃，実費徴収の撤廃など，ほとんど全ての論争点を修正した。

　これに対して，2月1日の下院庶民院では，下院議長が「財政的特権」の発動を宣言した。この発動は，驚きをもって受けとめられ，ロンドン大学ユニヴァーシティ・カレッジ UCL の憲法学者ジェフ・キングは，政府側のストラスクライド貴族院議員の「この特権は新しいものではなく，ほとんど350年近く存在してきたものであり，公的支出に関する事項のいかなる修正も特権を伴いうる」(HL Deb, 2 February 2012 : Col.1673) という発言を批判した。キングは，「その特権は，もともとは主として，税とその供給に関するものであり，支出に関しては控えめにしか発動されてこなかった」と指摘し，同時に，担当大臣のクリス・グレイリングが，この法案も今からでも金銭法案にすべきだと発言したことを批判した (King, 2012)。[14] 政治学者のスチュアート・ホワイトも，キングの主張を支持して，「だいたいの法案は支出の事項を含んでおり，いかなる法案への多かれ少なかれの修正に対しても財政的特権が使える，と言われかねない」と述べ，「福祉改革法案をめぐる論争は，単に福祉給付に関わる議論だけではない」と結論付けた (White, 2012)。

　そうした議論が噴出してくる中で，庶民院事務官と庶民院立法事務官 Clerk of the Legislation の連名で，異例の声明が出された。そこでは，以下のように述べられた。

> 「1678年決議は，『支援と供給』の全ての法案（それは，すなわち税制（支援）と政府支出（供給）であり，今日では，政府支出を認める統合基金法案のようなものを意味する）を扱う『庶民院の疑いなく独占的な権利』を再び言明した」(Clerk of the House and Clerk of the Legislation, 2012)。

　つまり，下院の「財政的特権」には，「支出」も含まれるという理解である。

また，声明においては，「財政的意味合いを持つ貴族院修正が庶民院で否決されるならば，両院の政策の違いが何であれ，それが貴族院に対して意味するところは，その修正が財政的特権を侵害しているということである」と述べられた。しかし，その一方で，貴族院が再び修正するかどうかは，「『同じ返答を招く』修正を返すべきではないという習律の解釈の問題である」と述べるに留まった。また，貴族院の決議が庶民院の「財政的特権」を侵害しているかどうかを判断するのは，庶民院の立法事務官の役目であり，その作業は，政府とは独立に行われ，議長の権限の下で行われるが，実際の作業は立法事務官が行い，議長も直接関わらないと述べた。さらに，これらと，金銭法案は全く別物で，また，金銭法案の場合も，その認定に政府は一切関わらないと説明した（Clerk of the House and Clerk of the Legislation, 2012）。

2月14日には，下院庶民院の上院修正拒否，「財政的特権」発動を受けて，再び，上院貴族院で審議が行われ，冒頭に，下院の「財政的特権」について議論がたたかわされた。与党上院リーダーのストラスクライド貴族院議員は，再度，下院の「財政的特権」は1678年に遡ると述べ，また，政府支出においても下院の「財政的特権」が認められると，再度説明した。ストラスクライドは，『アースキン・メイ』における「財政法立法に関する下院の独占的権利の主張は，分割されることなく公的支出に適用され，支出に見合った歳入の提起に適用される」（Jack, 2011 : 787）という部分を引用し，「公的支出に関して財政的特権を主張することが新しいことであると言う考え方は，端的に間違いである」と述べた。さらに，貴族院が行った110の修正のうち，庶民院が「財政的特権」に関わるとしたのは，46箇所であるが，そのうち35箇所は庶民院が修正に同意し，結果として，残りの11箇所のみに対して「財政的特権」が発動されているだけだと説明した。最後に，ストラスクライドは，問題となっているのは，「同じ返答を招く修正」であって，「議論を終了したり，私たちの仕事を無意味にしたりすることではない」と述べた。つまり，同じ修正は再び提起できないが，別の修正はありうるという説明であった。

しかし，こうしたストラスクライドの説明に対しても，審議の中で批判があがった。モーガン貴族院議員（労働党）は，「政府は，この国に一院制政府の見

解を押し付けようとしている」と述べた。ノートン議員（無所属）は，「どちらかの院が最大限に権限を押し通そうとすると，エスカレーションのスパイラルを引き起こし，結果的に両院の持つ力の総計が発揮できない議会へと至ってしまう」と述べた（HL Deb, 14 February 2012：cc.681-692）。

その後，貴族院では，福祉改革法案本体の審議が行われ，2月1日に庶民院で拒否されたのと同様の修正案も議論されたが，それらは可決されず，代わって，ベスト貴族院議員（無所属）による住宅手当に関する別の修正案が可決された。そのベスト議員の修正案は，2月1日に庶民院が拒否した前回の貴族院修正と同じ箇所に関するものであったが，住居手当一般のカットに反対するものではなく，そのカット対象となる家庭から，失業者，介護者，養育者，障害者，戦争未亡人を除外するものであった。提案したベスト議員によれば，前回の修正は庶民院に拒絶されたので，今回は「より穏健な修正」を提案したと説明した（HL Deb, 14 February 2012：Col.709）。この修正は庶民院に送られたが，21日に庶民院で拒否された。2月29日には，貴族院で3度目の採決が行われ，ベスト議員は修正案を撤回し，法案は成立した。

この福祉改革法案の議論を通じて言えることは，歳入法案に見られたように，かなり長い期間にわたって維持されてきた下院の「財政的特権」がある一方で，その「特権」の境界領域に関しては，依然として議論があると言うことである。ただ，この議論の中でも，税制に関しては下院の「財政的特権」に関して上院に異論はなく，政府支出にまで「特権」を拡大できるかどうかに関して，見解の相違が見られたと言うことである。しかも，結果として，貴族院も，庶民院が拒絶した修正自体を再度可決はしなかったと言う点も，重要である。

このように見るならば，英国における財政法案における下院の優越（下院の可決のみで成立）は，金銭法案における優越だけではなく，税制・公債に関する歳入関係法案と歳出関係法案に関する下院の優越の習律も合わせて，「財政的特権」として考えられる必要があるであろう。ただ，歳出関係法案に関しては，2012年福祉改革法案で議論になったように，そこにまで下院の「財政的特権」を広げて考えることには，英国でも議論がある。

日本においては，下院の「財政的特権」の帰結として金銭法案が説明され，

金銭法案とそれ以外の法案があるという理解のされ方が多かった。それゆえ，金銭法案以外での下院の「財政的特権」，特に歳入法案に関して下院優越で成立してきた習律は近年あまり説明されてこなかった。筆者の管見の限りでは，金銭法案以外でも幅広い下院の「財政的特権」について記されているのは，1934年に大蔵省主計局がまとめた『英國議会制度大要――英國予算制度の法制：金銭法案解説』であろう。しかし，ここでも，上述の金銭法案と下院の「財政的特権」の異同が2011年『アースキン・メイ』713頁，797頁のような区分として明瞭に示されているわけではなかった。

このような下院の「財政的特権」は，税制や公債発行が入るので，日本の予算よりも，確実に大きい。2010年にキャメロン政権が，英国版の一種の「子供手当」の廃止（「貯蓄預金と妊娠助成における健康法案」）と，VAT増税を，下院庶民院においての審議・可決のみで，貴族院において第二読会（すなわち1回の審議）のみで議決さえせずに，成立させたことは，日本とは極めて対照的であると言える。このことは，このような仕組みを持たない日本が，ウェストミンスター型を追求することの限界を，暗示しているのではないだろうか。

3　戦後の英国の貴族院

ここでは戦後の段階に戻って，貴族院改革の展開を簡単に素描したい。なお，この部分は，近年，日本において大変研究が進んでいる。戦後の展開を理解するうえでは，1918年の「第二院の改革に関する会議報告」，いわゆるブライス委員会の報告が重要であろう。この報告の中では，1つの政党，すなわち当時の保守党・統一党の支配の問題を指摘し，比例代表制にもとづく改革などを提言した。しかし，この報告がその後充分に活かされることはなかった。

戦後に入ると，1958年一代貴族法 Life Peerage Act が制定され，一代限り貴族の立法化が行われた。また，このとき，女性も一代貴族となることが盛り込まれた。これによって，貴族院は，世襲貴族院議員と一代貴族院議員によって構成されることになった。世襲貴族院議員は，この時代以前から，「辺境人」 backwoodsman として問題になってきた。この「辺境人」とは，田舎に住ん

でいてめったに議会に登院してこない貴族院議員をさして使われていた。一代貴族は，そうした貴族院の性格を変えるためにも，期待された。ちなみに，貴族院議員は，一代貴族を含めて，歳費は一切支給されてこなかった。特権として認められてきたのは，議会で食事することができるだけであった。ただし，役付きの貴族院議員には手当が支給されていたし，議員としての活動でかかった費用は，経費として請求できた（前田，1976）。

一代貴族は，政界を含む各界で功をなした人々が，任命されてきた。引退した下院議員などからなる通称「働く貴族院議員」Working Peers は，各政党の推薦にもとづき，首相が最終的に推薦し，女王によって任命されてきた。政界以外の各界（ビジネス，官界，学者など）で功をなした人々からなる通称「民衆の貴族院議員」People's Peers も，当初は首相によって推薦されてきたが，1999年貴族院法以降は，貴族院任命委員会で推薦され，女王によって任命されてきた。「働く貴族院議員」は政党所属であるが（ただし，後に「無所属」にも，他の政党にも所属を変更できる），「民衆の貴族院議員」は政党に属しないクロス・ベンチャーになる。2012年2月時点の党派別内訳は，図表5-2のとおりである。貴族院議員の党派別内訳は，任命制であったがゆえに，政権が交代したからといって，即座にその構成が変わるわけではない。したがって，実質的には，以前の首相に推薦された一代貴族院議員や世襲貴族院議員が，選挙によって選ばれた庶民院の政府の法案を拒否することが出来るという点で，常に問題になってきた。

なお，裁判官たちに関しては，既に，1867年上訴管轄権法 Appellate Jurisdiction Act 1876によって，一代限り司法貴族 Lords of Appeal in Ordinary，通称 Law Lords として，貴族院議員となり，歳費も支給されることが決まっていた。英国の貴族院には，最高裁判所の機能があったことは，よく知られていたことであるが，この機能は，2005年憲法改革法によって1867年上訴管轄権法が廃止されたことで，現在はなくなっている。

1963年には，貴族法 Peerage Act 1963が制定され，貴族院議員の世襲を拒否できるようになった。これは，労働党下院議員であったトニー・ベンが，スタンゲート子爵の相続を拒否したいと訴えたが，相続を拒否する規程もなく，

図表 5-2　貴族院議員の党派およびタイプ

2012年2月時点

政　　党	一代貴族	世襲貴族	宗教貴族	Total
保 守 党	170	47	—	217
労 働 党	235	4	—	239
自　　民	87	4	—	91
クロス・ベンチャー	154	32	—	186
宗教貴族	—	—	25	25
その他	27	2	—	29
Total	673	90	25	788

タイプ	Men	Women	Total
宗教貴族	25	0	25
司法貴族	22	1	23
一代貴族	509	178	687
世襲貴族	90	2	92
TOTAL	646	181	827

Source: http://www.parliament.uk/mps-lords-and-offices/lords/lords-by-type-and-party/

図表では総数が不一致であるが，病気などで欠席している議員，資格を停止されている議員，司法貴族として議決に参加しない議員，欧州議会議員で議決に参加しない議員など39名が上段の表では省かれているためである。

当時の保守党政権はベンの訴えを認めようとしなかったためである。ベンは，1度は，貴族院議員を世襲することで下院議員の地位を剥奪されたが，再び，1961年の補欠選挙に立候補し，当選し，その地位が問題となった。その後，議論があったが，1963年貴族法では，本人の意向により，世襲貴族の相続を拒否することが出来るようになった。その結果，ベンのほかにも，続いて，クィンティン・ホッグや，ダグラス・ヒュームらが，爵位の返上を行った。

しかし，1958年法による一代貴族の創設以降も，「辺境人」世襲貴族院議員の欠席や，その一方で，労働党政権下での採決での行動が，問題となった。その結果，1957年には，ロングフォード卿の「二部構成論」による改革が提案さ

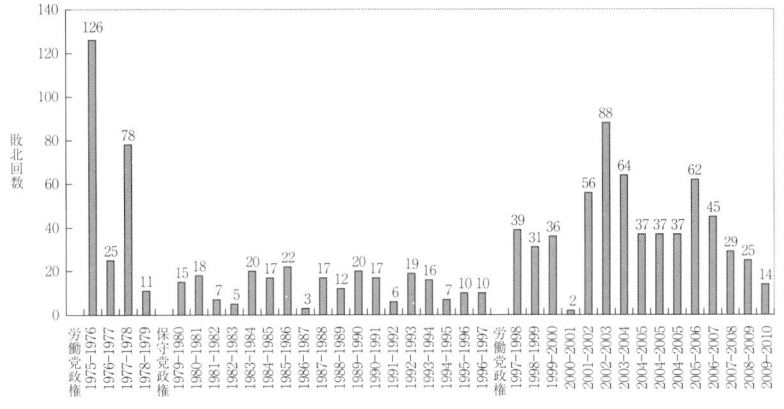

図表 5-3　貴族院における政府法案敗北回数

Source: Renwick, 2011b.

れた。これは，貴族院のなかで，票決権のある議員と，票決権のない議員を分ける提案であったが，貴族院では評判が悪く，結局，採用されなかった。その後，この発想を生かして，1968年には，労働党ウィルソン政権が改革法案を提出したが，この法案も下院で採決に手間取り，廃案となった（前田，1976）。なお，その後も労働党政権時には，政府法案が貴族院で否決・修正されることが多く，労働党が政権に返り咲いた1974年から79年には非常に多くの法案で政府法案は敗北した。1975—76年の議会においては，貴族院での労働党政府案の敗北は，126回にも上った（Renwick, 2011b）。

4　ブレア政権下での貴族院改革

このように，貴族院における世襲議員の投票行動は，特に労働党政権時に懸案となってきたが，1979年から96年までの長期間にわたり，保守党政権が続いていたこともあり，その間は，大きな問題にはならなかった。ただ，1958年の一代貴族の創設以来，貴族院議員の数は，一代貴族の増加が続き，1990年代には，貴族院議員の総数は1000名を超えていた。

次に，貴族院の問題が大きな焦点を集めることになるのは，再び労働党に政

第Ⅰ部　ウェストミンスター改革

権が交代した1997年以降であった。ブレア政権の最初の1年間での貴族院での政府案否決は，38回にも達した。そのうち，特に問題となったのは，欧州議会選挙に拘束名簿式比例代表制を導入した欧州議会選挙法案であった。この法案は，計6回，貴族院で否決され，最終的には，1949年議会法の規定を発動して，成立させた。なお，1949年議会法の規定は，これまででも4回しか発動されていないが，先述のように，そのうち3回がブレア政権においてである。なお，以下，ブレア政権期以降の貴族院改革に関して書くが，既にこれらの点に関しては，先行研究もあるので，詳しくはそれを参照されたい（例えば，田中，2009）。

　ブレア政権は，このような貴族院での政府案に対する否決行動の中，1999年1月に，白書『議会の現代化：貴族院の改革』を発表した。その中では，長期的には，将来の貴族院は，①任命制，②直接選挙制，③間接選挙制，④これらの混合制などの間で決めていき，その過渡期の改革として，世襲貴族院議員を大幅に削減するという方針を出した。また，その白書の中では，「政府は，どの政党も貴族院において過半数を動かさないということを確認したい」という将来の方向性を明確化した。さらに，その改革においても野党保守党との一致点を探りたいとした（Cabinet Office, 1999）。その直後にブレア政権は，世襲貴族院議員の廃止を含む1999年貴族院法案を議会に提出した。その貴族法案においては，当時750名あまりいた貴族院世襲議員全てを廃止するものであった。この案に，当時の保守党党首であったウィリアム・ヘイグは激しく反対した。しかし，懸案の「辺境人」議員問題は，貴族院でも共有されており，驚くべきことに，当時の貴族院の保守党リーダーであったクランボーン子爵は，政府案を認める合意をブレアとの間で密かに結んでいた。その合意は，1998年12月の庶民院の議論で，ブレアによって明かされ，知らなかったヘイグは，立ち往生し，労働党議員たちから失笑を買った（HC Deb, 2 December 1998 Vol.321：cc 874-77；*The Guardians*, 'William Hague's letter to Lord Cranborne', 3 December 1998）。なお，労働党が議席数で圧倒する当時の庶民院においては，政府案は，早々に3月に可決された。

　ただ，貴族院全体で見ると，労働党政府の提案に激しく反対する議員も多く，280本にもわたる修正案を提案し，その1つ1つに20分かけて提案することで，

露骨に時間稼ぎに出てくる意向を示した議員もいた。しかし、結局、貴族院議員たちも、世論の厳しい目の中で、ウェザーリル卿の示した妥協案に合意することになった。妥協案によれば、世襲貴族院議員のうち、92名を貴族院内の選挙で選び、それ以外の世襲貴族院議員は廃止するという案で、これにより、750人以上いた世襲貴族院議員は92名にまで削減されることとなった（Brocklehurst and Hill, 2009）。採決は、1999年10月26日に行われ、221対81で可決された（The Independent, 'Hereditary peers fight for survival ends in defeat', 27 October 1998）。

その後、白書『議会の現代化』にもとづき、「貴族院に関する王立委員会」が組織された。この委員会は、保守党政治家で、閣僚や貴族院保守党リーダーなどを歴任したウェイカム卿が座長になったことで、「ウェイカム委員会」とも呼ばれた。このウェイカム委員会は、2000年1月に最終報告を出したが、その内容は、政府の白書のある部分には沿ったものになったが、ある部分については採用すべきではないという結論となった。

最終報告『将来に向けた議会』 *A House for the Future* においては、貴族院は、主として、庶民院を補足する役割であり、必要とあれば庶民院に再考を促す位置づけであり、それ以上のものになるべきではないとし、法案を精査した上での「停止的拒否権」のみにとどめるべきだとした。また、マニフェストで信任を得た内容に関しては、貴族院は尊重し、明確に異を唱えることに慎重であるべきであるという「ソールズベリ慣行」については、依然有効であり、引き続き保持することを推薦した（Royal Commission on Reform of the House of Lords, 2000：181）。

しかし、その一方で、後に労働党政府が難色を示す「委任立法」への拒否権を肯定する意見も述べられていたし、政府はこれ以上の議会法の改正により、1949年議会法以上に優越した地位を強める必要はないと述べられていた。さらに、労働党政府の1999年白書で述べられていた大部分を選挙するという提案に対しては、「推薦しない」と明言し、逆に、ウェイカム委員会は貴族院の規模を550名にするべきだと述べるが、大半は、英国社会全体の構造を反映できる各方面の見識ある専門家を任命すべきだとした。その任命は、従来の首相中心ではなく、独立の任命委員会が行うべきだとした。ただ、地域ごとの意見を反

映させるために，60名から195名を非拘束名簿式の比例代表で選ぶべきだと提案した（Royal Commission on Reform of the House of Lords, 2000）。

これを受けて，貴族院議員任命に関しては，制定法によらない形であるが，貴族院任命委員会 House of Lords Appointment Commission が作られ，今日まで続いてきた。2012年の段階では，7名の委員のうち，政党所属は3名で，貴族院以外が2名という構成になっている。これも，1999年改革の一環で，これによって，任命委員会は，首相や政党，議員個人の推薦による候補者に関しては審査のみを行うが，政党所属外の候補者に関しては推薦・審査の両方を行うことになった。それまでは，政治家の推薦も，政治家以外の推薦も首相が行うことになっており，政治的名誉職精査委員会 Political Honours Scrutiny Committee が審査することになっていた（Maer, 2011）。

貴族院への選挙制の導入に関しては，このウェイカム委員会の答申を受けて，2001年にブレア政権は，白書『貴族院：改革の完成』*The House of Lords-Completing the Reform* を発表した。その中では，ウェイカム委員会の提言の大部分を受け入れ，貴族院の規模を700あまりから600に減らすが，その8割を任命による議員にし，120名のみを国民が直接に選挙することを提案した。同時に，任命される政治家出身の議員は前回総選挙での政党比率で選出し，また，貴族院全体で，30％の比率において女性が選出される方向性が望ましいとし，92名が残っている世襲貴族院議員は引き続き，残すとした。また，この白書では，貴族院の法案を遅らせる力を，3ヶ月以内にすることも述べていた（Prime Minister, 2001）。これに対して，庶民院行政特別委員会は，白書を検討し，2002年2月に報告書をまとめて，公表した。そこにおいては，貴族院の60％を国民が選挙し，残り40％のうち，20％に関しては政治家が，残り20％は政治家以外から選ばれるべきで，その任命には，制定法による任命委員会が責任を持つべきであるとした[15]。

ブレア政権は，こうした庶民院行政特別委員会の報告を受けて，上下両院からなる合同委員会の設置を決めた。この合同委員会の任務は，将来の上院貴族院の構成と，貴族院の政府法案に対する投票行動に関してであった。合同委員会は，2002年7月に任命され，その年の12月に第一報告を行った。そこにおい

ては，これまでの上下両院の関係を基本的に変えないことを合意しつつ，議員の選び方に関しては，国民の選挙で選ばれる比率が，0％，20％，40％，50％，60％，80％，100％の7案を提起した。

　2003年1月に合同委員会で7案について議論したが，庶民院の議員たちの支持は，直接選挙の比率で割れ，貴族院は圧倒的に任命制を支持した。2月には，首相のブレア自身が任命制の貴族院議員の継続を支持する中，上下両院で7案の個々に対して投票を行った。投票は党議拘束を欠けずに行われた。結果は，貴族院で任命制が圧倒的な支持を集め，庶民院ではどの案に対する支持も過半数を割った。2003年4月に合同委員会は，第二報告を出したが，ここでも，集団的意見としては，まとまらなかった。

　2003年6月には，閣内に憲法改革担当大臣を設置し，その下に憲法改革省を設置した。9月になると，ブレア政権は，コンサルテーション・ペーパー『憲法改革：貴族院の次のステップ』*Constitutional Reform: Next Steps for the House of Lords* を発行し，その中で，①貴族院全体の任命制，②世襲貴族議員92名全員の廃止，③任命委員会の法制化を盛り込んだ（田中，2009）。

　労働党政府は，三権分立の徹底を目指し，2005年憲法改革法の成立をめぐっては，大法官と，それを頂点とする貴族院における司法権の改革が問題となった。当時の労働党ブレア政権は，貴族院に属する司法権の分離を目指して，憲法改革法案を提出した。それまで，大法官は，内閣の一員であるとともに，司法権のトップであり，貴族院議長の役割を果たしてきた。権力分立という点では問題があり，また，実際に，大法官に任命されるのは，政権党の人物であった。1997年から2001年まで大法官を務めたアーヴァイン卿の弁護士事務所は，トニー・ブレアが最初に弁護士として活動した事務所であった。また，その後，大法官につくフォルコナー卿も，ブレアの旧友であった（*The Guardian*, 'Derry Irvine reveals Blair row over lord chancellor abolition', 1 November 2009）。

　法案では，常に貴族院議員によって占められてきた大法官を廃止するとともに，貴族院内に存在した司法機能を完全に分離し，最高裁判所を新設し，その他の司法機能については首席裁判官 Lord Chief Justice に分離され，貴族院の議長も新設されることになった。しかし，この法案は，庶民院で可決された後，

貴族院は，この法案に大法官の役職を存続させる修正を入れた。この修正は，当時物議をかもし，1949年議会法で政府案どおりに成立させることも検討されたが，結局，それ以外の部分は貴族院によっても修正されていなかったので，ブレア政権はそれを受け入れた。

その結果，大法官は，機能を失って名前だけが存続することになり，2007年に新設された法務省 Ministry of Justice の大臣が兼務することになった。その兼務は，2010年の政権交代後も引き継がれた。

ちなみに，現在はなお，司法貴族は存在しており，彼らのなかには最高裁判所の裁判官をかねている者もいる。後に見る『貴族院改革草案』にもとづく選挙制が導入され，改革が終了すると，貴族院と最高裁判所の人事上の重なりは解消される予定である。

なお，こうした貴族院改革の取り組みのなかで，2006年から2007年にかけて，「金銭による貴族院議員任命」Cash for Peerage という事件が持ち上がった。これは，ブレアの推薦した貴族院議員が，労働党への資金貸与・供与の結果推薦されているのではないかという指摘を，スコットランド民族党やプライド・カムリが行ったことが，きっかけであった。そして，その後，警察は，労働党への巨額の献金者であったレヴィー貴族院議員を逮捕した。資金貸与等の見返りとして，貴族院議員の地位が与えられたのではないかという容疑であった。結局，彼は不起訴に終わるが，ブレアも含めてこれらの件では多くの政治家に対する事情聴取が行われ，英国政治は大きなダメージを負った（*The Independent,* 'Cash-for-honours trail that leads to Number 10', 31 January 2007）。また，こうした貴族院に対する信頼の低下が，後に述べるような選挙制導入の議論につながっていくと見ることができる。

5　危機に瀕する「ソールズベリ慣行」

なお，この中で，新たな貴族院改革の論点も持ち上がってきた。政府は，貴族院が改訂的・助言的で，下院の補足という性格を維持することを望んだが，実際には，図表5-3にあるように，労働党政権になってから，明らかに貴族

院での政府案の敗北回数が増加してきた。英国政府は（労働党政府は特に），貴族院の改革を進めて，庶民院の法案をスムースに通過させるために改革の必要性を自覚せざるをえなかった。ブレア政権は，2006年に，この問題に関して，庶民院・貴族院合同委員会に以下の四つの点に関して検討を委託した。それらは，「ソールズベリ慣行」，委任立法の扱い（英国では委任立法がたびたび上院で審議され，否決されてきた），審議に関わる「合理的な時間」，法案審議の最終盤に行われる「ピンポン」（上下両院での法案の往復）であった。[16]

この中で論点になったソールズベリ・アディソン慣行と呼ばれるものがある。これは，一般に，マニフェストに書かれていた事項に関しては，貴族院は反対や，破壊的修正は行わないと説明される。

この慣行の起源に関して，2006年に貴族院 *Library Note* に書いたダイモンド＆デッドマンは，19世紀に活躍した第3代ソールズベリ侯爵（1830–1903）にまで遡ることができるとしている。ダイモンド＆デッドマンによれば，この時代の原則は，「民衆の意思と庶民院の見解は必ずしも一致しないし，その結果として，貴族院は，民衆に配慮し，庶民院を通過した論争的な法案（通常憲法的決着の改定に関わる）を拒否しなければならない」というものであった（Dymond and Deadman, 2006）。しかし，その後，1945—1951年のアトリー労働党政権のときには，マニフェストに書かれた事項に関しては，貴族院は反対や，破壊的修正は行わないという現代の理解に近い合意が，保守党の有力者クランボーン貴族院議員（第5代ソールズベリ侯爵）と労働党のアディソン貴族院議員でなされた。

この政府からの検討の委託に対して，合同委員会は，2006年11月に報告書『UK議会の習律』*Conventions of the UK Parliament* をまとめた。その中では，ソールズベリ・アディソン慣行に関する以下のような様々な意見や議論が検討された。

そのまず，第1は，1999年に大半の世襲貴族院議員を廃止し，その数が92名に激減した時点で，ソールズベリ・アディソン慣行は必要なくなったという意見である。証人の1人であったロドニー・ブレイジャー教授（憲法学・マンチェスター大学）がこの意見を表明し，「1999年に，ソールズベリ・アディソン慣行

は,それとなく終了した」と述べている (Brazier, 2006)。ただし,2000年の貴族院ウェイカム委員会報告では,ソールズベリ・アディソン慣行については維持されるべきであると述べられたので,貴族院の大勢においては,この慣行の維持に異論はないと言えるだろう (Royal Commission on Reform of the House of Lords, 2000)。その他,この合同委員会報告の後には,政治学者ボグダナーは,1999年の世襲貴族議員の基本的廃止以後は,貴族院の力は以前にも増してきたし,選挙された貴族院の下では,ソールズベリ・アディソン慣行は生き残れないだろうと書いている (Bogdanor, 2009:166)。

　第2に,ソールズベリ・アディソン慣行は,貴族院の保守党と労働党の中で作られてきたものであって,それ以外の政党（例えば,自民など）や無所属議員を拘束するものは考えられてこなかったという意見である。こうした指摘は,ウォーレス貴族院議員（自民）,グロコット貴族院議員（労働党）,ドナルド・シェル（政治学・ブリストル大学）などから指摘されており,いずれも,貴族院内の保守党・労働党の責任者たちの原則として作られてきたと述べられた (Joint Committee on Conventions, 2006a:30)。

　第3に,ソールズベリ・アディソン慣行は,マニフェストにおいて書かれた内容の法案に対するものとして理解されてきたが,そもそも,何がマニフェストの法案なのかは曖昧であり,それゆえに政府の恣意的な運用の危険性があるという指摘がなされた (Joint Committee on Conventions, 2006a:26-35)。また,同じ論点は,2000年のウェイカム報告でも指摘されており,そこでは,実際には,「僅かな少数派」しかマニフェストを読んでいない状況で,しかも,総選挙から3年も4年も経って情勢が変わっているのにもかかわらず,ソールズベリ・アディソン慣行で法案の反対や修正を抑制することは,「不合理」であると述べられた (Royal Commission on Reform of the House of Lords, 2000:39)。

　第4に,小選挙区制と低投票率の下で,政府の根本的正統性に疑問が呈される中で,ソールズベリ・アディソン慣行が存在することに対する疑問である。マクナリー貴族院議員（自民）は,ソールズベリ・アディソン慣行が形成された労働党アトリー政権は,48％の得票率があったのに対して,2005年総選挙で36％しか獲得できなくても政権についているブレア政権を比較して,同じ慣行

を適用しても良いのかと指摘した(HL Deb, 6 June 2005, Vol.672：Col.759)。また，カーター貴族院議員（労働党）は，「今日の政府は常に少数派であるので，貴族院はかなりの力を持つだろう」(HL Deb, 6 June 2005, Vol.672：Col.736)と述べている。

　第5に，ソールズベリ・アディソン慣行の中身の理解についても，単に，マニフェスト関連法案には反対しないという意味ではないという指摘があった。貴族院事務官 Clerk of the Parliaments ポール・ハイターは，ソールズベリ・アディソン慣行の「本質的特徴は，貴族院は明確にマニフェスト関連法案を否決はしないであろうが，庶民院からきた法案を，時間の限りにおいて両議院の間のやり取りで意見の相違を解決するために，送り返す」ものであると述べた (Joint Committee on Conventions, 2006b：Ev. 102)。

　上記のような意見を受けて，合同委員報告書『UK議会の習律』では，第1に，ソールズベリ・アディソン慣行は，元の二大政党間の慣行ではなく，貴族院全体の慣行に発展しつつあることを確認し，以下のように進化したと述べた。

　　「貴族院においては，
　　マニフェスト関連法案は，第二読会を認められる。
　　マニフェスト関連法案は，その法案における政府のマニフェストの意図を変える『破壊的修正』を受けない。
　　マニフェスト関連法案は通過し，庶民院に送られ（ないしは返され），合理的な時間の限り，法案を検討し，貴族院が望む修正を考える時間が与えられる」(Joint Committee on Conventions, 2006a：32)。

　また，合同委員会報告書では，マニフェスト法案の定義ができるかどうかについて検討したが，何がマニフェスト関連法案であるのか確定することは困難であり，また単一の記述に落とし込むことは不可能だという2000年貴族院ウェイカム報告の立場を受け継ぎ，「我々は，マニフェスト関連法案を定義付ける試みを推薦しない」と結論した（Joint Committee on Conventions, 2006a：34)。

　ただし，ソールズベリ・アディソン慣行そのものの成文化は，後の貴族院と庶民院との間での検討事項となった。同時に，合同委員会は，「将来，この慣

行を政府法案慣行として叙述することを推薦する」とした (Joint Committee on Conventions, 2006a : 35)。この他，合同委員会報告書では，このソールズベリ・アディソン慣行以外にも，庶民院・貴族院を通じた法案審議の日数を，80日間とすることを推薦した。しかし，この点に関しては，ブレア政権は60日を要望していた (Joint Committee on Conventions, 2006a : 77)。

このように見てくると，ソールズベリ・アディソン慣行は，決して庶民院が法案を通すうえで，貴族院の無力化をできるようなものではないことが分かる。むしろ，この慣行によっても，庶民院と貴族院の法案の「ピンポン」(最終段階での修正と否決の繰り返し) を経なければ，政府法案は成立することができない。最終的な採決は，第三読会で行われるので，「第二読会を認められる」だけでは，法案成立の保証とならない。また，このようなソールズベリ・アディソン慣行も，後に見る貴族院選挙制の導入後には，根本的に変えざるを得ないという意見も，貴族院に強い。

例えば，2010年政治改革特別委員会への意見聴取に対して，ロイヤル貴族院議員 (労働党) は，貴族院選挙制を行った場合には，ソールズベリ・アディソン慣行は消滅するだろうと述べた。さらに，連立政権合意が保守党・自民のマニフェストとは異なるので，ソールズベリ・アディソン慣行はもはや成立しないというド・スーザ貴族院議員 (無所属) の指摘もある (Political and Constitutional Reform Committee, 2011 : Ev w11-12)。

6　貴族院におけるギロチンの危機

法案審議をめぐる貴族院の働きを考える上では，そこにおいては，「ギロチン」(一種の強行採決) ができない習律であったということにも注目しておく必要があるだろう。実際，このことは2011年選挙制度改革レファレンダムへの過程で注目を集めた。

2011年の選挙制度改革国民投票について定めた議会投票制度及び選挙区法は，5月5日に国民投票を行う場合には，国民投票を監視する選挙委員会 Electoral Commission の業務の準備上，2月16日までに国民投票が決定している必

要があるとされた。したがって，2月16日までに，王室の同意を得て，成立している必要があった。

しかし，議会投票制度及び選挙区法案の定数削減と区割り部分には，第4章でみたように，労働党が猛烈に反発し，法案に関する議事は，労働党議員たちの長時間演説や数十本に上る修正案によって，大幅に遅延された。その数は，審議時間80時間以上を経過した1月24日の段階でも，さらに54本の決議案が残っている状態であった（White and Gay, 2011）。

この過程で議論となったのが，貴族院での「ギロチン」であった。ギロチンとは，名前のとおり，フランス革命直後に多用された処刑方法から来た言葉であるが，ここで使われているのは，議事を打ち切って採決に移す動議のことであった。したがって，日本流に言えば，強行採決の一種である。ただし，英国では，日本で行われるような騒乱状態での強行採決は行われたことはなく，ギロチンの場合でも，粛々と行われる。ただし，貴族院では，ギロチンは行わないという慣習が出来上がっており，もし仮にこれを政府が貴族院の政権党議員を使って行うとすれば，重大な憲法上の問題を生み出すという点が指摘されてきた。しかし，キャメロン首相は，2月16日という期限が迫る中，貴族院でのギロチン（強行採決）を行うべきだと述べていることが，報道された（*The Guardian*, 'David Cameron urges peers to consider guillotine on AV bill', 26 January 2011）。ただし，このギロチンは，与党が多数を占めている庶民院で行えば，ほぼ確実に成立するが，図表5-2にあるように，保守党・自民だけでは多数を得ていない状況においては，ギロチンの成立そのものが困難であった。しかも，ギロチンに出たうえで政府が敗北すると，成立の鍵を握るクロス・ベンチャー（無党派）たちが反発することにより，労働党議員はより勢いを増し，問題はさらに悪化する可能性があった。2012年の英国の貴族院は，図表5-2にあるように，総数788であるが，後に見るように，実際には平均して380名程度しか出席しておらず，労働党議員が結束してギロチンを否決に出た場合，政府側が敗北する可能性も小さくはなかった。

結局，そういう事態の中で，連立政権側はギロチンを諦め，また，労働党側も，支持者たちから反発を買うことを恐れて，国民投票そのものを葬り去るま

での議事の遅延は控えるようになった。そうすることで，議会投票制度及び選挙区法案はようやく，2月16日に貴族院での採決にこぎつけた（詳しくは第4章を参照のこと）。

議会投票制度・選挙区法案の審議における上記のようなギロチンに関わる議論を見ると，強行採決は上院貴族院で行わないとしてきた慣習も，下院庶民院と，そこで選出された政府にとって法案成立の高いハードルとなってきたと言えよう。この議会投票制度・選挙区法案の審議以外でも，1999貴族院法案の審議においても，非常に多くの数の修正案が提案され，非常に多くの時間が費やされた。こうした議会戦術は，英国では，「ギロチン」が認められている庶民院よりも，貴族院で多い。

7 2011年5月『貴族院改革草案』の発表

第4節までに見てきたような様々な経緯を経て，保守党・自民連立政権は，2011年5月に『貴族院改革草案』を発表した。これは，2011年5月に国民投票において，対案投票制が敗北したあとにおいても，英国の憲法改革の流れは止まらず，次々と新しい提起が行われていることを，示している。ちなみに，貴族院への選挙制導入は，保守党，自民だけでなく，労働党も，2010年総選挙マニフェストに明記していた。

2010年総選挙保守党マニフェストにおいては，「現在の貴族院に代えて，主として選挙された第二院を作るためのコンセンサスを作るために働くだろう」と記載されている（Conservative Party, 2010b：67）。また，自民マニフェストにおいては，「貴族院を，現在と比べて明確に少ない数の，全てが選挙制の第二院に，取り替える」ことを公約にした（Liberal Democrats, 2010：88）。ちなみに，2010年総選挙まで与党であった労働党も，「全てが選挙された第二院を，諸段階を経て達成する」と，マニフェストで公約にした（Labour Party, 2010：9：4）。労働党の場合，総選挙ごとに上院選挙で3分の1を選ぶこと，その選挙は非拘束名簿式の比例代表制で行うことまで公約した。後に見るように，こうした労働党が公約にした方法は，『草案』で提起されている方法と非常に類似

している。

　つまり，貴族院への選挙制の導入という事柄に関しては，主要三政党の間で一致点があったと言える。

　2011年5月に発表された『草案』のポイントは，以下のとおりである。

①名称は，当面の間，貴族院という名称を維持する。
②300名の貴族院議員のうち，8割を選挙で選ぶ。

　現在の789名（白書発表時点）から，300名へと貴族院議員の数を大幅に削減する。この間の平均においては，実際には388名が出席しているのみである。したがって，これを300にすることは，大きな問題とはならない。300のうち，240名を国民による選挙で決定し，残り60名は12名の主教を含み，任命制とする。ただし，議論の中で合意されれば，全てを選挙で選ぶことも排除しない。
③立法を精査し，政府に説明を求め，調査を行うという現在の貴族院の機能は，そのままにする。
④貴族院の憲法的権限に変更はない。

　マニフェストに記載があるなしにかかわらず，庶民院で可決された法案を否決することには慎重にならなければならないし，議会法などで決定されている財政関連の法案についての庶民院の優越も変わらない。
⑤1期15年で更新なしの任期

　各々の貴族院議員の任期は，15年で終了し，更新されることはない。5年ごとの3分の1改選なので，議員は再選されるかどうかを気にせずに，発言することが出来る。そのことによって，貴族院の独立性も保証される。また，3分の1ずつの改選であるので，1つの政党で過半数を取ることは難しくなるし，そうなることを想定していない。
⑥選挙のタイミング

　選挙は5年ごとの総選挙と同時に行うことが原則になる。これは，総選挙と貴族院議員選挙を同時に行うことで，貴族院議員選挙の投票率を上げることが出来るし，上下両院の議員の交代が重なる方が，法案審議とのサイクル上よいからである。ただし，庶民院の解散総選挙が，前回の貴族院議員選挙より2年

のうちにある場合は，貴族院議員選挙は行わない。貴族院議員選挙は，5年ごとに3分の1（80名）を選挙する。
⑦選挙制度
　選挙制度は，比例代表制で行う。比例代表制の具体的方法としては，単記移譲式投票STVを提案するが，非拘束名簿式も含めた検討を行う。単記移譲式投票の利点は，個人を選ぶことが出来るし，政党に属しない個人候補も，当選基数に達すれば当選できる（なお，STVについては備考1を参照のこと）。個人で当選できるシステムを作ることで，政党所属議員も政党から独立して発言することが出来る。選挙は，全国を地方ブロックに分けて行い，1票の比重が同じになるように，独立の選挙委員会がチェックする。
⑧任命議員
　任命議員は，貴族院任命委員会で指名され，首相によって推薦され，女王により任命される。任命議員は，他の議員が選挙されるときに任命され，任期も，他の選挙された議員と同じである。
⑨貴族の称号と，貴族院の分離
　貴族院議員と，貴族の称号は分離し，貴族の称号は単に名誉として残る。
⑩過渡期について
　新しい貴族院への移行は，3分の1改選の3段階を経て行われ，その間，非改選の旧貴族院議員は，過渡期の議員として貴族院に留まる。
⑪英国国教会主教
　任命制議員として12名の主教が貴族院に議席を得る。
⑫歳費と手当
　議員は，歳費（これまでは存在しなかった）と手当を受け取ることになる。歳費の額は，庶民院議員よりも低く，スコットランド議会，ウェールズ議会，北アイルランド議会などの議員より高い。議員年金も受け取ることが出来るが，英国国教会主教は年金が別に存在しているので，ここでは年金を受け取らない。
⑬納税の義務
　議員は，英国に居住しており，納税していなければならない。

⑭資格の剥奪

　国籍，居住地，年齢，犯罪歴などに関して，下院議員と同じ条件で，それが満たされない場合には，資格を剥奪される。

⑮参政権

　貴族院議員も総選挙において投票することが出来るようになる。しかし，貴族院議員から庶民院議員への立候補は許されない（Deputy Prime Minister, 2011 a）。

　全体としての特徴に関して言えば，庶民院とは異なり，選挙で選出するという場合でも，個々の議員の独立性が強調され，選挙制度においても，個人への支持が当選に結びつく方法が意識されている。また，15年任期更新なしという方法によって，議員が「選挙のための言動」をしないことが期待されている。

　もっとも，『草案』で述べられているSTVに関しては，それが実際には「無所属」候補の当選には不利になるという指摘もある。政治学者レンウィックによると，上院をSTVで選んでいるオーストラリアでは1名のみが無所属議員で，マルタではゼロであった。その一方で，下院議会全議員をSTVで選んでいるアイルランド共和国では，166人中無所属は約1割の15名がいる。オーストラリア上院やマルタの場合は，STVであるが，政党にも投票できるようになっている。これは，STVで個々の候補者への投票にする場合，その定数分の順位付けという煩雑な作業を，投票者に強いることを避けるためである。逆に，アイルランドは，1位だけに投票しても良いことになっている（Farrell, 2011：125）。他の非拘束名簿式比例代表制などでは，各選挙区の2議席を比例代表制で選出するという異例な選挙制度を採るチリ以外では，無所属の当選は見られないと，レンウィックは述べている（Renwick, 2011b）。

　ところで，この貴族院選挙制『草案』に対する貴族院議員を含めた反応であるが，大きな傾向で言うと，反対論や慎重論が多い。その一方で，何らかの貴族院改革が必要とする意見も多い。

　貴族院議員の態度については，2011年5月17日に発表されたコムレス社の貴族院議員を対象にした調査によれば，貴族院の圧倒的多数は，『草案』に近い内容に反対している（調査自体は2011年1月実施，回答者は貴族院議員121名）。「3

分の1を選挙で選出，3分の1を民間から任命，3分の1を政治的任命」という事項に対しては，賛成20％，反対68％，分からない・無回答が13％であった。「現在の貴族院に代えて，比例代表によって選挙された定数300名の上院を作る」という事項に対しては，賛成15％，反対78％，分からない・無回答が7％であった。このように，貴族院議員の中においては，いずれの事項に対しても2011年初めの時点で反対が圧倒的であった（ComRes, *Peers Panel Survey*, 17 May 2011）。

　世論の反応という点では，2011年11月23日にアンガス・リード社が発表した世論調査結果がある。それによれば，貴族院廃止・一院制支持28％，貴族院選挙制導入支持39％，貴族院任命制の維持支持11％であった。この世論調査では，改革に当たってはレファレンダム（国民投票）の必要性についても聞き，63％が国民投票を支持，反対13％，分からないが24％であった。「直接選挙制」の導入のみを聞いた場合には，賛成56％，反対15％，分からないが29％であった（AngusReid, 'Britons Want to Change House of Lords, But Few Expect Real Action', 23 November 2011）。

　貴族院では，2011年5月の『草案』発表を受けて，政治家や学者，新聞社などの論評を *Library Note* に掲載した（Cruse and Leys, 2011）。それによれば，論壇においては，反対論や慎重論が多く，明確に賛成を表明しているのは，『インディペンデント』紙くらいであった（*The Independent*, 'Leading article: An opportunity to complete the reform of a feudal relic', 18 May 2011）。『ザ・タイムズ』紙は内容的には反対していないものの，選挙制度改革国民投票が失敗に終わった後で，経済危機に最も対応しなければならないときに貴族院改革案が出てきたことで，「時期が良くない」と述べた（*The Times*, 'Not the Right Time: Reform of the House of Lords should not be a Government Priority', 17 May 2011）。貴族院議員では，タイラー議員（自民）のみが賛意を表明した（Tyler, 2011）。

　反対論を主張したのは，ヘネシー貴族院議員（無所属・政治学者），ノートン貴族院議員（無所属・政治学者），ボウ・グループ（保守党内グループ）であった。彼らの反対論の中に共通したものは，貴族院に蓄積された「専門家」の力の擁護であった。世襲貴族であるとか，伝統というような議論ではなく，貴族院の

中に属する法律家，学者，元官僚，市民活動家などの専門家としての力を維持するために，反対論を明らかにした。また，そうした無所属の貴族院議員は，平均年齢69歳で，選挙の経験もなく，選挙で選出できると考えることは非現実的であるという意見であった。

また，賛否は明らかにしないものの，スティール貴族院議員（元自由党党首）は，上院貴族院が選挙された結果，今まで以上に力を持ち，「マンデイト」（有権者の命令）を受けたとして下院に立ちふさがるという指摘も多かった。そうした懸念は，これまで貴族院改革に取り組んできた「民主的監査」からも，明らかにされた（Democratic Audit of the United Kingdom, 2011）。また，ソーレイ貴族院議員（労働党）のように，下院の優越性の維持という点で懸念を示すとともに，レファレンダム（国民投票）を求める反応もあった。

貴族院選挙制導入法案は，『草案』を下院から13名，上院から13名の合同委員会で審議した後，2012年に議会に提出されることが予定されている。この法案を事実上強く推し進めてきた副首相ニック・クレッグは，下院での質問に答える形で，「法案を次の総選挙の前に施行するために，私たちが使えるあらゆる合法的道具を使うでしょう」と，法案通過のために1949年議会法の使用を否定しなかった（HC Deb, 17 May 2011：Col.164）。

ただ，2012年4月4日の報道では，上記の合同委員会では，この貴族院選挙制導入に関しては，立法後にレファレンダムをすべきであるという意見でまとまった（*The Guardian*, 'Coalition plans for Lords reform thrown into turmoil', 4 April 2012）。連立政権が，この合同委員会の結論を受けて，具体的にどのような法案を提出するのか，レファレンダムを行うのか，注目されるところである。

11) 下院事務官 Clerk of the House of Commons は，下院議長や下院議員に議会規則などに関してアドヴァイスを行う下院における責任者である。国王から直接任命され，官僚ではない。政党にも属さない。貴族院事務官は，Clerk of the Parliaments であり，Parliaments と複数形になっているのは，最大5年の議会任期をまたがっているということが，この形で表されている。

12) 『アースキン・メイ』の名称は，議会の運営規則や先例に関して整理した初代ファーンバラ男爵アースキン・メイ卿から来ている。この初代の名前がそのまま書物としての『アースキン・メイ』の呼称となった。なお，『アースキン・メイ』自体は，その後の

第Ⅰ部　ウェストミンスター改革

　　　議会の展開に応じて，新しい規則や事例を反映して版を重ねている。
13) 　統合基金法がどのようなものかを理解してもらうために，2009年統合基金法の条文のみを，以下に引用しておく。
　　「1条　2010年3月31日に終わる年の資金の使用
　　　2010年3月31日に終わる年の資金の使用は，総額£6,617,232,000が認定される。
　　 2条　2010年3月31日に終わる年の統合基金からの振り出し
　　　大蔵省は，総額£23,998,577,000を連合王国の統合基金から振り出し，2010年3月31日に終わる年のサービスに使用する。
　　 3条　2011年3月31日に終わる年の資金の使用
　　　2011年3月31日に終わる年の資金の使用は，総額£218,175,405,000が認定される。
　　 4条　2011年3月31日に終わる年の統合基金からの振り出し
　　　大蔵省は，総額£219,011,739,000を連合王国の統合基金から振り出し，2011年3月31日に終わる年のサービスに使用する。
　　 5条　この法は，2009年統合基金法と称することができる」。
　　　歳出法は，もう少し長いが，各省の予算割当が記入されているだけで，政策的な部分はない。統合基金法はたびたび，歳出法案と統一されて，統合基金（歳出）法案として提出される。
14) 　キャメロン政権になってから，退職手当法案，「貯蓄預金と妊娠補助における健康法案」，福祉改革法案と連続して，金銭法案や下院の「財政的特権」で局面を打開しようとする形になっている。金銭法案にしろ，下院の「財政的特権」にしろ，下院議長の認定が必要で，下院議長は独立してそれを判断するということになってきた。しかし，そうした事態の頻発は，キャメロン政権による英国史上稀に見る大規模支出カットを，議長が支援しているかのような印象で，一部に受け止められている。
15) 　本書で多数登場する特別委員会とは，Select Committee の訳である。Select の訳として，「特別」で相応しいかどうかについては別として，すでに訳語として定着してきている。特別委員会は，日本の国会で法案を検討するために設置されている常任委員会とは異なり，立法過程には位置しない。その任務は，特別委員会が必要と考える課題を調査・検討することにある。したがって，法案を検討したり，政府の白書（立法の前段階）を検討したりすることもあれば，それ以外で社会的に問題となっている事柄を検討する場合もある。特別委員会については，大山礼子『比較議会政治論』が詳しい（大山，2003：193-197）
16) 　したがって，政府提出法案可決の鍵は，英国でも議会日程であるが，これについては，これまで政府と野党との「通常の経路」Usual Channels（与野党下院リーダー Leader of the House of Commons，上院リーダー Leader of the House of Lords，下院院内総務 Chief Whip，上院院内総務，総務秘書官 Private Secretary to the Chief Whip）と呼ばれる非公式なやり取りの中で，政府主導で決定されてきた。また，この方法及び規則については，庶民院議会規則14条に記されている。しかし，2002年にハンサード協会が，議会日程については，透明化された方法で，議院運営委員会 Business Committee などで決めるべきであるという提案を行った（Rush and Ettinghausen, 2002）。また，2006年にはメグ・ラッセルが UCL の「憲法ユニット」報告として同様の提案を発表した（Russell and

Paun, 2006)。さらに，下院改革特別委員会（通称ライト委員会）は，「バックベンチ（平議員）議院運営委員会」Backbench Business Committee を提案した（House of Commons Reform Committee, 2009）。これらは，いずれも，政府が議事日程を支配し，野党日程や議員立法日程が制限され，また，直前にならないと日程が明らかにされないことなどに対する批判であった。バックベンチ議院運営委員会の実現については，保守党は2010年総選挙マニフェストに記載しており，キャメロン政権は，連立政権合意において，政府法案日程以外は，バックベンチ議院運営委員会を作り，議事運営を行うことを公約した。

17) 実際，貴族院を直接選挙制にした場合，庶民院が決定するスタイルの民主主義を維持することは，相当に困難になる可能性がある。この改革の方向性が本当に着手されれば，ウェストミンスター・モデルの「将来像」がどのようになるのか，不安定な時期がしばらく続く可能性がある。そういう意味でも，ウェストミンスター・モデルは，常に過渡期で，常に変化しているといえる。

第6章

英国首相解散権の廃止──固定任期議会法の成立

1　本章の概観

　議院内閣制において議会の解散権が首相に委ねられる形は，これまで英国，カナダ，オーストラリア，アイルランド，オランダ，ベルギーなど，欧州各国と，日本などにおいて見られてきた。このうち，カナダ，オーストラリアが英連邦諸国であり，アイルランドもかつて英国の統治下にあったことでもわかるとおり，それらの国々で首相の議会解散権が確立されてきた経緯の元々の起源は，英国にあったことは明白である。また，日本は，戦後，日本国憲法で衆議院の解散というシステムを取り入れたが，それが実際のところ，首相によって行使されてきた形も，しばしば英国の議会解散のシステムとの関連で説明されてきた。

　しかし，その英国では，2011年9月14日に上院貴族院で固定任期議会法案 Fixed Term Parliaments Bill が可決され，翌15日には，王室の同意を得て，固定任期議会法 Fixed Term Parliaments Act が成立した。これにより，少なくとも現存するものとしては，世界最古の部類といってよい首相の解散権限は，事実上廃止された。次の総選挙は2015年5月に行われ，その次の総選挙も2020年5月に行われ，その後も5年ごとの定期で総選挙が行われることが，固定任期議会法で予定されている。この5年ごとの総選挙以外において，早期に解散するためには，下院議員3分の2以上による不信任案の成立がなければならな

い。この不信任案が成立した場合は，固定任期議会法において下院は解散するという規定になっているので，首相の意向にかかわらず，解散される。これ以外には，単純過半数による不信任案可決の場合には，14日以内に下院の信任を得ることができる新政権が発足できない場合に限り，下院は解散される。すなわち，単純過半数による不信任案が可決された場合に限り，首相に解散か否かの選択が生まれることになった。ここに，極めて限定的に首相の解散権が残ったということもできるが，基本的に従来型の首相解散権は廃止されたといってよいであろう。

　以下では，固定任期議会法の内容に関して紹介すると共に，英国において首相解散権廃止・固定任期議会という議論がどのような経緯を持って台頭してきたかについて紹介したい。その後，この解散権の廃止がもつ政治学的な意味について検討したい。

2　固定任期議会法の内容

　固定任期議会法の特徴の第1は，次の総選挙を2015年5月7日と定め（1条(2)），その後の総選挙も，「前回の議会総選挙が行われた日から5年目の5月最初の木曜日」（1条(3)）と定めた点である。後に述べるように，この5年ごと以外においても政権への不信任決議によって，議会が解散される場合もあり，その場合の総選挙の投票日が5月最初の木曜日前に行われた場合は，その次の総選挙は4年後の5月最初の木曜日が投票日になる（1条(4)）。首相は，この日程を最大2ヶ月まで延期することができるが，その場合は，その延期の理由を文書で示して上下両院の承認を得なければならない（1条(5), (6), (7)）。なお，英国の総選挙は近年5月に行われることが多かったが，過去には6月に総選挙を行ったときも何度かあったし，1974年には2月と10月に2度の総選挙が行われた。そういう意味では，総選挙投票日を5月最初の木曜日で実施すると明文化した点も，一つのポイントである。また，英国議会の会期は，総選挙のない場合は，これまで11月に始まってきた（総選挙のあったときは，その改選後から開始する）が，キャメロン政権は総選挙が5月になることから，議会の会期の始ま

りも5月からとする方針を明らかにし，過渡期として，2010年からの会期は2012年春まで続く長いものとなった（Gay, 2011）。

固定任期議会の第2の特徴は，2種類の政権不信任である。上記のように，総選挙は5年ごとの定期となるが，空席も含めた下院議員総数の3分の2以上の不信任が所定の形式で可決された場合には，無条件で下院は解散となる。この場合，首相は2ヶ月延期することもできない。次に，政権が単純過半数によって所定の形式の決議案で不信任される場合である。この場合，不信任から14日目までに下院での信任投票で信任を得た政権が誕生しない場合は，下院は解散され，総選挙となる。この場合は，首相は意図して14日間新政権を作らないことによって，下院の解散を選ぶことができる（2条）。ただ，これらの場合でも，投票日に関しては，首相の推薦で女王がその日を宣言する（2条(7)）。

固定任期議会法の第3の特徴は，2020年に見直しが予定されていることである。これは，当初存在していなかった規定であるが，下院可決後，上院貴族院を通過させるために連立政権が付け加えた。固定任期議会法は，2011年9月14日に貴族院で可決され，成立するまで，貴族院で2回にわたって否決されてきた。連立政権は，この貴族院の反対を乗り越えるため，2020年に委員会を設けて，再検討することを最終条項に盛り込んだ。これにより，貴族院の反対派議員は切り崩され，固定任期議会法は成立した。2020年の再検討の手続きも法案の中に記載された。再検討を行う委員会は，過半数が下院議員で構成され，「委員会がこの法の運用の再検討を行い，所見の結果が適切な場合には，この法の廃止あるいは改正を勧告すること」とされている。首相は以上の委員会による再検討を行わなければならない（7条）。この再検討は，2020年7月から11月の間に行わなければならない。つまり，このことは，2015年と2020年の2回の総選挙が行われた後に，この再検討が行われることを示している。もっとも，2条の不信任案が可決された場合は，この再検討のときには，3回以上の総選挙が行われている可能性も，もちろん排除できない。

なお，この再検討によって，首相の解散権が復活されるためには，ハードルがかなり多い。まず，第1に，主要三政党とも，首相解散権の廃止を党の方針としている状況が変わらなければならない。労働党と自民 Lib Dems は2010年

総選挙マニフェストに固定任期議会法の実現を明記していて、その後、保守党も連立合意で公約したため、固定任期議会法が連立政権によって提案されたわけである。首相解散権を復活させるためには、少なくとも、そのときの政権与党がその意向を持たないとならない。第2に、もし、その状況が出来上がったとしても、上下両院で組織される再検討委員会が固定任期議会法の廃止ないしは、首相解散権を認める内容での修正勧告を答申しなければならない。再検討委員会の構成は、下院議員が過半数を占めるということになるが、そこには野党議員も当然入ることになるであろう。再検討委員会の下院議員が全て与党議員という選択も全くありえないわけではないが、もしも、そうした偏った人選を与党が強行した場合、それは、1999年以来相当程度、既に「比例的」になってきた貴族院での可決を困難にする可能性がある。再検討委員会の構成で野党もかなり入り、かつ「比例的」な構成のメンバーが貴族院から選出された場合、与党の注文どおりの結論を得ることは、かなり困難になる。

第3に、今回の固定任期議会法に対する有力な反対案は、首相解散権の維持よりも、後に見るように、固定任期は5年ではなく、4年であるべきだというものであったことである (Select Committee on the Constitution, 2010a：43)。首相が自由に解散時期を選ぶ従来の習律に対する支持は多くない。

第4に、政府側のウォーレス貴族院議員が、後に見る「サンライズ」条項に反論を述べたときに明らかにしたように、1度廃止した「国王大権を復活させることが可能かどうか、必ずしも明らかではない」とともに、「新しい国王大権を創設することができないということが、長く続いた司法上の原理である」ことである (HL Deb, 14 September 2011：cc.807-808)。したがって、固定任期議会法が将来改廃される場合があったとしても、そのまま国王大権が復活するという形よりも、別の形に移行する可能性が高いということである。

第5に、これは、貴族院選挙制が導入された場合であるが、上院選挙は下院と同じ5年ごとに行われる案を政府が示しているので、もし仮にこれが実現すると、この5年定期というサイクルを意図的に壊してまでも、首相の自由な解散権を復活させることはしにくくなる。

このような諸条件を考えた場合、少なくとも、従来型の国王大権に形式的に

はもとづくが，実際には首相の意向で自由な解散が行いうるという制度は，廃止されたといってよいであろう。もちろん，英国においては，いかなる法律も議会で改廃されるので，その限りにおいては，従来型の首相解散権が復活される可能性が全くないとはいえない。ただ，上記の諸条件を見るならば，今後何らかの変更があったとしても，元のとおりに戻ることはかなり困難であろう。なお，固定任期議会法に関しては，備考2として巻末に掲載した。

3　固定任期議会法案の提案に至る経緯

下院庶民院の歴史は，1254年のシモン・ド・モンフォールの模範議会までさかのぼるが，それが定期的に開催されるのは，もっと後のことである。庶民院の解散は，1834年にウィリアム4世がメルボーン首相を解任し，議会を解散したのを最後に，その後は，首相の意向で議会の解散が行われてきた。なお，下院議会の解散権は，国王大権 Royal Prerogative であり，それを首相の助言により行使してきたが，それはいわゆる憲法的習律 Constitutional Convention であり，成文化されたものではなかった。英国の解散権に関しては，1885年に著されたアルバート・ヴェン・ダイシーの『憲法序説』 Introduction to the Study of the Law of the Constitution においては，「解散は，立法府の意思が，国民の意思と相違する，ないしは，かなりの程度そう想像されるときには，いつでも認められうる，あるいは必要である」(Dicey, 1982：288) と書かれた。ブラッドレー&ユーイングによれば，「君主は，必要なときには，通常，首相の助言を受け入れ，解散を承認する」(Bradley and Ewing, 1993：255)。

「立法府の意思が，国民の意思と相違する」と考えられた場合に，国民の意思を確認するために総選挙が行われた事例としては，1910年の2度の総選挙がある。1909年の「人民予算」(正確には「歳入法案」) は，貴族院の抵抗にあい，当時のアスキス政権は，国民に信を問い，1910年1月に総選挙を行い，4月には，歳入法案は貴族院で通過したが，貴族院との対決は続き，12月に2度目の総選挙を行った。1974年2月総選挙では，労働組合のストライキが激化する中，1971年産業法などの信を問うた保守党ヒース政権が敗北した。

ただ,全体としてみると,英国の政権が,貴族院の抵抗や政権に対する諸勢力からの批判に対して,信を問うたケースは多くなく,英国の憲法研究者や政治学研究者も,そうした例として,わずかに上記例を指摘するのみである。他方,「立法府の意思が,国民の意思と相違する」という状況が必ずしも明確ではないままに,与党の利益を優先して庶民院の解散が決められているという批判が,なされるようになった。庶民院の解散日程が不安定である点には,1979年総選挙で自由党が,首相の特権を批判して,「固定する必要がある」と論じた(Dale, 2000c:190)。1980年代には,サッチャー政権の下での下院解散が,首相の恣意的な日程設定であるという批判がされるようになり,1987年には,自由党と社会民主党の『連合』the Alliance が首相の解散権を廃止して固定任期議会に変更することを総選挙マニフェストで提案した(Dale, 2000c:242)。『連合』は,自民 Lib Dems となって以降も,総選挙マニフェストで固定任期議会を公約してきた。

1991年には,労働党系のシンクタンク Institute for Public Policy Research (IPPR)が,成文憲法案,『連合王国の憲法』*A Written Constitution for the United Kingdom* を発表し,その中において4年固定議会を盛り込んだ(IPPR, 1991:205)。1992年労働党総選挙マニフェストにおいては,固定任期議会を基本としながらも,不信任案が可決された場合にのみ早期解散を認めるという,2011年固定任期議会法と同じ内容の提案を既に行っていた(Dale, 2000b:339)。

労働党は,1993年にレイモンド・プラントが座長を務めた委員会を中心に起草した『選挙制度に関する作業委員会報告』Report of the Working Party on Electoral Systems を発表し,その中において,4年間の固定任期議会を提唱した(Labour Party Archive, PD.3280/April 1993)。1994年には,労働党下院議員ジェフ・ルーカーが,固定任期による議会選挙法案を提出し,第一読会に進んだが,議員立法であったため,それ以上の進展はなかった(Hazell, 2010)。もっとも,ブレア労働党が圧勝した1997年総選挙においては,労働党は,固定任期議会をマニフェストに盛り込むことはしなかった。

2003年には,選挙管理を行う選挙委員会 Electoral Commission が,その年の総選挙に関する報告の中で,首相による総選挙実施の恣意的な選択により,

短期間での選挙実施が迫られ，郵便投票などにおいて十分な期間が確保できないなどの問題点を指摘して，固定任期議会の検討の必要性を述べた（Electoral Commission, 2003）。

2003年には，労働党下院議員トニー・ライトが，固定任期議会を盛り込んだ議員立法案を提出し，2007年には，自民議員デイヴィッド・ハワースが，固定任期議会法案2007-08を提出した。いずれも，議員立法法案であったので，成立はしなかったが，4年固定の議会を求めるという点で，一貫した特徴があった（Hazell, 2010）。また，2005年に保守党党首となったデイヴィッド・キャメロンは，2006年ごろには，固定任期議会法に対して積極的な姿勢を示していたという報道がある（*The Times,* 'David Cameron thought of fixed-term parliaments "three years ago"', 27 May 2009）。

2010年総選挙においては，労働党と自民が固定任期議会の実現をマニフェストで公約した（Labour Party, 2010：9.4；Liberal Democrats, 2010：88）。保守党は，固定任期議会を公約とはしなかったが，「国王大権の行使をより民主的なコントロールに置くことで，議会が全ての国民的決定に適切に関われるようにする」と書いた（Conservative Party, 2010b）。もちろん，国王大権は解散権に限られたことではないが，解散権は国王大権に属することから，国王大権の民主的コントロールという公約は，固定任期議会を含めて考えても矛盾はしない。

こうした各党マニフェストでの公約に加えて，どの政党も過半数を取れないハング・パーラメントという2010年総選挙の結果が，固定任期議会（首相解散権廃止）の実現を後押しすることになった。保守党は第一党になりながらも，過半数まで19議席足りず，自民との連立合意が結ばれ，連立政権が発足した。5月11日の連立合意，5月20日の『連立――われわれの政権プログラム』では，次期の総選挙は2015年5月の第1木曜日にすること，5年任期の固定任期議会を実現すること，そして，その期間の下院解散は「下院の55％以上が支持する場合」のみとすることが明記された（Laws, 2010：326；HM government, 2010：26）。

この55％という数字という数字を別とすれば，固定任期議会法に関しては，まだ労働党との交渉も並行的に行っていた2010年5月9日の段階で，保守党と

自民との間で基本的な合意があった。

　自民側のデイヴィッド・ローズが著作で明らかにしたところでは，5月9日に，彼も参加する交渉チームが保守党交渉チームと連立協議をしている中で，キャメロン政権で外相を務めることになるウィリアム・ヘイグと，蔵相を務めることになるジョージ・オズボーンは，連立与党同士の「互いの信頼を確立するメカニズムを必要としている」ことを示した。「そのことは，固定任期議会が，既に優先課題の1つであることを示していた」と，ローズは書いている。また，その連立協議の席上で，自民議員アンドリュー・スタンネルは，「私たちに合わない時期に，首相が解散総選挙を行うことを望んでいない」と明言し，4年間の固定任期議会を提案している。それに対して，オズボーンは，「選挙タイミングに悩まされずに，計画の実行に専念する」ためには，5年の方がよいと答え，「我々は，これに反対せず，英国は歴史上初めて5年間の固定任期議会へと向かうことになった」と書かれている（Laws, 2010：97-98）。首相解散権を残しておいては，保守党の支持率が上昇して単独過半数の可能性が出てきた場合，保守党が連立を解消して解散総選挙に打って出る可能性が残り，自民は組めない。両政党が固定任期議会・首相解散権廃止に合意した理由に，連立政権の維持という至上命題があったことは疑いを得ない。

　保守党・自民の連立の可能性が高まった11日の交渉においては，不信任解散の場合の要件が詰められた。不信任の要件に関しては，最初は，スコットランドと同じ66％以上というラインに設定するという提案を自民のクリス・ヒューンが行ったが，やはり60や66は高すぎて現実的ではないということで，55％に落ち着いた。また，この55％というのは，保守党にとって意味のある数字であった。

　なぜならば，自民の側から連立解消して，労働党などと連携することで，政権不信任決議を通過させ，解散総選挙に追い込もうとしても，保守党に造反がないことを前提とすれば，最大で53％にしか達せず，55％ハードルを設ければ，保守党政権が解散総選挙に追い込まれる危険性もなくなる。55％ハードルを越えることができる場合は，保守党・自民の連立与党が一致した場合に限られ，事実上，2015年までに解散することはありえないことを意味した。このこ

とは，ローズの著書において，保守党チームの「レウェリンの計算の後，補欠選挙リスクを考慮して，解散のためには55％を必要とすることが決定された。これは，他の野党と自民の合計より若干多く，したがって，保守党の立場を守ることになる」と明確に書かれている（Laws, 2010 : 184）。

こうした55％の理由の露骨さは，英国では誰もが気づく事柄であり，後の議会での審議に大きな影響を与えた。

4　上下両院政治・憲法改革委員会，および議会での審議

上記のように，55％という数字が物議をかもした固定任期議会構想であったが，結局法案化された条文案では，55％という数字ではなく，基本的には，下院議員の3分の2以上による決議可決において，解散総選挙が行われるという提案となった。

この法案に対する下院での審議は，2010年7月22日の第一読会（法案の形式的発表）を経て，9月13日の第二読会から始まったが，この9月13日からの法案審議に先立って，下院政治・憲法改革特別委員会で，専門家からの意見を受け，彼らに対する質問などを行い，その内容及び委員会の結論が，9月9日に発表された。

特別委員会における勧告では，まず，「私たちは，固定任期議会法案の背景にある原理を認める」と趣旨に理解を示し，「国王大権と執行権力を，より広い憲法的争点に対する精査の中で位置づけて考えることを期待する」と変化自体には，抵抗しないことを述べた。その一方で，拙速な提案ではなく，「十分な立法前精査」を経るべきであると強調している。また，これまでの英国の下院議員任期は5年間であったが，実際には，4年を目処として運用されてきたと指摘し，次のように述べた。

「限られた期間において，私たちは証拠を受け取らなければならなかったが，大部分の意見は，5年ではなく，4年ごとに総選挙が行われるほうがよいだろうということを示した。これは，重要なポイントであるが，この法案が下院を通過することを妨げたいという意味ではない。しかしながら，政府が4年と5年の長所と短所を下院に十

分に説明し，固定任期に関する決定へといたる際に，これらをいかに評価するのかについて説明することを期待する」(Political and Constitutional Reform Committee, 2010：17)。

このように，一つの争点となったのは，固定任期を設定する場合において，それは5年よりも，4年のほうがよいのではないかという点であった。

その一方で，もう一つの重要論点も提起された。それは，下院事務官 Clerk of the House of Commons であるマルコム・ジャックが指摘した点であった。下院議会の規則（Standing Order）は，法律ではなく，それゆえ，その適用をめぐって法廷で争われる可能性はないが，固定任期議会の内容を議会制定法とした場合は，法廷での争いが起こりうることを指摘したものである。その最も危ない点として指摘されたのが，固定任期議会法案2条において，その議案が政権不信任案であるかどうかの認定を下院議長が行うとした点であった。最終的に，貴族院の議決も経て成立した固定任期議会法では，この点は削除されたが，最初に連立政権が議会に提出した法案では，議案が不信任案であるか否かを下院議長が認定することになっていた。

英国の議会の歴史においては，君主演説（原稿は政府が書く，事実上の施政方針演説）への投票が信任投票の意味を持ち，また，政府や野党が重要法案採決で信を問うこともある。他方で，明確に不信任のみが問われた議案が提出されることもあった。これらの場合のことを考慮して，当初の法案では，それが不信任案であるか否かを，下院議長が認定することになっていたのである。また，第5章第2節で見たように，下院の「財政的特権」や金銭法案の認定の際にも下院議長が権限を持っており，また，各法案が欧州人権条約に抵触しないかどうかの認定も議長が行っており，こうした議長による認定は，英国下院では珍しいことではない。

英国では，成文憲法が存在せず，それゆえ違憲立法審査は存在しないとされるが，行政側の執行の適切性や，法律自体の合法性が裁判で問われることはあるので，上記のような下院議長による認定に関わる論点が適当であったのか否かが，法廷で問われる可能性があるという点を，ジャックは指摘した。

第Ⅰ部　ウェストミンスター改革

　この点は，下院特別委員会報告の結論においても，「法案の目的は，下院自身の手続きや下院議長の行動を裁判所が問い直すことがないように，達成される必要がある」と書かれた（Political and Constitutional Reform Committee, 2010：17）。

　この特別委員会報告においては，上記のマルコム・ジャック以外にも，ドーン・オリバー（University College of London：UCL），ロバート・ヘイゼル（UCL），ロバート・ブラックバーン（ロンドン大学キングス校），アンソニー・ブラッドレー（エディンバラ大学），ジャスティン・フィッシャー（ブルネル大学）ら，憲法学者たちが参考人として招聘されたが，固定任期議会で首相の解散権を廃止するという法案の趣旨に反対する意見はなかった。もっとも，ヘイゼル，ブラックバーン，ブラッドレーなど，憲法学者たちは皆，固定任期は5年よりも，4年を支持した（Select Committee on the Constitution, 2010a；Political and Constitutional Reform Committee, 2010）。

　ただ，このような首相解散権廃止に向けた賛同の強い理由の背景は，この法案の提案の状況だけを見ているだけでは，わからない。2010年総選挙後の連立政権合意だけで見ていては，単なる党利党略のみが理由と誤解される場合もある。この固定任期議会法案の基本的な考え方——首相の解散権廃止——が支持される理由に関しては，次のような担当官僚の説明も参考となる。2011年2月に実施した内閣府・法務省の調査では，担当官僚で，自ら法案も書いたヴィジャ・ランガラジャンは，次のように語った。

「（首相解散権を廃止する）長期的な理由としては，首相が恣意的に解散するということは，良いのかどうかの議論があります。英国では，首相個人が女王に謁見して，『下院を解散したい』という一言で，解散できることになっていますが，これがよいのかという議論があります。たった一つの政党から出てきて，先ほど述べたように政府の正統性が議論になっているときに，こんなに，その政党に有利なことを許してよいのかという指摘があります。また，首相がわざと自分の良いときに選挙をやるということは他の政党を不利にするのでフェアではないと言われています。さらに，いつ選挙があるか分からないので，準備が大変です。もう一つは，最近の理由でいうと，2007年にゴードン・ブラウンが解散しようとして結局決断できなかった。それによって彼の評判はガタ落ちしました。同じことは，イングランド銀行が決める金利などにも言

えます。みんながいろんな想像をしていて、そのとおりにならなかったときに、無用な混乱が起きます。結局、政治家も利益を得ているように見えて、利益を得ていないのです。与党にとって有利なときに選挙をすれば、引き回しだといって批判されます。そうでないときに選挙をすれば敗れます。結局、解散権は誰にとっても利益がありません。それに、次の総選挙の時期が決まっていれば、政権はそれまでに計画的に政治を行えます。結果を出すとしても、時間的に余裕ができます。それもよい点です」（小堀、2011）。

選挙タイミングに左右されずに計画的に政治に取り組めるとした点は、先述のジョージ・オズボーンの説明とも一致する。実際、キャメロン政権においては、大幅な歳出削減に取り組み、その影響から公務員賃金昇給凍結や大学学費3倍化など副作用のある政策が次々と行われているが、仮に前回から5年後の2015年総選挙時に経済の安定化が達成されていれば、総選挙に勝利することも十分に可能であり、むしろ、その効果が現れる数年後を前提として、政権初期にむしろ評判の悪い改革に計画的に没頭していると言える。

この固定任期議会法案は、下院で2010年9月から審議に入った。審議の中では、ジェフリー・コックス下院議員（保守党）などのように、首相解散権の積極的意義を主張した議員もいた（HC Deb, 13 September 2010 : Col.655）。しかし、全体としては、5年は長すぎるのではないかというポイントが議論となった。11月16日に、プライド・カムリのジョナサン・エドワーズ議員から固定任期議会法案2条の5年の部分を4年に修正する動議が提出された。エドワーズ議員は、プライド・カムリとしては固定任期議会法案に賛成であるが、過去の英国の総選挙や、スコットランド、ウェールズなど英国では全ての選挙が今や4年ごとになっている点などを挙げて修正を要求した。加えて、2015年にウェールズ議会選挙と日程が同じになる可能性があり、混乱の原因になるとして、5年の固定任期を4年にするように修正することを提案した。修正案の採決には労働党も同調したが、242対315で敗北した。結局、固定任期議会法案では5年を固定任期とする法案であることが維持された（HC Deb, 16 November 2010 : cc.770-848）。

この後、固定任期議会法案は、2011年1月18日に下院、保守党・自民という

連立政権が優勢な下院で可決され、貴族院に送られることになった。

貴族院では、1月からの審議に先立つ、前年の12月に憲法特別委員会で、固定任期議会法案に関する検討が行われ、その答申が発表された。

貴族院憲法特別委員会答申では、庶民院特別委員会と同じく、法案の意図は理解するものの、「委員会の大半は、4年がウェストミンスター議会の措置として採用されるべきであると考えている」と、やはり5年よりも、4年という見解を示した。また、首相解散権は行使できなくなるものの、主要政党の合意により解散される可能性は残り、固定任期議会法案の趣旨が損なわれるような運用もありうることを警告した。さらに、庶民院特別委員会でも同様の指摘があったが、どの議案が不信任であるのか否かなどに関して、下院議長が認定するという形になっていることに関して、「こうした操作が、法の規定の濫用につながる恐れがある」と警告した。また、このことが、可能性は小さいながらも、法廷で取り上げられる可能性があり、このように、下院議長が認定する権限を持つこと自体を「適当ではない」と述べた (Select Committee on the Constitution, 2010a : 37)。なお、法案のこの部分は、結局削除され、代わって、2条(2), (4), (5)に、それぞれの不信任や信任の場合における所定の文言が明文化された（備考2参照）。

庶民院特別委員会答申では言及されず、貴族院特別委員会答申で言及されたこととしては、固定任期議会法案が議会任期を5年以上に延長する規定を含んでいるため、1911年および1949年議会法は適用されないと結論付けた点がある。これは、固定任期議会法案では下院議員任期を5年と定める内容になっているが、上下両院同意のうえ首相は2ヶ月それを遅らせる権限を持っており、そうすると5年を超える可能性があるからである。一方、1911年議会法2(1)では、議会法の対象となる公法案は、「議会の最長任期の5年を延長するいかなる規定を含む法案以外」のものとなされている。つまり、1年の間隔をあけて庶民院が再議決すれば、貴族院の態度にかかわらず法案が成立するという1949年議会法は、この固定任期議会法案可決のために使うことはできず、必ず庶民院と貴族院の両方の議決を経なければ、この固定任期議会法案は成立しないことを意味した。

このような議論に対して，マーク・ハーパー内閣府政務官は，以下のように下院審議で明言した。

> 「(固定任期議会 (筆者挿入)) 法案は，5年任期を設定し，緊急の場合においては，首相がその長さを変えることができる。したがって，それを制定するために，議会法は使うことができない。それは，完全に明確なポイントである。その点は，法案の中にあり，全く秘密ではない」(HC Deb, 18 January 2011：Col.731)。

このように，政府自体も固定任期議会法案に関して，1911年・1949年議会法による下院再可決が可能という立場を取らなかった。
その他，貴族院の憲法特別委員会では，固定任期議会導入に対して反対意見を持つヴァーノン・ボグダナー (憲法学者・政治学者) が，強くその反対理由を展開した。ボグダナーによれば，過去の総選挙を振り返ってみると，たしかに首相が解散時期を決定できたけれども，必ずしもそれによって有利にはなってこなかったと述べた上で，以下のように述べた。

> 「私の見解では，早期に解散する短所より，固定任期議会の重大な短所の方が，はるかに重い。それは，首相が，もう生きてはいない議会の信を問うことを妨げるし，新しく選ばれた首相が国民に信を問うことを妨げるし，首相が新しい政策の信を問うことを妨げる。その中でも最も重要なことは，ハング・パーラメントのなかでその状態に至るかもしれないので，連立政権が議会任期途中で，国民に信を問う機会もなく，そうした変更を行うことを意味することである」(Select Committee on the Constitution, 2010a：Minutes of Evidence：31)。

貴族院憲法特別委員会は，「我々が聞いた証言のバランスにおいては，我々をして，確立された憲法的実務を覆し，固定任期議会に向かわせるには，未だ十分に強い事実が作られてきたという確信は持てない」と述べた (Select Committee on the Constitution, 2010a：15)。

貴族院での審議は，実質的には，第二読会の3月1日から始まったが，そこでは，固定任期議会法案の賛否に関しては割れた。政府側では，Advocate General for Scotlandのウォーレス議員が主として支持の論陣を張ったのに対し，元大法官のフォルコナー議員 (労働党) や元下院議員のハワース議員 (労働党)，

グロコット議員（労働党）らが，次々と修正案を出した。なお，当初の政府案では，2015年5月にスコットランド，ウェールズの議会選挙とともに英国全体の総選挙が行われる予定であったが，スコットランドやウェールズの出身議員を中心とした不満の噴出から，スコットランドとウェールズの議会選挙が2016年に動かされることになり，その部分は政府が修正を行った（HL Deb, 1 March 2011：Col. 934）。

フォルコナーの修正案は，5年任期を4年に変更しようとするもので，ハワースの修正案は，首相の解散権を4年から5年の間の1年間は認めようという案であったが，いずれも否決された。グロコット議員は，この2011年5月5日に下院選挙制度に関して国民投票が行われたことに対して，同じ憲法的論点の固定任期議会法案には国民投票が予定されていないことを問題視したものであった。グロコットによれば，国民自体は，対案投票制を求めていないと同時に，この固定任期議会法案も，貴族院選挙制自体も求めてはいないし，それを確かめるために，国民投票を行わなければならないと提案した。しかし，法案を国民投票にかける修正案も否決された（HL Deb, 16 May 2011：cc.1146-79）。

5月16日の報告段階では，無所属のパニック議員，バトラー議員らなどから，5年間の固定任期議会という規定を，政権が変わるたびごとに上下両院の議決により発動する形にして，従来型の解散権行使を議会が選び得るという，いわゆる「サンライズ」方式が提案された。

修正提案の趣旨説明では，いくつかの理由を挙げたが，現政権が将来の政権にまで影響を与える憲法的な変更はすべきではないという理由，実際には，解散権を行使した結果総選挙に敗北する政権も多く，決して必ずしも，そのときの政権にとって有利といったわけではないことなどを，理由としてあげた。また，白書や緑書などの形での法案提出前の意見集約が充分に行われなかった点なども，提案理由として挙げられた。最後に，パニック貴族院議員は，この固定任期議会法案が，英国の民主主義の長期的展望からではなく，連立政権維持という「短期的政治的必要」から生まれたものであると批判した。この批判に対しては，元から批判的意見を強めていたハワース議員や他の議員からも賛同の討論を得た。そして，採決の結果は，賛成190に対し，反対184で，6票差で

政府案は敗れ，修正案が可決された（HL Deb, 10 May 2011：Col.845）。「サンライズ」条項は，結局，固定任期議会をキャメロン政権に限定する効果を持ち，固定任期議会法案の根本的修正と言えるものであった。

ここからは，いわゆる「ピンポン」と呼ばれる過程で，法案は下院と上院を往復することになった。5月25日には，下院で政府案への再度の修正を議決したが，7月15日の貴族院では，251対219で，再び政府側が敗れ，票差は，32票差に拡大した（HL Deb, 18 July 2011：Col.1103）。

危機感を強めたキャメロン政権側は，いくつかの修正を行った。それは，2020年まで2回の総選挙を5年間固定で行った後，2020年7月から11月までの間に，下院議員が過半数を占める再検討委員会で，固定任期議会法の運用の再検討を行い，その再検討の結果によっては，廃止や改正もありうるという内容の修正案を下院で議決した。

下院案を貴族院で提案したウォーレス貴族院議員（自民）は，パニック貴族院議員が提案者となってきた「サンライズ」条項という方法は，国王大権 Royal Prerogative の廃止や復活を，議会の決議1つで行ってしまう点で，前例がないと主張した。ウォーレス貴族院議員によれば，これまで国王大権は1度廃止されると復活されることはなく，それほど重いものであったと述べた。もしも，再検討するとしても，議会の議決で簡単に決める方法よりも，2020年までに2回の固定任期議会を行った後，上下両院合同で詳細に検討する委員会を設けて，その結果として，必要ならば廃止や改正の議論を行うべきであるという提案を行った。9月14日の貴族院審議では，この下院案に対して，再びバトラー議員が再修正しようと動議を行ったが，その動議は，173対188で敗れ，最終的に下院の案，つまり政府案が貴族院を通過した（HL Deb, 14 September 2001：cc. 806-825）。翌日15日に「王室の同意」を得て，固定任期議会法は法律 Act となり，即日効力を持ち，政権不信任案が可決されない限り，次の総選挙は2015年5月に，その次の総選挙も2020年5月に固定された。

第Ⅰ部　ウェストミンスター改革

5　政治学上の意義と国際比較

　英国における首相解散権の廃止という事態は，政治学上も重大な意味を持つ。デモクラシー分類で，多数決主義型民主主義（ウェストミンスター・モデル）とコンセンサス型民主主義という図式を作り出してきたレイプハルトの議論においては，10の変数でウェストミンスター型か，コンセンサス型かを測ってきた。これらの変数のうち，「執行府―議会」変数において，ウェストミンスター・モデルは執行府に権限が集中し，コンセンサス・モデルは議会に比較的強い権限があるという理解がなされていた。

　しかし，英国というウェストミンスター・モデルの母国において，首相の解散権が廃止されたということは，その「執行府―議会」変数において，議会の方向へと権限の集中点が動いたということを意味する。つまり，ウェストミンスター＝多数決主義型デモクラシーという図式がまた1つここでも壊れたことを意味する。ちなみに，マシュー・フリンダース（シェフィールド大学）が2010年の研究で，英国に関しては「連邦制」次元のみでウェストミンスター・モデルの変容が，この間，引き起こされてきたという結論を述べていた。ただ，それは2011年9月の固定任期議会法成立以前の認識であり，その後の変化に対して，フリンダースがどのような分析を行うか，関心を持ってみていきたい（Flinders, 2010）。

　なお，世界的に見ると，不信任決議可決，財政重要法案での敗北や連立崩壊などに迫られてではなく，首相が与党の有利な時期を選んで解散する「自由な解散」を行っている国は，決して多くはない。図表6-1，図表6-2では，1990年以前からのOECD諸国に限って調べてみた。それによれば，英国の首相解散権廃止の結果，20年にわたって首相が有利な時期を選ぶ「自由な議会解散権」を認め，実際に自由に議会を解散してきた実績を持つ国は，カナダ，デンマーク，ギリシャと日本の4カ国だけとなった。

　首相や大統領が議会を解散する権限を持っている国は多いが，そこでは重要法案の敗退や連立の崩壊，不信任案の可決などの事情で解散権が行使される場

図表6-1　議会解散の国際比較*

議会任期	完全固定	半固定	政権による任期満了前解散あり	
解散権行使について	解散権なし。	首相ないしは大統領の議会解散権限は非常に制限されている。または存在していない。不信任（信任投票敗北を含む）解散のみが任期満了前解散としてありえる。	実質的な解散権は首相ないしは大統領にあるが、連立崩壊や不信任案可決以外などで、「自由な解散」を政権が行うことは一般的ではない。	首相による「自由な解散」が一般化してきた国
国名	ノルウェー 米国	ドイツ スウェーデン トルコ 英国（2011から）	フランス イタリア ポルトガル オーストラリア ニュージーランド アイルランド オランダ スペイン ベルギー フィンランド オーストリア アイスランド ルクセンブルグ	日本 カナダ デンマーク ギリシャ

Source: International Centre for Parliamentary Documentation of the Inter-Parliamentary Union, 1986; Caramani, 2000; Constitution of Republic of Turkey.
* 1990年以前にOECDに加盟している国々を対象とした。

合が多く、首相が自らの有利な時期を探して解散することが一般化した日本のような国は、少ない。なお、こうした自由な解散を行い、両院の選挙タイミングは別々が基本となっている国は、日本しかない（図表6-3）。それは、高確率で「ねじれ」を発生させる制度運用であるといわざるを得ない。

　ノルウェーや米国は、解散という制度が全くなく、議会選挙は必ず固定の期間で行われてきた。米国の場合で言えば、大統領選挙の年に下院の全議席と上院の3分の1の議席が改選され、2年後には下院の全議席と上院の3分の1の

第Ⅰ部　ウェストミンスター改革

図表6-2　解散実績の国際比較（政権による任期満了前解散が可能な国のみが対象）

議院内閣制の国々。首相が主導権を持つ解散ができる国。	日本	1990年2月	1993年7月	1996年10月	2000年6月	2003年10月	2005年9月	2009年9月	任期
	満了前年月数	5ヶ月前	1年前	9ヶ月前	満了	8ヶ月前	1年11ヶ月前	満了	4年
	評価	自由な解散	政権不信任	自由な解散	自由な解散	自由な解散	自由な解散	満了	
	英国	1983年6月	1987年6月	1992年4月	1997年5月	2001年6月	2005年5月	2010年5月	5年
	満了前の年月数	11ヶ月前	1年前	2ヶ月前	満了	11ヶ月前	満了	満了	
	選挙の理由	自由な解散	自由な解散	自由な解散	満了	自由な解散	自由な解散	満了	
	カナダ	1993年10月	1997年6月	2000年11月	2004年6月	2006年1月	2008年10月	2011年5月	5年
	満了前の年月数	1ヶ月前	1年4ヶ月前	1年7ヶ月前	1年5ヶ月前	3年5ヶ月前	2年3ヶ月前	2年5ヶ月前	
	選挙の理由	事実上満了	自由な解散	自由な解散	自由な解散	政権不信任	自由な解散	政権不信任	
	オーストラリア*1	1993年3月	1996年3月	1998年10月	2001年11月	2004年10月	2007年11月	2010年8月	3年
	満了前の年月数	満了	満了	5ヶ月前	満了	1ヶ月前	満了	9ヶ月前	
	選挙の理由	満了	満了	満了	満了	事実上満了	満了	自由な解散	
	ニュージーランド	1993年11月	1996年10月	1999年11月	2002年7月	2005年9月	2008年11月	2011年11月	3年
	満了前の年月数	満了	満了	満了	4ヶ月前	満了	満了	満了	
	選挙の理由	満了	事実上満了	満了	自由な解散	満了	満了	満了	
	デンマーク	1990年12月	1994年9月	1998年3月	2001年11月	2005年2月	2007年11月	2011年9月	4年
	満了前の年月数	2年5ヶ月前	3ヶ月前	6ヶ月前	満了	9ヶ月前	1年3ヶ月前	2ヶ月前	
	選挙の理由	政権崩壊	自由な解散	自由な解散	自由な解散	自由な解散	自由な解散	自由な解散	
	オランダ	1989年9月	1994年5月	1998年5月	2002年5月	2006年11月	2010年6月		4年
	満了前の年月数	8ヶ月前	満了	満了	満了	3年4ヶ月前	2年前	5ヶ月前	
	選挙の理由	政権崩壊	満了	満了	満了	連立崩壊	連立崩壊	連立崩壊	
	スペイン	1989年10月	1993年6月	1996年3月	2000年3月	2004年3月	2008年3月	2011年11月	4年
	満了前の年月数	8ヶ月前	4ヶ月前	1年3ヶ月前	満了	満了	満了	4ヶ月前	
	選挙の理由	自由な解散	自由な解散	自由な解散	政権崩壊	満了	満了	政権崩壊	
	ベルギー	1987年12月	1991年11月	1995年5月	1999年6月	2003年5月	2007年6月	2010年6月	4年
	満了前の年月数	1年10ヶ月前	満了	6ヶ月前	満了	満了	満了	1年前	
	選挙の理由	政権崩壊	政権崩壊	自由な解散	満了	事実上満了	満了	連立崩壊	
	ルクセンブルグ	1979年6月	1984年6月	1989年6月	1994年6月	1999年6月	2004年6月	2009年6月	5年
	満了前の年月数	満了	満了	満了	満了	満了	満了	満了	
	選挙の理由	満了	満了	満了	満了	満了	満了	満了	
半大統領制の国々。大統領か、首相かいずれが議会解散の主導権を握るかについては、国ごとに多様である。	フランス*2	1986年3月	1988年6月	1993年3月	1997年6月	2002年6月	2007年6月	2012年6月	5年
	満了前の年月数	3ヶ月前	2年9ヶ月前	3ヶ月前	9ヶ月前	満了	満了	満了	
	選挙の理由	事実上満了	首相辞任	事実上満了	自由な解散	満了	満了	満了	
	イタリア	1987年6月	1992年4月	1994年3月	1996年4月	2001年5月	2006年4月	2008年4月	5年
	満了前の年月数	1年前	2ヶ月前	3年1ヶ月前	2年11ヶ月前	満了	1ヶ月前	3年前	
	選挙の理由	政権不信任	事実上満了	選挙制度改革	政権崩壊	満了	事実上満了	政権崩壊	
	フィンランド	1987年3月	1991年3月	1995年3月	1999年3月	2003年3月	2007年3月	2011年4月	4年
	満了前の年月数	満了	満了	満了	満了	満了	満了	満了	
	選挙の理由	満了	満了	満了	満了	満了	満了	満了	
	ポルトガル	1991年10月	1995年10月	1999年10月	2002年3月	2005年2月	2009年9月	2011年6月	4年
	満了前の年月数	満了	満了	満了	1年7ヶ月前	1年1ヶ月前	満了	2年3ヶ月前	
	選挙の理由	満了	満了	満了	政権崩壊	政権不安定	満了	政権不信任	
	アイスランド	1987年4月	1991年4月	1995年4月	1999年5月	2003年5月	2007年5月	2009年4月	4年
	満了前の年月数	満了	満了	満了	満了	満了	満了	2年1ヶ月前	
	選挙の理由	満了	満了	満了	満了	満了	満了	政権崩壊	
	アイルランド	1987年2月	1989年6月	1992年11月	1997年6月	2002年5月	2007年5月	2011年2月	5年
	満了前の年月数	9ヶ月前	2年8ヶ月前	1年7ヶ月前	5ヶ月前	1ヶ月前	満了	1年3ヶ月前	
	選挙の理由	連立崩壊	政権崩壊	連立崩壊	自由な解散	事実上満了	満了	政権崩壊	
	オーストリア*3	1990年10月	1994年10月	1995年12月	1999年10月	2002年11月	2006年10月	2008年9月	4年
	満了前の年月数	満了	2年10ヶ月前	2ヶ月前	満了	11ヶ月前	1ヶ月前	2年1ヶ月前	
	選挙の理由	事実上満了	満了	連立崩壊	事実上満了	政権崩壊	事実上満了	連立崩壊	
	ギリシャ	1990年4月	1993年10月	1996年9月	2000年4月	2004年3月	2007年9月	2009年10月	4年
	満了前の年月数	3年8ヶ月前	満了	満了	満了	1ヶ月前	6ヶ月前	1年11ヶ月前	
	選挙の理由	政権崩壊	連立崩壊	自由な解散	自由な解散	自由な解散	自由な解散	自由な解散	

自由な解散＝首相ないしは大統領が，自党に有利な解散時期を選んだ場合に，筆者は限定している。
政権崩壊＝少数政権の挫折，連立与党内の重大な対立など様々な「政局」で，議会解散した場合を意味する。
連立崩壊＝連立を構成する政党が連立を離脱した結果，政権が崩壊した場合。

Source：Amodia, 1996; Bjugan, 1999; Calder, 1992; Deschouwer, 1988; Donovan, 1988; Donovan, 1996; Downs, 1996; Fitzmaurice, 1995; Fitzmaurice, 2004; Lancaster, 1994; Featherstone, 1994; Featherstone and Kazamias, 1997; Van Holsteyn, 2007; Luther, 2003; Luther, 2009; Maor, 1991; Muller, 2000；O'Leary and Peterson, 1990; O'Leary, 1987; O'Leary, 1993; Sully, 1996; Wolinetz, 1995; Wolinetz, 1990; International Centre for Parliamentary Documentation of the Inter-Parliamentary Union, 1986.

＊1　2007年に固定任期議会法が成立したが，ハーパー首相はそれを無視して，2008年に解散した。
＊2　コアビタシオン対策として，2002年以後は，大統領選挙・国民議会選挙が2002年，2007年，2012年の同時期に行われ，5年定期が期待されている。
＊3　オーストリアは，2008年から任期5年となっている。

図表6-3　二院制国での選挙タイミング（1990年以前からOECD加盟国であった国々）

選挙タイミング	国民による直接選挙制ではなく、任命制または地方議会などで上院を選ぶ国	両院に対する直接選挙が基本的に同時に行われ、定期化している国々	任期満了前解散はあっても、そのときに両院が部分的に、ないしは完全に解散・改選されることが一般的な国	両院の選挙タイミングが、基本的に別である国
国名	英国	米国	イタリア＊3	日本
	フランス	メキシコ＊1	オーストラリア＊4	
	ドイツ	スイス＊2	ベルギー＊5	
	カナダ		スペイン＊6	
	オランダ			
	オーストリア			
	アイルランド			

＊1　下院は任期3年で改選、上院は任期6年で改選。上下両院選挙が行われるのは、大統領選挙と同時の6年に1度で、その間の3年目で下院のみが改選される。
＊2　上院の一部の地域では、下院選挙とは別時期に選出している。
＊3　イタリアでは、ファシスト政権崩壊後1948年から全ての国政議会選挙は上下両院同時選挙である。
＊4　1974年以来、上下両院の選挙は同時に行われてきた。
＊5　1919年以来、上下両院の選挙は同時に行われてきた。
＊6　フランコ独裁終焉後の1977年以来、上下両院の選挙は同時に行われてきた。
Source：Nohlen, 2010; Constitution of Mexico.

議席が改選される。いわゆる中間選挙である。

　ドイツやスウェーデンでは、議会解散というシステムはあるものの、首相が、不信任以外で、議会を解散させるシステムはなく、任期途中で解散が行われる場合でも、政権党議員が棄権するなどして政権不信任が議決されて、ないしは信任投票で敗北して、解散選挙を行ってきた。英国でも、この方法が可能かという検討はなされたが、英国の固定任期議会法では、下院議会を解散させるためのハードルは、2条(1)の場合、空席議席も含めた下院全議席の3分の2以上の不信任案が必要である。この場合、与党の幅を超える政党、実質的には、保守党、労働党、自民 Lib Dems という主要三政党の全てが解散に合意しなければ、早期解散は難しい。ただ、2条(3)の過半数不信任で、2週間後に解散を選択することも不可能ではない。

フランス，イタリアでは，それぞれ解散権は大統領にある。これらの国々では，大統領の権限により，任期途中の議会解散がありえる。しかし，フランスの場合，2002年以降は，大統領任期7年を5年に短縮し，議会選挙と大統領選挙が5年ごとに，同年に行われるように制度が改正された（塚本，2007）。これは，大統領選出政党と，議会与党が異なる「コアビタシオン」を回避する狙いで行われたもので，フランス政治を安定化させるために，5年ごとの大統領・国民議会選挙という仕組みを定期化させていく試みと考えられる。また，この10年はそうなってきた。したがって，フランスの場合は，形式上は任期途中の解散はありうるが，事実上，固定任期で議会選挙が行われる仕組みに移行しつつあるといってよいであろう。

イタリアの場合は，大統領が解散権を行使する前に，上下両院議長と相談しなければならないことになっている。1987年までは，4年ごとに総選挙が行われ，それ以降は5年ごとに行われている。2008年は，プローディ政権が上院で信任決議を否決されたため，解散総選挙が行われた。したがって，事実上，その中身は不信任による解散総選挙であった。また，イタリアの総選挙は，戦後は，必ず上下両院で行われており，上下両院で異なる時期に選挙が行われて，両院の意思がねじれるということはなかった。下院のみが解散されるというようなことは，イタリアでは前例がない。

オーストラリアとニュージーランドの政治システムは，ともに英国の議会制度に強く影響されて作られ，ウェストミンスター型の例であるといわれてきた。しかしながら，もちろん，両者に違いもある。

まず，オーストラリアに関して言うと，議会を解散する権限は，憲法上，英国国王から任命される総督にある。しかし，1975年を除いては，首相が解散の意思を示せば，総督が解散を認め，実際に解散が行われてきた。ただ，1975年のみは，総督は首相の意思に反して，憲法57条にもとづき上下両院を解散した。このときは，労働党政権の予算法案が下院は通過したものの，上院を通過することができず，国家としての経済運営が危機に陥る中，総督が，首相にも女王にも相談することなく，自らの権限で上下両院を解散した。その結果，労働党政権は総選挙に敗北したが，ひとまず，予算法案が「ねじれ」により停滞する

ことで生じた国家運営の危機は去った。しかし，このときまで，総督の解散権は，必ず首相との一致の上で行使されてきており，これが一種の憲法上の習律となってきた。それが覆されたことは大きな議論を呼ぶことになった（Mayer and Schweber, 2008）。

これ以後，オーストラリアでは，予算法案も含めて下院の優越が崩れていき，予算法案が上院の修正を受けたり，難航したりする事態が続出している。また，オーストラリアでは，下院は対案投票制という小選挙区制に類似した選挙制度を採用しており，第一党が単独政権を構成する機会が比較的多いが，その一方で，上院は，単記移譲式投票制STVという比例代表制であり，この比例代表制の下で，オーストラリア上院では，第一党が過半数を占めることは，ほとんどありえない（選挙制度に関しては備考1を参照のこと）。

すなわち，オーストラリアでは，常に「ねじれ」議会であり，そのもとで，政権党は，法案成立のためには上院で妥協を繰り返さないとならない状況が作り出されてきた。1993―96年の議会では，全法案の33％が修正され，その修正箇所は1812箇所で，1法案あたり平均11箇所が修正された（Uhr, 1999：111）。また，1998年には新税制に関する法案も，上院の抵抗で修正を余儀なくされ，財政法案に関する下院の優越も揺らいだ（Russell, 2000：159）。

ところで，オーストラリアでは，下院は3年任期で，上院は6年任期で3年ごとに半数を改選するという日本に近い形であるが，下院の解散は3年ごとの上院の半数改選と同時に行われることがほとんどである。オーストラリア憲法13条では，上院の任期終了前1年前から上院改選を行うことができるので，ほとんどの下院解散はその間に行われ，上下両院のダブル選挙になる。1974年以降のオーストラリア国政選挙は全てダブル選挙である。また，憲法57条により，3年の任期満了以前6ヶ月までは，3ヶ月の間隔を空けて，下院を通過した法案が再度否決・修正された場合，総督が上下両院の全てを解散することができる（大曲，2009）。この上下両院全議席解散は，1914年，1951年，1974年，1975年，1983年，1987年に行われた。1975年のように，「ねじれ」が国家運営に重大な危機をもたらす場合に，それを突破する最終手段の1つである。[18]ちなみに，オーストラリアは，制度上は，日本と同じく，首相が有利な時期を選ぶ「自由

な解散」が可能であるが，実際に，そうした解散が行われる頻度は限定されてきた。最後に上下両院全議席解散が行われた1987年以降，9回の総選挙が実施されているが，ほぼ3年ごとに実施されてきており，首相が早期に解散する場合でも，1998年に5ヶ月前に解散前倒しがあったのが最大で，その他は，3ヶ月前に解散した例が2010年に1回あるだけである。それら以外は，任期満了ないしは事実上満了した形で，総選挙が行われてきた。

　なお，日本では，ほとんど理由の議論もなく，衆議院は小選挙区中心という意見が民主党の中で，「コンセンサス」化している。その一方では，参議院においては，比例強化の改革案が語られることが多い（例えば，故西岡参議院議長案）。この日本政治の方向性は，ある種のオーストラリア化と言えるが，上記の問題点に学んだ改革議論は，管見の限りではほとんどない。「ねじれ」対応と議会解散という点では，上記のように，オーストラリアでは，形式的には自由な解散が首相によって可能であるが，実際には，下院解散を上院半数改選にあわせるダブル選挙が常例化されてきたし，さらに，一定の条件で上下両院全議席解散が行える。日本では，衆参両方を全て解散することは不可能で，かつ，解散は首相の専権事項という理解が強いので，両院の選挙は別々に行われることが多い。そして，首相は参議院で負けそうだと思えば，衆議院解散を逃げてもよい。したがって，参議院選挙で与党が敗北すると，「古い」民意の衆議院に対して，「新しい」民意が突きつけられる。そういう点では，日本では，「ねじれ」は，オーストラリアより，さらに起こりやすい条件にあると言えるだろう。しかも，日本では，そういう条件にあまり関心が払われていないように見える。

　ニュージーランドは一院制議会で，1993年まで小選挙区制で総選挙を行っており，英国と同じく，成文憲法はなく，レイプハルトによれば，英国以上に英国的とまで言われてきた（レイプハルト，2005）。しかし，1993年に，レファレンダムの結果，選挙制度を比例代表に変更し，それ以後は，第一党単独政権はできなくなり，連立政権しかできなくなっている。このニュージーランドでは，議会の解散権は，英国と同じく首相にある。その行使にハードルはない。しかし，議会任期が3年と短いことから，実際には，その3年ごとに総選挙が行わ

れている。このことから、ニュージーランドにおいても、形式上解散権は首相にあるが、実質的には、首相が自分に有利な時期を選んで解散する事態は限られてきた。

　カナダでは、2007年に固定任期議会法が成立し、次の総選挙の日程も決められたが、その法においては、「総督の権限を拘束しない」という一文が入っており、結局、2008年にハーパー首相は、この固定任期議会法を無視して、解散総選挙を行った（Hazell, 2010）。このように、カナダにおいても、首相解散権に対しては批判がありつつも、条文上の問題もあり、実際には、首相解散権の自由な行使は今日まで生き残る形となった。

　なお、ここで、浮上してくる疑問としては、英国の固定任期議会法はカナダと同じことになる可能性はないかということであるが、英国の固定任期議会法には、国王大権を拘束しないという意味での文言は入っていない。また、上記のように、法案審議の段階で、それが国王大権の廃止であることは十分に認識されて議論されてきていることは、明らかである。したがって、英国において、固定任期議会法を無視して、解散を強行する可能性に関しては、論じられていない。

　これらの国々の例を見るならば、実際に、首相に議会解散権があり、不信任案可決や連立崩壊などの事態を除いて、それを数十年の間に首相の判断によって、自分の有利な時期に自由に行使してきた国は、先進諸国では、カナダ、デンマーク、ギリシャ、日本だけとなったと言ってよいであろう。

18）　なお、日本国憲法制定に至る過程でも、「貴族院の解散」という形で、「上院」の解散について意見が出ていた。例えば、1945年12月26日の憲法問題調査会では、「三年のあいだに三回衆議院で可決して送付した議案を貴族院が可決しなかった場合はこれを解散する」という意見が出されていた（佐藤, 1962：368）。ただ、やはり大勢の意見にはならなかった。

第**7**章

英国におけるレファレンダム（国民・住民投票）

1 本章の概観

　英国の憲法改革で触れられるべき問題として，レファレンダム（何らかのテーマについての直接投票）の問題がある。英国の憲法学者・政治学者として有名なヴァーノン・ボグダナーによれば，「レファレンダムは，今や，英国憲法の一部である」と述べられている (Bogdanor, 2003 : 186)。レファレンダムを日本語で表現するならば，国レベルのものは国民投票であり，地域レベルのものは住民投票と表現される。しかしながら，以下論じるものは，国民投票と住民投票という二種類の話というものではなく，一種類の話であるので，それはレファレンダムとして表現されるべきであろう。実際,英国のレファレンダムを，国民投票と住民投票という日本的理解で説明することには，若干違和感がある。英国で投票は，この間，国政レベルや，スコットランド，ウェールズなどのレベルで，レファレンダムが行われている。つまり，いずれにせよ，大規模な単位で，国の構成を動かす際に民意を確認する手段として行われてきた。しかし，日本語の住民投票という表現では，必ずしもそういう意味合いを含まない。また，そうした2つの言葉に置き換えることで，英語におけるレファレンダムという一本の理解が伝わらない。したがって，以下，極力，レファレンダムという言葉を中心的に使いながら，議論を展開したい。

　後に見るように，英国におけるレファレンダムは，憲法的改革に関してコン

センサスを得るための手段として，近年明らかに増加傾向にある。ただし，これも以下に見るように，憲法的改革全てにレファレンダムが行われるという統一的な理解も実態も，存在していない。そういう意味では，まだ，かなり場当たり的に行われている。ただ，傾向としていくつかの要素を指摘することもできる。

以下，英国におけるレファレンダムに関して，その経緯を概観した後，特徴について述べる。

2　英国におけるレファレンダムの経緯

2-1　アイルランド自治阻止のためのレファレンダムの提唱

英国においてレファレンダムが提唱された最初の例は，アイルランド自治を阻止する目的のためであった。19世紀後半には，アイルランド独立運動が高まり，1886年に最初のアイルランド自治法案（アイルランド議会の設置など）が自由党グラッドストン政権によって提出された。それに対して，憲法学者の A. V. ダイシーはアイルランド自治を止める目的でレファレンダムを提唱した（Dicey, 1982）。また，当時，アイルランド自治問題に関しては，第2代セルボーン伯爵や第3代ソールズベリ侯爵などが，レファレンダムによって民意を確認することを主張していた。これらのレファレンダム論は，主として，分権や独立運動に反対してきたユニオニズムの立場での議論であった（Weston, 1995：1-11；Manton, 2011）。結局，アイルランドの独立運動は，1922年のアイルランド自由国の成立に結びつくが，このアイルランド自治に関するレファレンダムは行われなかった。

その後，レファレンダムが議論に上ったのは，1945年，戦時内閣の継続に関わってのことであった。チャーチルは，戦時内閣を日本の降伏まで伸ばし，総選挙を延期するか否かに関して，レファレンダムで信を問うことを当時の労働党党首クレメント・アトリーに打診したが，アトリーは，レファレンダムという英国にとってなじみのない方法を導入することはできないし，それはむしろナチズムやファシズムの方法であったと指摘し，拒否した（Boyer, 1991：43）。

2-2　北アイルランドでのレファレンダム

　英国で初のレファレンダムは，1973年3月8日に，北アイルランドで実施された。[19] 詳細は，既に第2章で書いているので，繰り返さないが，ユニオニストとナショナリストの対立激化の中で，当時のヒース政権は，北アイルランドの住民たちに，直接，アイルランド帰属か，英国への残留かを問いかけた。このレファレンダムに対して，ナショナリスト（カトリック系住民）は，北アイルランドはアイルランドの一部であり，北アイルランドにおいてのみで，少数か多数かを問うべきではなく，むしろ，アイルランドにおいても同様のレファレンダムを実施するべきであると主張して，レファレンダムをボイコットした。その結果，レファレンダムにおいて英国残留を選択した人々は，98.9％であったが，投票率は，58.7％に留まった（Taylor and Thomson, 1999：5）。

2-3　ECレファレンダム

　この初めての全英レファレンダムは，1973年1月に英国がECに加盟して以来，労働党や保守党の一部が執拗に反対運動を繰り広げた結果，行われた。労働党は，EC加盟への不満が収まらない中，1974年2月総選挙マニフェストでは，「共同市場への英国の参加という最終的な争点の決定権は，英国の人々に戻されるであろう」と書いた（Dale, 2000b：187）。また，労働党は，10月総選挙マニフェストにおいて，政権を獲得するならば，総選挙以後12ヶ月以内に「投票箱を通じて」，EC加盟維持か，脱退かについて，英国民に最終的決定権を与えると書き，レファレンダムの実施を事実上約束した（Dale, 2000b：211）。

　保守党議員においても，当時右派で人種に関わる発言で有名であったイーノック・パウエルは，EC加盟の方針に承服できず，74年2月の総選挙には出馬しなかった。が，しかし，それだけではなく，パウエルは，レファレンダムを実現するために，労働党政府首相ウィルソンと連絡を取り合い，集会の場では労働党への支持を訴えた。もっとも，パウエルが労働党に投票することを呼びかけてまでもレファレンダムを主張したことは，苦渋の選択であった。集会では，裏切られたと感じる保守党支持者から「ユダ！」となじられ，パウエルは「ユダは金をもらった。私は身を犠牲にしている！」と答えた（Shepherd, 1997：

47)。

　1974年2月総選挙以降の労働党への政権交代以後，ウィルソン政権は，ECとの再交渉に乗り出した。その結果，英連邦や途上国支援などでは援助の強化が合意され，相対的に多くの予算を負担している英国などの過剰負担に対して，有利な内容が1975年3月の欧州理事会で合意された。

　このような中，ウィルソン政権は，1975年の下院の審議において，EC残留の是非を問う国政レファレンダムを英国政治史上初めて行うことを表明し，同時に，再交渉の結果を受けて，政府としては加盟条件を受け入れるべきか否かについて勧告を行うこと，レファレンダムにあたっては内閣の連帯責任の原則を一時停止し，政府の勧告のいかんにかかわらず，閣僚は自らの意見を表明することができると決定した。

　投票日は1975年6月5日と定められたが，それに至る運動では，それまでの英国政治とは異なり，政党はその主役とはなり得なかった。なぜならば，保守党にしても，労働党にしても，EC加盟の賛否は党内において分かれていたからである。労働党は，労働組合，選挙区労働党の意見としてはEC加盟反対が上回り，4月の党大会では決議もあがっていたが，労働党執行部は運動に対しては中立を保ち続けた。また，保守党の側においては，このころ野党保守党党首となったばかりで，80年代後半には欧州統合への抵抗で知られるようになるサッチャーも，投票運動の前面には出てこなかった。

　その中で，運動の中心となったのは，超党派で構成される2団体であった。1つは，「ヨーロッパの中の英国」Britain in Europeと，もう1つは，「国民投票運動」National Referendum Campaignであった。BIEは，EC推進派としてよく知られていたロイ・ジェンキンス，前首相のエドワード・ヒースらをはじめとして，当時の有名政治家が中心であり，なおかつ保守党・労働党とも，主流を代表する人々であった。その一方，NRCの側は，イーノック・パウエル，トニー・ベン，マイケル・フット，バーバラ・キャッスルなど，保守党においては党内右派，労働党内においては党内左派によって構成されており，党内傍流の人々であった。こうした対決構造は，資金力やメディアなどにおいても顕著であった。BIEが経済界などから多くの資金を集め，政府補助の12万5000

ポンドの約10倍もの資金を集めたのに対して，NRCは政府補助を若干上回るほどの資金しか得ることが出来なかった。また，テレビ・ラジオにおける扱いには公平さが期されていたものの，新聞などの論調はEC残留賛成に大幅に傾いていた。(力久，1996：184-216)

そうした結果，レファレンダムにおいては，投票率64.5%で，EC残留賛成67.2%，反対32.8%と，EC残留が圧倒した。この結果を受けて，ウィルソン首相は14年間にわたる国民的議論が終結したと宣言し，EC加盟反対派も国民の選択した結果を受け入れると宣言した。

2-4　1979年・97年スコットランド・ウェールズ議会設置レファレンダム

1979年3月にスコットランド議会（Assembly），ウェールズ議会（Assembly）の開設をめぐり，レファレンダムが行われた。第2章で既に書いたように，このレファレンダムの過程では，労働党政権内は反対派によって大幅に揺さぶられた。

その結果，スコットランドでは，賛成票が有権者の40%を下回った場合，スコットランド法廃止提案が議会に上程されなければならないという修正が入った。レファレンダムの結果は，スコットランドでは議会設置に51.6%が賛成したものの，投票率は62.9%に留まり，有権者比の賛成票は32.85%に留まった。ウェールズでは，同じ提案に80%が反対に回り，両地域とも議会設置には至らなかった。

1997年には，政権交代が有力視されていたブレア率いる労働党は，スコットランド・ウェールズでの議会・自治政府設置の是非を問うレファレンダムの実施を，総選挙マニフェストに書き込んだ（Labour Party, 1997）。1997年総選挙で労働党が圧勝し，政権交代が行われると，その年のうちにスコットランド，ウェールズで議会設置をめぐるレファレンダムが行われた。

このレファレンダムでは，スコットランドに関しては，議会・自治政府設置だけではなく，一定範囲での課税権を認めるか否かの項目も入れられた。ただし，これに対しては，スコットランド自体には強い反発もあった。そもそも，レファレンダムなしでもスコットランド，ウェールズへの議会・自治政府設置

は法的には可能で,英国統治下にありながら北アイルランドに議会が設置された1920年には,レファレンダムは行われなかった。しかも,議会・自治政府設置と切り離して,課税権の是非を独立した項目にすることは,レファレンダムで課税権だけが承認されない可能性が高まると理解された。課税権を別項目として是非を問うとするレファレンダムの方針は,これらの懸念から,スコットランドでは強い反発が表明された(The Times, 'Labour MPs angry over Scotland referendum plan', 27 June 1996; Sunday Times, 'Referendum revolt grows', 30 June 1996; The Independent, 'Blair defends plans for Scots' referendum', 10 September 1996)。

1997年のレファレンダムでは,スコットランドで投票率60.4%に対して議会開設への賛成票が74.3%,課税権に関しては60.2%の賛成であった。この数字は,1979年の関門となった有権者比賛成票40%ハードルからすると,議会開設賛成票は44.7%でクリアされていたが,課税権については38.1%であった。ウェールズでは,投票率50.1%で,議会設置に賛成は50.3%であった。

このように,ウェールズでのレファレンダムの結果は民意を確かめる水準としては,必ずしも高くなかったが,1979年と異なり,基準を設けなかった労働党政権は単純に投票総数の過半数を超えれば問題はないという立場を取り,スコットランドと同じく,議会・自治政府設置は承認された。

2-5　1998年北アイルランド「聖金曜日」レファレンダム

1997年の労働党ブレア政権の誕生やクリントン米政権の努力などの結果,1998年4月に「聖金曜日」合意が結ばれた。北アイルランドに権力分有方式の地方議会(Assembly)と行政府(Executive)を置くこと,アイルランド政府と北アイルランド行政府間の閣僚評議会が設置されることなどが合意された。この合意に対して,シン・フェインを含むナショナリストは受け入れを表明したが,民主アルスター党などのユニオニスト強硬派は反対を表明した。

この合意案に対してのレファレンダムが,アイルランド共和国と,北アイルランド,それぞれで行われ,北アイルランドでの投票率は81.1%で,合意を支持する票が71.12%,反対する票が28.88%となった。アイルランド共和国では,56.3%と投票率は低かったものの,合意賛成は94.4%と圧倒的多数を占めた

(Pilkington, 2002：144-164)。

この結果，北アイルランドにおいて，議会が再設置され，プロテスタント，カトリックの双方から超党派的な行政府が作られた。その後，IRAの武装解除をめぐり，行政府は一時中断したが，2007年からは再開し，現在に至っている。

2-6　ロンドン及び，各都市における首長直接選挙制レファレンダムの実施

ロンドンでは，サッチャー政権において，1986年に大ロンドン議会 Greater London Council（GLC）が廃止されたが，ブレア労働党は，その事実上の再設置だけでなく，英国においては初の試みとなる直接公選市長制を導入することを，1997年総選挙マニフェストで掲げていた（Labour party, 1997：34）。

労働党は政権獲得後の1998年3月に，白書『ロンドンの市長と議会』を発行し，そのなかで，直接選挙によって選ばれた市長と議会からなる大ロンドン自治体（Greater London Authority）を設置し，その自治体はロンドンの運輸，開発，環境，計画，警察，消防，文化，医療などに権限を持つと提起された（Deputy Prime Minister and Secretary of State for Environment, 1998：8）。

レファレンダムは，1998年5月7日に行われ，投票は「市長と議会を別個に選挙で選ぶ大ロンドン自治体という政府の提案にあなたは賛成しますか」という問いに対して行われた。結果は，賛成が72％，反対が28％と，圧倒的な支持を得たが，投票率は，34.1％と低迷した。

その後，ブレア政権は，ロンドン以外のイングランドの都市における権限委譲も提起した。1998年には，白書『現代の地方政府——人々と手を結んで』が発表され，2000年地方自治法にもとづいて，各地で直接選挙にもとづく首長選挙を行える仕組みが作られた（Department of the Environment, Transport and Regions, 1998）。

2000年地方自治法によれば，直接選挙する首長を求める場合には，その地方議会ではレファレンダムで承認を得なければならなかった。また，有権者は，その自治体の有権者5％以上の請願でレファレンダムを実施させることができ

るとされた。

　この2000年地方自治法によって，33の自治体で直接選挙首長の設置をめぐってレファレンダムが行われたが，図表7-1に明らかなように，賛成票が過半数を上回ったのは，12自治体に留まり，それらの自治体だけで首長選挙が行われた。また，ブレア首相の選挙区であるセッジフィールドでは，首長選挙を求めるレファレンダムで反対票が賛成票を上回った結果，首長設置は見送られた。ワイト島などのように，最初，必要な有権者の5％の署名を集めることに失敗し，レファレンダム自体ができなくて，再度署名を集めなおしても，レファレンダムで否決された例もあった。投票率も，図表7-1に明らかなように，総選挙と同時に行われた一例を除くと，30％さえ割り込み，低迷した。

　こうした権限委譲レファレンダムは，低迷した投票率しか残せなかったが，最後に，決定的な打撃を与えたのが，2004年のイングランド北東における権限委譲レファレンダムでの否決であった。

　2004年11月4日に，イングランド北東地域で，地域議会設置の是非を問う地域レファレンダムが行われた。このレファレンダムに対しては，労働党，自民 Lib Dems 他，労働組合や教会など，ほとんどの団体が議会設置に賛成を表明し，運動を行っていた。また，イングランド北東地域は，伝統的に労働党の最も強い地域であり，ほとんどの小選挙区で労働党が勝利してきたし，ほとんどの地方自治体で労働党は与党であった。また，イングランドの中では最も貧困な地域で，議会設置に反対の立場をとる保守党は非常に弱い地域であった。にもかかわらず，投票結果は，投票率47.1％で，77.9％が議会設置に反対票を投じ，賛成票を投じたのは，わずか22.1％であった。これを受けて，当時の副首相で地方政治担当であったジョン・プレスコットは，イングランド北東議会設置の中止だけでなく，その後に予定されていたヨークシャーと，イングランド北西地域の議会設置レファレンダムの中止を発表した（Select Committee on the Constitution, 2010b：10）。

2-7　1972年地方自治法にもとづくパリッシュ・レファレンダム

　1990年代末になると，それまでほぼ眠っていた1972年地方自治法の規定が注

第Ⅰ部　ウェストミンスター改革

図表7-1　首長選挙導入レファレンダムの結果

実施日	カウンシル	賛　成	%	反　対	%	投票率
2001／6／7（総選挙と同日）	バーウィック・アポン・トウィード	3,617	26	10,212	74	64
2001／6／28	チェルトナム	8,083	33	16,602	67	32
2001／6／28	グロスター	7,731	32	16,317	68	31
2001／7／12	ワットフォード	7,636	52	7,140	48	25
2001／9／20	ドンカスター	35,453	65	19,398	35	25
2001／10／4	カークリース	10,169	27	27,977	73	13
2001／10／11	サンダーランド	9,375	43	12,209	57	10
2001／10／18	ブライトン・アンド・ホヴ	22,724	38	37,214	62	32
2001／10／18	ハートリプール	10,667	51	10,294	49	34
2001／10／18	ルウィシャム	16,822	51	15,914	49	18
2001／10／18	ミドルスブラ	29,067	84	5,422	16	34
2001／10／18	ノース・ターンサイド	30,262	58	22,296	42	36
2001／10／18	セッジフィールド	10,628	47	11,869	53	33
2001／11／8	レディッチ	7,250	44	9,198	56	28
2001／11／20	ダラム	8,327	41	11,974	59	29
2001／12／6	ハロウ	17,502	43	23,554	57	26
2002／1／24	プリマス	29,559	41	42,811	59	40
2002／1／24	ハーロウ	5,296	25	15,490	75	35
2002／1／31	ニュイシャム	27,263	68	12,687	32	26
2002／1／31	サザーク	6,054	31	13,217	69	11
2002／1／31	ウェスト・デヴン	3,555	23	12,190	77	42
2002／1／31	シップウェイ	11,357	44	14,438	56	36
2002／2／21	ベッドフォード	11,316	67	5,537	33	16
2002／5／2	ハクニー	24,697	70	10,547	30	32
2002／5／2	マンスフィールド	8,973	55	7,350	45	21
2002／5／2	ニューカッスル・アンダー・ライム	12,912	44	16,468	56	32
2002／5／2	オックスフォード	14,692	44	18,686	56	34
2002／5／2	ストーク・オン・トレント	28,601	58	20,578	42	27
2002／10／1	コービィ	5,351	46	6,239	54	31
2002／12／12	イーリング	9,454	45	11,655	55	10
2005／5／5	ワイト島	28,786	44	37,097	56	62
2005／5／14	フェンランド	5,509	24	17,296	76	34
2005／7／14	トーベイ	18,074	55	14,682	45	32
2006／5／4	クルー・アンド・ナントウィッチ	11,808	38	18,768	61	35
	平均					30.18
	バーウィック・アポン・トウィードを除く平均					29.15

Source: HC Written Answer, 4 December 2006: cc.173-174.

目されるようになった。1972年法によると，住民自由参加のパリッシュ・ミーティングにおいて10名，ないしは3分の1の賛同があれば，そのパリッシュでレファレンダムを行わなければならない規定になっており，上位の自治体はその実施を支援しなければならないことになっていた。法的な拘束力のない諮問的な意味に限定されているが，テーマの限定もない。そのため，少数の同意を得ればすぐにパリッシュ・レファレンダムの請求が成立する仕組みとなっていた。なお，パリッシュとは，教会の教区の意味であり，英国における最小単位の自治体といわれている。ただし，実際には，ロンドンなどの大都会では，ないところも多く，地方の田舎にのみ存在していると言われる。

2000年に入ると，遺伝子操作農法が周囲に与える悪影響を懸念して，パリッシュ・レファレンダムが頻発した。2000年5月には，エセックスのセント・オスィスで，パリッシュ・レファレンダムが行われ，遺伝子農法の実験は否決された。同じく，6月には，エセックス大学に隣接するウィヴェンホーでも，遺伝子操作農法の実験を認めるかどうかのパリッシュ・レファレンダムが行われ，投票総数の88.5％にあたる1894票が反対，159票が賛成，86票がその他票で，これも圧倒的多数で実験に反対を示した。投票率は，38.15％であった（*Essex County Standard*, Friday 9 th June 2000）。

その後は，欧州統合に関する争点を，パリッシュ・レファレンダムに持ち込んで意思表示しようとする統合反対派の行動が目立つようになった。EUからの脱退を掲げるUK独立党（UKIP）の傘下組織と言われる「パリッシュ・レファレンダムを求める協同運動」Campaign Alliance for Referendums in Parishes（CARPs）が呼びかけて，2000年6月までに，イングランドの12のパリッシュが，ポンドに留まるべきか否かをレファレンダムで問うた。最高投票率は56％で，その前年のEU議会選挙24％は上回ったと報道されているが，正確な平均投票率は報道されていない。また，通貨など国政レベルの問題を，各パリッシュのような小さな単位でのレファレンダムで問うべきではないという批判的意見もあった（*The Daily Telegraph*, 'Parishes reject euro by overwhelming margin', 1 October 2000）。

しかし，その後も，リスボン条約（事実上のEU憲法案）についての全英レファ

第Ⅰ部　ウェストミンスター改革

レンダムを求めるパリッシュ・レファレンダムが各地で行われた。2007年9月に行われたイースト・ストークでのレファレンダムは，EU からの脱退を主張する UK 独立党の支持者が請求した。結果は，全英レファレンダムを求める票が90％を占めたが，333人の村民のうち80人しか投票していなかった（*The Guardian,* 'East Stoke celebrates a "Yes" in EU vote', 21 September 2007）。その後も，デヴォン，サウス・ハンプシャー，レスタシャー，ヨークシャーなどのパリッシュでレファレンダムが行われたが，いずれも低投票率であった。

　このレファレンダムに対しては，政治家やジャーナリストは極めて批判的であった。多くのお金が法的拘束力のないレファレンダムに費やされる，ということに不満を表明するジャーナリストもいた。ある下院議員たちは，何回も政府に1972年地方自治法の該当部分を廃止して，パリッシュ・レファレンダムを禁止する予定はないかと質問した。しかし，それに対して，政府は，2008年の時点ではそうする予定はないと返答した（HC Deb, 14 January 2008：Col.926W）。

2-8　2011年の2つのレファレンダム

　2011年には，選挙制度改革の論点で，全英で2度目のレファレンダムが行われたが，その詳細に関しては，既に第4章で説明したので，繰り返さない。

　しかし，2011年には，もう1つのレファレンダムが行われた。それは，ウェールズへの権限委譲レファレンダムである。

　ウェールズでは，1997年にレファレンダムで承認された後に，1999年に議会と自治政府が設置されたが，それらの権限は，第二次立法に留められており，その点に不満が集中していた。同じ時期に議会が設置されたスコットランドにおいては，教育や医療などにおいて，イングランドとは異なる制度が可能となる第一次立法 Act の制定が可能であったことと比べると，劣る状況にあった。

　ウェールズからの更なる権限委譲の要求に対応して，ブレア政権は，2006年ウェールズ政府法を制定した。この中で，将来，ウェールズ議会に管轄地域の第一次立法の権限を与えるとしたが，その権限はウェールズにおけるレファレンダムによって承認されなければならないと規定された。このウェールズ政府法は，1つの点で画期的であった。それは，このレファレンダムには，明確に

過半数による承認ということが明記されたからである。それまでの英国の全てのレファレンダムは，国政レベルのものも，地域レベルのものも，いわば諮問型で，最終的権限は下院議会が持っていた（ただし，首長直接選挙制導入レファレンダムにおいては，委任立法 Statutory Instrument により，結果は法的拘束力を持った）。しかし，このウェールズのレファレンダムは，賛成票が過半数を超えれば承認されるということが，ウェールズ政府法に明記された。

この2006年ウェールズ政府法にしたがって，2011年3月3日に，ウェールズでレファレンダムが行われた。投票率は35.63％で，賛成が63.49％，反対が36.51％であった。このレファレンダムにおいては，従来からの賛成派であった労働党，自民 Lib Dems，プライド・カムリだけでなく，保守党議員たちも賛成に回り，反対派を形成したのは，労働党員の若い女性レイチェル・バーナーを代表にした「真のウェールズ」のみであった（*The Guardian*, 'Yes voters winning big in Welsh lawmaking powers referendum', 4 March 2011）。

その後は，10月に，80人以上の保守党下院議員の署名を集め，EU 脱退か否かを問うレファレンダムを行うよう，動議の申し入れが下院にあった。これに対しては，保守党，自民，労働党など主要政党が反対方針で臨んだが，保守党議員ら81名が賛成した。ただし，賛成の総数は111に留まり，483が反対したため，動議自体は通らなかった（*The Guardian* 'David Cameron rocked by record rebellion as Europe splits Tories again', 25 October 2011）。

3　ブレア政権以前の英国におけるレファレンダムの特徴

3-1　場当たり的で，その都度，議会が立法

まず，英国におけるレファレンダムの特徴は，それを行う統一的かつ常設の仕組みはほとんど存在せず，問題が起こるたびごとに場当たり的な対応で，その都度，議会が立法を行ってきたという点である。この点は，ブレア政権以前以後でも，基本的に変わっていない。「政党，選挙及びレファレンダム法」という法律はあるが，これは実施方法やレファレンダムの際の費用に関する報告などについて定められているだけで，そこでは，どのような時にレファレンダ

ムが行われるのかということは規定されていない。

　事前に，レファレンダムが必要な場合を規定しているのは，2000年地方自治法で首長直接選挙制を導入する際のレファレンダムについて規定されたのが，初めてであった。1973年北アイルランド・レファレンダム，75年のEC問題レファレンダム以降，2011年選挙制度改革レファレンダムに至るまで，国政や，スコットランド，ウェールズ，北アイルランドなどの大規模なレファレンダムは，全て個別の法律を議会が制定することで，実施されてきた。

　このような歴史を振り返ってみると，英国におけるレファレンダムは，ウェストミンスター議会のみの決定では手に余る重要問題を，その都度国民に問うという意味合いがあると言える。言い換えれば，議会の決定能力低下の裏返しということもできる。1975年のEC問題は，労働党政権が党内に有力な反対派を有する中で，既存の議会政治の枠内では解決できなかったため，その決着をレファレンダムという形に委ねたと言える。

　逆に，レファレンダムを要求する側の論理からすれば，ダイシーのアイルランド自治レファレンダムの要求においても，1979年のスコットランド・ウェールズのレファレンダムにおいても，「止める」側からのレファレンダム要求があった。

　少なくとも，「止めよう」とする側と，進めようとする側のぶつかり合いの中で，議会が決定できない，ないしは決定してしまうと後々の困難が予想される場合に，英国ではレファレンダムが行われてきたと言える。なお，北アイルランド帰属問題，EC問題，スコットランド・ウェールズへの権限委譲問題などは，国の主権に関わる点で，全て憲法的問題として見られてきた。しかし，メイジャー政権の段階では，憲法の問題に関してはレファレンダムを行うという政府の公式見解があったわけではなかった。むしろ，マーストリヒト条約の批准をめぐって，レファレンダムの実施を迫る下院議員の質問に対しては，1992年に，メイジャー首相は次のように答えた。

　「デンマーク人は，彼らの憲法の中で，レファレンダムに対する規定があり，それで運用している。レファレンダムに対する規定は，フランス憲法においても長い間存

在してきた。正確に思い起こすならば、フランス憲法の規定の一つは、もし問題をレファレンダムという形で人々に問うならば、レファレンダムの結果は、フランス議会の意思を乗り越えることができる、というものである。そういうことは、私たちの国で、これまで受け入れられてきた憲法的措置ではないし、下院にとっても、この国の良い統治の利益にとっても、一般的に受け入れられるものであると信じることはできない」(HC Deb, 3 June 1992, Vol 208：Col.833)。

3-2　法的拘束力を持たない諮問型レファレンダムが一般的

このように、メイジャー政権までは、レファレンダムの決定が、英国ウェストミンスター・モデルの中心であった下院議会の権限を越えることは、受け入れられてこなかった。

したがって、1973年に始まる英国における国政レベル・地域レベルのレファレンダムは、純粋な法的拘束力を持ったものではなかった。1973年北アイルランド・レファレンダムでは、そこにおいて英国への帰属の意思がはっきりと示されたことを受けて、当時のヒース政権は1973年北アイルランド議会法、1973年北アイルランド憲法法（Constitution Act）の立法に動いた。1975年ECレファレンダムでも、投票結果に政府が拘束される必要は、法的にはなかった。これまで英国で行われてきたレファレンダムにおいて、有効票の過半数以上の意思に反して首相が動いたことはなかったが、これも首相が政治判断としてレファレンダムに従ったに過ぎず、レファレンダムの法的拘束力は明文上存在してこなかった。

何らかの基準という点では、1978年スコットランド法において、この法律が発効するためには、レファレンダムの賛成票が有権者比40％を超えなければならないとされた例がある（先述のカニンガム修正）。ただし、このスコットランド法においても、賛成が40％を超えなかった場合は、スコットランド法廃止案が議会に提出されなければならないとされていただけで、最終的に、その場合でも、政府・議会はスコットランド法を廃止せずに、議会設置をそのまま認めることはできた。つまり、この場合でも、最終的決定は議会が持ち、それは議会の過半数で選ばれていた政府に、事実上委ねられていたのである。実際には、

第 2 章でみたように，1979年レファレンダムで，過半数の賛成を得ながらも有権者40％に届かなかったことを受けて，当時の労働党キャラハン政権は明確な態度を取れなかった。しかし，それを受けて，スコットランド民族党が，保守党から提出された政権不信任案に賛成し，当時過半数割れしていたキャラハン政権への不信任案が可決され，キャラハン政権は解散総選挙せざるをえなかった。その結果，労働党は選挙に敗れ，代わって，保守党サッチャー政権が成立した。そのサッチャー政権下の7月26日，このスコットランド法廃止案が可決され，1978年スコットランド法は廃止された。

4　ブレア政権におけるレファレンダム

4-1　憲法的争点におけるレファレンダム

先に見たように，メイジャー政権の段階では，憲法的争点に関するレファレンダムという考え方は，いまだ未確立であった。しかし，ブレアは野党党首時代から，メイジャー首相にユーロ参加問題でのレファレンダムを強く要求してきた（*The Economist,* 'How to run a referendum', 23 November 1996）。また，労働党だけでなく，保守党，自民も，1997年総選挙マニフェストにおいては，ユーロ参加問題をレファレンダムにおいて問うことを約束してきた。さらに，労働党は，選挙制度改革やスコットランド・ウェールズの権限委譲問題をレファレンダムで決めることを，マニフェストで掲げてきた。

このような環境の中，これら「憲法的」と見られる争点に関して，レファレンダムなしで決定することが次第に困難になってきていた。つまり，当初は，議会が持て余し，決定できない争点を，場当たり的にレファレンダムに投げてきていたものが，次第に，「憲法的」争点は，レファレンダムで問わなければならないという環境になってきた。

このような経緯の中，トニー・ブレアもたびたび，憲法的改革の際にはレファレンダムを行うという意向を表明するようになった。例えば，ブレアは，1997年のスコットランドのレファレンダムについて「憲法的変化」と言及している（HC Deb, 29 October 1997, Vol.299：Col.900）。さらに，2003年には，EU憲法問題

をめぐって，より明確に以下のように述べた。

> 「政府の憲法的措置を根本的に変える提案がある事情においては，レファレンダムがあるべきである。EU憲法問題は，その場合ではない」(HC Deb, 18 June2003, Vol. 407：Col.350)。

ここで，ブレアは，EU憲法ができることによって，英国の憲法自体は影響を受けないので，英国でのレファレンダムは批准には必要ないという見解を述べているが，もし，何らかの憲法的な変化がある場合には，レファレンダムが行われなければならないという点も認めていた。このように，ブレア政権において，憲法的改革が争点になるときは，レファレンダムが行われなければならない，という認識が成立しつつあったと言える。

しかしながら，同時に，明らかな憲法的改革が行われる場合においても，必ずしもレファレンダムが行われないケースがある，ということを指摘しておく必要がある。たとえば，1998年人権法の制定がそれである。1998年人権法は，欧州人権条約の内容を英国の法律として導入した点において，重要な憲法的変更であった。しかし，この場合，レファレンダムを求める有力な勢力や世論がなかったため，レファレンダムがアジェンダに上ることはなかった。また，2011年固定任期議会法で，首相の解散権が廃止されたときにも，レファレンダムは行われなかった。もっとも，固定任期議会法をめぐっては，第6章でみたように，それをレファレンダムで問うべきだという意見はあった。

EU憲法をめぐっては，それを「憲法的改革」であるとしてレファレンダムを迫る議員や政党もあったが，あくまでも，そこにおいては，何を憲法的改革と見て，どういう場合にレファレンダムを行うかの最終的決定に関しては，政府は，フリーハンドを保持しようとした。

なお，憲法的論点をめぐって，近年英国のレファレンダムが行われる傾向にあるということは，2010年の貴族院特別委員会報告『連合王国におけるレファレンダム』にも書かれている。しかし，同時にそこにおいては，結論として，こう述べられている。

「根本的な憲法的争点を構成するものを，定義することには困難さがある。ある種の憲法的争点は，その根本的重要性が明らかであるが，そうでないものもある。争点の重要性が政治判断の問題である場合には，そこにはグレー・エリアがある」(Select Committee on the Constitution, 2010b：51)。

4-2　ブレアの直接民主主義志向

上記のように，ブレア政権において，憲法的改革が争点になるときには，レファレンダムを行うという見解が示されるようになってきたが，ブレア自体も，労働党党首になる以前から，レファレンダムなどの直接民主主義に対する支持を隠そうとはしていなかった。ブレアのレファレンダムへの積極的姿勢は，1993年労働党大会において，当時はまだ影の内閣・労働党全国執行委員会の一員であったときに，示されている。ブレアは，そのとき，以下のように述べている。

「現代デモクラシーは，単に，権力に挑戦する個々人の権利に関してだけではなく，それを使うコミュニティの能力に関しても言える。私たちが今日提起することは，民主的アカウンタビリティーとコントロールに関する革命であり，権力を政府から人々に分配し，国家が人々を統治するのではなく，人々が人々を統治するようにさせることである」(Labour Party, 1993b：182)。

また，ブレアは，1996年に「エコノミスト」に寄稿した際，「レファレンダムの使用拡大」と「市民陪審員」を，「より広い民主的目的を達成する2つの手段」として描いている (Blair, 1996)。また，ブレアの盟友の1人であるピーター・マンデルソンは，ドイツ訪問中に「純粋な代議制デモクラシーは終わりに近づきつつあるのかもしれない」，「直接投票，フォーカス・グループ，ロビー，市民運動，そしてインターネットがウェストミンスター・デモクラシーに取って代わろうとしている」と述べたとされ，議会で物議をかもした (HC Deb, 21 July 1998：Col.950)。

こうしたブレアやマンデルソンたち，ニュー・レイバーの姿勢を，政治学者ピーター・メアは，「無党派的」統治スタイルで，直接民衆から支持を得て，党内左派を押さえ込もうとするものであったと分析した (Mair, 2000：28)。

4-3　地方選挙投票率向上に限定したレファレンダムの多用

　しかし，こうしたレファレンダムは，当然，政府批判の手段としても使われることは想像に難くない。実際，英国のレファレンダムは，ダイシー以来，改革を止めるために考えられてきた。そこで，ブレアは，こうしたレファレンダムの多用を，実際には，地方選挙の投票率向上など，国政レベルとは別にして使おうとする傾向があった。その問題意識は，以下のブレアの著作に著されている。

　　「英国は，地方選挙の投票率で欧州の下位に来ている。(中略) 私たちは，ショッピング・モールの投票所設置や，郵便投票の全体的な普及や，週末の投票などを通して，人々がもっと簡単に投票できる新しい方法を考えるべきである。地方議会は，調査や市民陪審員や，その他の方法を使って，地方の問題に人々が参加しやすいようにすべきである。地方議会がレファレンダムを行えるようにすることも，こうしたプロセスを促進させる一つの方法かもしれない」(Blair, 1998：2)[20]。

　実際，地方選挙の投票率は，総選挙よりも格段に低く，95年以前で40%（欧州平均は72.1%），95年以降は35%（欧州平均66.3%）と，低い水準で推移してきた (Office of the Deputy Prime Minister, 2002：122)。ブレアは，様々な方法の１つとして，直接民主主義的な方法によって投票率向上を考えたといえる。地方議会で，住民の直接請求を受けて要求について審議し，レファレンダムにかけるという点では，合衆国各州や自治体のイニシアティヴが有名である。

　しかし，2003年地方自治法で，地方自治体が実施するレファレンダムを導入したときも，ブレア政権はここに直接請求による実施は盛り込まなかった。このレファレンダムは，地方議会の議決により行われることになっているだけである。また，このレファレンダムには，法的拘束力はなく，自治体はその結果に拘束されない。さらに，地方自治体がレファレンダムで問える事項は，地方自治体の機能に属するものであって，英国政府の政策に関わる事項はレファレンダムで問うことはできない。

　なお，イニシアティヴという点では，2010年貴族院特別委員会報告は，英国ではイニシアティヴの制度導入を支持する確信が持てない，と結論付けた。特

別委員会では，先述のボグダナーやグラハム・スミス（政治学・サウスハンプトン大学）やアンロック・デモクラシーは，議会が落としている争点を拾い上げる重要な政治参加であるとして支持したが，その一方で，ダブリンのトリニティ・カレッジ教授のマイケル・ギャラガーは，地方議会権限との関係で問題点を指摘し，ロンドン大学キングス校のキャロライン・モリスは，自らのニュージーランドでの経験から，有力者のロビーや操作を激化させることや，費用がかかるなど，問題点を指摘していた（Select Committee on the Constitution, 2010b：31-33）。

また，キャメロン政権は，2010年12月に，地方自治体の課題については，住民の5％以上の署名により，拘束力のあるレファレンダムを行って決めるというローカリズム法案を提出した。この法案は，2009年に保守党がまとめた地方分権政策の具体化で，英国においてイニシアティヴの制度を導入する初の試みといえた。ただし，この法案は，下院は無事通過したが，上記のような意見を持つ上院貴族院では大幅に修正され，自治体内に20戸までの家を新築できる計画の是非を問う場合に限られてレファレンダムが認められただけで，その他のレファレンダム規定は全て削除された。この法案では，他に，自治体が独自に住民税を課税する場合には，レファレンダムを経なければならないという規定と，2012年4月にイングランドの12都市で首長選挙制導入レファレンダムを行うという規定が入れられていて，これらの点に関しては貴族院でも大きな修正は受けなかった。こうした修正を政府も呑む形で，法案は2011年11月に，ローカリズム法として成立した。

4-4 首長直接選挙制導入レファレンダムの全国的実施

ブレア政権では，2000年地方自治法により，首長直接選挙制の地方自治体への導入が広く行われ，首長直接選挙制の導入のためには，その自治体のレファレンダムで承認を得る仕組みが導入された。

場当たり的な対応でなく，常設のレファレンダムの仕組みとしては，英国において初であった。また，2000年地方自治法においては，レファレンダムで首長直接選挙制の導入が承認されなければいけないとした点では，英国で初めて

法的拘束力を持ったレファレンダムの規定であったと言える。2000年地方自治法自体では，承認の要件として「過半数」には記述がなかったが，「制定法文書2001年1298号地方自治体規則（レファレンダムの実施）（イングランド）」Statutory Instrument 2001 No.1298 the Local Authorities (Conduct of Referendums) (England) Regulations 2001では，「もし，レファレンダムにおける投票の過半数が'イエス'の場合は，承認を意味し，もし，過半数が'ノー'であれば，否決を意味する」と明記された。

この2000年地方自治法によって，33の自治体で直接選挙首長の設置をめぐってレファレンダムが行われたが，図表7-1で既に見たように，投票率は低迷した。

5　ブレア政権のUターン

5-1　直接民主主義の諸刃の剣

このように，ブレア政権は，レファレンダムをはじめとする直接民主主義的方法を，それまでの英国の政権とは異なり，幅広く認め，地方においては積極的に活用しようとした。ただし，その方向性は，そうした直接民主主義的方法を，地方政治やスコットランド，ウェールズなどへの権限委譲だけではなく，国政問題においても幅広く認めなければならなくなるというジレンマを引き起こした。

しかも，ダイシー以来，英国では，こうした国政レファレンダムの要求は改革を進める方向ではなく，それを押しとどめる方向で使われたことも多く，それだけに，「保守的装置」として英国では表現されることもあった（Select Committee on the Constitution, 2010b：143）。また，近年では，ユーロ参加，EU憲法，リスボン条約，ギリシャ危機対応などで，英国内の反EU勢力が欧州統合の進展を拒絶したり，それどころか，英国のEUからの脱退のために，レファレンダムを使おうとしたりする動きがあった。国政におけるレファレンダム要求は，ブレア政権を苦しめることになった。以下では，その具体的問題点を指摘する。

5-2 レファレンダムにおける低投票率

ブレアは，レファレンダムによって投票率の上昇が見込めると考えていたことは，上述したとおりであるが，既に，図表7-1で示したとおり，首長直接選挙制導入レファレンダムは，約30％で極めて低い投票率であり，それは，1995年から2002年にかけての英国地方選挙の投票率35％よりも低かった。このことから，少なくとも，投票率上昇効果を見込んでのレファレンダム導入は，明らかに失敗に終わった。

しかし，この点において，デンマーク出身の英国の政治学者マーク・クォートルプは，依然として，合衆国の例を挙げて，レファレンダムが同時に行われた選挙と，行われなかった選挙では，前者の方が，5％程度投票率が高いと述べている（Qvortrup, 2005：25）。したがって，以下では，念のため，英国において同様のケースでどうであったかを見ておきたい。

選挙とレファレンダムが重なった事例は，2011年選挙制度改革レファレンダム以前では，2001年総選挙と首長選挙制導入レファレンダムが同日実施されたバーウィック・アポン・トウィード選挙区の例しかない（図表7-2）。

この2001年総選挙全体の投票率は，59.4％であったので，バーウィック・アポン・トウィード選挙区の投票率63.8％は，全体より4.4％高かった。この選挙区の過去の投票率実績から見れば，全英投票率よりも平均で2.6％高かった

図表7-2　バーウィック・アポン・トウィードと総選挙全英選挙区の投票率比較

総選挙	バーウィック・アポン・トウィード（a）	全英投票率（b）	（a−b）	備　考
1987	77.3	75.3	2.0	
1992	79.1	77.7	1.4	
1997	74	71.2	2.8	
2001	63.8	59.4	4.4	レファレンダム同時実施
2005	63.4	61.2	2.2	
平　均	71.5	68.9	2.6	

Source：Butler and Kavanagh, 1988；Butler and Kavanagh, 1992；Butler and Kavanagh, 1997；Butler and Kavanagh, 2002；Kavanagh and Butler, 2005.

だけなので，2001年には全英得票率と比べて4.4％高かったという結果は，やはり若干のレファレンダム効果と見ることができるかもしれない。しかし，ここで，図表7-1から明らかなように，首長直接選挙導入レファレンダムの投票率平均は30％なのに対して，バーウィック・アポン・トウィードのみ総選挙とリンクして，64％の投票率を得ている。これは，むしろ，この選挙区の首長直接選挙制レファレンダム自体が，総選挙とのリンクによって投票率が押し上げられた，という見方の方が妥当であろう。つまり，総選挙もレファレンダムも両方とも，投票率を押し上げる効果があるとしても，明らかに総選挙の方が強い投票率押上げ効果を持っていることは明らかであろう。

　また，2011年選挙制度改革レファレンダムは，スコットランド，ウェールズ，北アイルランドの各議会選挙，イングランドの一部の地方選挙と同日投票であったので，レファレンダムに投票率押上げ効果があるのであれば，これらの選挙投票率は過去よりも高くなっていなければならない。しかしながら，実際には，これらの議会選挙の投票率は，数パーセントほど前回より低下した。スコットランド議会の投票率は，2007年53.9％に対して2011年50.6％，ウェールズ議会の投票率は，2007年43.5％に対して2011年41.8％，北アイルランド議会の投票率は2007年62.9％に対して2011年55.6％であった（Electoral Commission, 2011c；Electoral Commission, 2011d；Electoral Commission, 2011e）。したがって，2011年の結果を見る限りでは，レファレンダム自体に投票率押上げ効果は確認できない。

　このことは，同じ時期に行われた総選挙と，国・地方のレファレンダムとの比較でも分かる。図表7-3は，その比較である。これからわかるとおり，1998年の「聖金曜日」合意レファレンダム以外では，一貫して直近の総選挙の方が投票率で高く，その差は10％にもなる。これらの点から見ても，レファレンダム一般は，総選挙と比べて投票率が低いと言える。

5-3　保守党やUK独立党からの攻撃

　レファレンダムに関する問題は，投票率以外でも起こった。上述したように，ブレアは明らかに地方でレファレンダムを進めるが，国政レベルでのレファレ

図表7-3　総選挙とレファレンダムの投票率比較

実施日 (A)	実施単位 (B)	レファレンダム			争点 (F)	当該単位における直近の総選挙投票率 (G)	E-G (H)
		賛成% (C)	反対% (D)	投票率% (E)			
8-March-73	北アイルランド	98.9	1.1	58.7	英国か，アイルランドへの帰属	69.9	-11.2
5-June-75	全英	67.2	32.8	64.0	EC残留・脱退	72.8	-8.8
1-March-79	スコットランド	51.6	43.4	63.7	スコットランド議会・自治政府設置	76.8	-13.1
1-March-79	ウェールズ	20.3	79.7	59.0	ウェールズ議会・自治政府設置	79.4	-20.4
11-September-97	スコットランド	74.3	25.7	60.4	スコットランド議会・自治政府設置	71.3	-10.9
		63.5	36.5	60.4	スコットランド課税権	71.3	-10.9
18-September-97	ウェールズ	50.3	49.7	50.3	ウェールズ議会・自治政府設置	73.4	-23.1
22-May-98	北アイルランド	71.1	28.9	81.1	聖金曜日合意賛成・反対	67.4	13.7
			平均	62.2		平均	-10.6

ンダムの実施に関しては，ユーロに関しても，EU憲法条約に関しても慎重であった。

ところが，国政でのEU憲法条約レファレンダムを要求する保守党やCARPsが，地方だけにレファレンダムを限定しようとする労働党政権を攻撃する傾向が強まってきた。

例えば，以下のような保守党党首イアン・ダンカン・スミスとブレアとのやり取りにそれは現れている。

　　イアン・ダンカン・スミス
　　「4200万人の人々が，地域議会の開設に関して政府から意見を聞かれている。何人の人々が，それをしてほしいといっているのか」。

　　首相（ブレア）
　　「レファレンダムが必要だと私たちが述べている3つの地域では，人々もレファ

第7章　英国におけるレファレンダム

レンダムが必要だと言っている」。

イアン・ダンカン・スミス
「4200万人のうち，たった4000人がイエスと言っただけである。それは，全体の人口のたった0.01％である。たった4000人がレファレンダム実施にイエスと言っているときに，なぜ彼らにレファレンダムを与えるか，説明できるのか。1500万人の人々がEU憲法に関するレファレンダムを求めると言っているときに，なぜ，ノーと言えるか，説明できるのか？」

首相（ブレア）
「政府の憲法的措置を根本的に変える提案がある事情においては，レファレンダムがあるべきである。EU憲法案については，そのケースではない」(HC Deb, 18 June 2003 : Col.351)。

　ここでダンカン・スミスが論点にしているのは，ブレア政権で進めるイングランド北東，北西，ヨークシャーの議会開設のためのレファレンダムには，ほとんど賛成がいないと言われているのに対して，なぜ，EU憲法案を英国が批准する前に，レファレンダムで国民の意見を問うとは言えないのか，この件でレファレンダムを求める声の方が圧倒的に多いと問い詰めたわけである。これに対して，ブレアは，EU憲法案は英国に憲法的変化を起こさないので，レファレンダムの必要はないと答えた。

　つまり，ブレアは，彼のレファレンダム多用政策を，地方レベルに留め，EU憲法問題に関しては国政と地方のリンクを切りたかったのに対して，ダンカン・スミスは，むしろ地方レファレンダム多用政策から，国政レファレンダムへと論点をリンクさせようとしたのである。

　この後，ブレアの態度は，2004年4月に突然変わった。彼は，EU憲法に対してレファレンダムを行うと表明したのである。彼は，その理由について，以下のように述べた。

「EU憲法は，EUと加盟諸国との諸関係の本質を根本的に変えるものとは，私は信じない。私が受けとめなければならないことは，単に，この国の多くの人々がこの問題を最終的にレファレンダムで決定したがっている，ということだけではなく，率直に言って，欧州に関わる神話を一掃すべき時だということである」(HC Deb, 20 April

2004：Col.166)。

このように，ブレアは，保守党や，UK 独立党，その他の草の根反 EU 運動が高まる中，やはり，レファレンダムという手段で国民の意見を問わなければならないという姿勢に転換した。また，それを機会に，英国に根強くある反欧州統合感情に立ち向かう覚悟を示した。

しかし，この後，欧州各国で，EU 憲法条約の承認は困難を極めた。レファレンダムを実施したオランダとフランスでは，EU 憲法条約は否決された。フランスは欧州統合の原動力であると見られていただけに，そこでもレファレンダムで否決されたことは，英国にも大きな衝撃を与え，結局，英国では EU 憲法レファレンダムは行われなかった。

2007年12月には，EU 閣僚理事会は，EU 憲法条約ではなく，マーストリヒト条約とローマ条約を改正した新条約リスボン条約に合意した。内容的には，リスボン条約は，序文や EU 国歌などを削除しただけで，それまでの EU 憲法条約と変わらないものであるという評価が多かった。

例えば，ジスカール・デ・スタン元フランス大統領や，保守党党首デイヴィッド・キャメロンらは，リスボン条約は EU 憲法条約案と変わらないと論じた（*The Independent*, 'D'Estaing says Treaty is "still the EU constitution"', 30 October 2007)。また，デンマークの欧州議会議員ジェンス－ピーター・ボンデは，リスボン条約はレファレンダムを回避するためにフォーマットだけを変えたもので，リスボン条約と同じものだと強調した (Bonde, 2007)。

ブレアは，EU でこのような動きが明確化するなか，自身の辞任を6月末に控えながらも，6月16日に再び態度を変化させ，単なる条約の改正は，以前の憲法条約とは異なり，レファレンダムは必要ないという方針を打ち出した（*The Independent*, 'Blair says referendum not needed on EU constitution', 16 June 2007)。この方針は，後継のブラウン首相にも引き継がれ，ブラウンは，2007年10月に，「もし，これが以前の憲法条約であったなら，レファレンダムを行っていたであろう。英国の国益に対する保護を確保した一方，憲法的考え方が削除されたという事実は，この議会のフロアで詳細について議論することがベストの道で

あるという結論に，私たちを導く」と述べた（HC Deb, 22 October 2007：Col.36）。

このようなブレアのEU憲法問題に関する態度の揺れは，彼のレファレンダムに対する態度のゆれでもあった。先述のブレアやマンデルソンの直接民主主義志向においては，当然，その新しい手法が自分たちの有利に働くという思惑があったであろう。しかし，実際には，そうはいかず，欧州問題において，上記のような保守党や他の草の根右派からの攻撃を惹起させた。

5-4　レファレンダムからの撤退

首長直接選挙制導入レファレンダムの低投票率，制御不能のパリッシュ・レファレンダム，EU憲法問題での右派からのレファレンダム要求激化などの情勢の中で，ブレア政権のレファレンダム志向は，最終的に放棄される傾向が明らかになった。

2006年の白書『強く繁栄するコミュニティ』では，新しい法律を制定し，レファレンダムなしで，地方自治体が首長選挙を導入できるようにするという方針が明らかにされ，2007年地方政府・公的関係医療法で，その内容が制定された（Department for Communities and Local Government, 2006）。

なお，ゴードン・ブラウンは，2007年7月に，下院での演説で，焦点となる最も重要な分野の一つは，「英国の人々が，自分たちの生活に関わる重要事項について，市民陪審員のようなメカニズムを通じて意見を聞かれる新しい権利」であると述べた（HC Deb, 3 July 2007：Col.819）。このとき，ブラウンは，ブレアのときとは異なり，レファレンダムについては触れなかった。つまり，同じ労働党の政権という意味からすれば，レファレンダムというポイントは，焦点から落ちていったと見ることができるだろう。なぜならば，1996年に『エコノミスト』にブレアが投稿した先述の論文においては，重要な民主主義の取り組みとして，レファレンダムと市民陪審員の両方が上げられていたからである。その後，市民陪審員の具体化が進まず，その一方で，首長直接選挙制導入レファレンダムなど，レファレンダムの多用が進んだことを考えるならば，この2者のうち，レファレンダムの方が重点化されてきた，ということができるだろう。それとは対照的に，ブラウンの首相就任時に言及された事項からは，レファレ

ンダムが論点として落とされた。

　この市民陪審員とは，ランダムに選ばれた国民が，政府の政策課題について意見を述べるシステムである（Maer, 2007）。もちろん，こうした形で，国民の声を反映させるシステムに意義があることは間違いないが，レファレンダムと比べると，民主主義のシステムとしては，やはり限界点を指摘せざるを得ない。まず，レファレンダムは，それが諮問的レファレンダムであった場合でも，政府の政策決定に重要な影響を及ぼす。実際，英国において行われたレファレンダム結果の逆を，政府が行った例は一つもなく，法的拘束力を持たないといえども，実際には大きな影響力を与えてきた。市民陪審員というシステムでは，それがない。

　また，レファレンダムはそれを政府に実施させることが，政治運動の側の目標になることもあったが，市民陪審員は，あくまでも政府の裁量で行われるに過ぎない。さらに，レファレンダムを実施する場合には，政府は投票率を心配しなければならないが，市民陪審員の場合は，その必要もない。

6　「民衆の拒否権」としてのレファレンダムの名残

　このように，近年の英国政治におけるレファレンダムの傾向と，それに対する政府の政策を検討してみると，そこには，ブレア政権の直接民主主義志向と，その挫折という結果が見えてくる。

　1970年代の北アイルランド問題やEC問題など，ウェストミンスター・モデルの手に余る問題で，レファレンダムという形で直接的な民意が問われる傾向が増えつつある中，ブレア政権は，その傾向を逆手に取り，自らの政権基盤の安定につなげようとしたと言える。しかし，その結果は，かえって反EUレファレンダム運動の隆盛を招き，結果的には，ブレア・ブラウン労働党政権はレファレンダムに対する積極的姿勢を後退させた。

　こうした英国におけるレファレンダムの傾向を検討していくと，他の国々には決して一般化できないかもしれないが，英国における一つの傾向が見えてくると言わざるを得ない。それは，ダイシー以来の「民衆の拒否権」としてのレ

ファレンダム論である。ダイシーは，有名な『憲法序説』において次のように書いている。

「レファレンダムは時として，一般的な目的において，『民衆の拒否権』と描かれる。その名称にふさわしく，レファレンダムの主たる目的は，選挙民の承認を得ない重要な法律の議会通過を阻止することであることを想起させる」(Dicey, 1982：cix)。

こうしたダイシーのレファレンダム論に関しては，クォートルプが詳しくまとめているが，彼は，ダイシーのレファレンダム論は，当時の貴族院の役割に取って代わるものとして考えられていたと論ずる (Qvortrup, 2005：58)。

筆者は，このような「民衆の拒否権」としてのレファレンダムは，イニシアティヴという制度を持ってこなかった英国的特徴の一つではないかと考えている。レファレンダムの一つの起源となったスイスや合衆国では，一定数の住民の請求により行われるが，英国では，イニシアティヴの制度がなく，レファレンダムは，基本的に，政府によってしか行われない。

つまり，一方においてイニシアティヴのような建設的意味合いのレファレンダムの仕組みがなく，他方において，下院を中心にした英国の政府がラディカルな提案に突き進み，貴族院がそれを十分にチェックできない場合，レファレンダムを持って，それを阻止するという動きが，英国では発展してきたと言えるのではないだろうか。[21]

1973年北アイルランド・レファレンダムでは，北アイルランドのカトリックたちのアイルランドへの帰属要求という変化に対して，ヒースはレファレンダムという手法によって，連合王国の構成を守り抜いた。1975年ECレファレンダムは，ECからの脱退という意味では，レファレンダムを求めた勢力が「変化」を求めていたようにも見えるが，より長いスパンで見れば，1973年EC加盟によって作られていく新しい変化に抗う拒否権を，左右のレファレンダム要求勢力は求めていたと言える。1979年のスコットランド・ウェールズの権限委譲レファレンダムは，権限委譲反対派が求めていたもので，その点でも，変化に抗う拒否権の発想であった。そして，2006年の欧州憲法案や2009年のリスボン条約という，新たな欧州統合の強化にたいしても，変化に抗う拒否権をレファ

レンダムという形で行使しようとする要求があった。

　ただ，この点に関しては，ボグダナーは，こうしてレファレンダムが「民衆の拒否権」として政府の反対派によって使われてきた実態と，それを実施する権限が政府にある矛盾を指摘している。政府が認めなければ，「拒否権」の可能性はありえないということである。しかし，同時に，彼は，1970年代の労働党のように，権限委譲に反対する議員が権限委譲レファレンダムには賛成するという事態も指摘した。つまり，これにより，与党内においても，レファレンダムを主張することにより，自党の政権を危機に陥れることなく，反対論を主張しやすい状態が作り出されたと述べている (Bogdanor, 2003：186-190)。

　もちろん，2011年の英国選挙制度改革レファレンダムのように，今日の英国では，新たな変化を求める意味でレファレンダムが行われたこともあった。首長直接選挙制導入レファレンダムや，2011年ウェールズの権限委譲拡大レファレンダムのように，地方自治に新しいシステムを入れるためのレファレンダムという形も，2000年以降存在してきた。ギリシャ危機以降は，保守党議員たちによるEU脱退という「新しい」要求でのレファレンダムも要求された。

　世界的なレファレンダムの事例に詳しいクォートルプは，レファレンダムの機能には，拒否権の意味だけではなく，党内世論が二分されている状況において，それを媒介して分裂を防ぐ効果や，90年代以降においては主権に関わる部分での一種の政治的義務となっている点，選挙上の戦術となっている点など，複数の要素があることを指摘している (Qvortrup, 2005：90-115)。クォートルプが指摘するように，レファレンダムには複数の機能があることは明確であろう。そういう意味では，レファレンダムを「保守的装置」だけのものとして狭く理解することはできない。

　しかし，英国の場合，90年代以降に一種の政治的義務となってきたり，選挙上の戦術になってきたりした点などがあったとしても，全体として振り返ってみた場合，拒否権行使の手段として用いられてきた例の多さを，直視せざるを得ない。

19) ウェストミンスター政府の関知しないものとしては，1920年にスコットランドで禁酒

に反対するレファレンダムが行われたと言われる (Select Committee on the Constitution, 2010b：7)。
20) 従来，英国の選挙は木曜日に行われてきた。
21) もっとも，同時に，イニシアティヴのある米国でも，妊娠中絶の厳格な禁止などを求めるレファレンダムが，保守的な人々から提案されることを考えると，保守的な方向に使われることが多いことも否定できないし，それが拒否権の意味を持ちうることも否定できない。

第 II 部

日本政治におけるウェストミンスター化

第8章

ウェストミンスター・モデルと日本政治

1 ウェストミンスター・モデルの3つの影響

　前章までにおいて，近年目覚ましく動いてきたウェストミンスター・モデルの変化の基本的な部分について説明してきた。ウェストミンスター・モデルは近年の日本の政治に影響を与えているとされる。ここでは，その影響に関して，歴史的な経緯を簡単に振り返り，検討したい。

　もっとも，日本国憲法は，英国の憲法の考え方にのみ影響を受けたわけではない。これもよく言われるように，日本の参議院のシステムは，6年任期で2年ごとに3分の1を改選する米国上院のシステムと類似するところがあるし，他にも米国の憲法から影響を受けた部分は散見される（田中，2010a）。衆参の議決が異なった場合の両院協議会については，明治憲法の制度を踏襲してつくられたという指摘がある（今野，2010）。また，その明治憲法の仕組み自体が，オーストリア議院法に由来するという指摘もある（大石，1990）。さらに，後に見るとおり，別の部分では明治憲法を通してプロイセン憲法争議の影響も見て取れる。このような事情は複数の議会制像の交錯としても描かれてきた（杉原・只野，2007；田中，2010b）。

　以下では，ウェストミンスター・モデルの影響を3つの点に関わって整理した後，そのウェストミンスター・モデルの取り入れ方をめぐって，問題提起を行いたい。

2 下院の優越と，衆議院の優越

2-1 1911年議会法2条と日本国憲法59条2項について

　第1に，英国における下院の優越と，衆議院の優越という点である。よく知られるように，日本国憲法においては，首相の選出，条約の批准に衆議院の優越が定められており，予算についても衆議院の先議権があるほか，予算の成立に関しても，衆議院の優越が定められている。また，法律案の成立に関しても，3分の2以上の多数により衆議院での再議決で参議院の反対を乗り越えることができる。

　これらの点のうち，ウェストミンスター・モデルの影響が議論されてきたのは，法律案と予算に関する衆議院の優越の問題である。まず法律案についての点であるが，日本国憲法59条においては，2項で「衆議院で可決し，参議院でこれと異なつた議決をした法律案は，衆議院で出席議員の3分の2以上の多数で再び可決したときは，法律となる」とあるが，法律案に関して衆議院の優越を示した1946年の「憲法改正私案（一月四日稿）」（いわゆる松本私案）においては，「衆議院ニ於テ引続キ三回其ノ総員三分ノ二以上ノ多数ヲ以テ可決シテ参議院ニ移シタル法律案ハ参議院ノ議決アルト否トヲ問ハス帝国議会ノ協賛ヲ経タルモノトス」と，3分の2要件を別とすれば，英国1911年議会法2条と類似した提案が行われた。実際，その後の閣議においても，この部分に関しては英国の先例を参考にするということが議論された（佐藤，1964，2巻：637）。

　また，ほぼ同一の提案が，「憲法改正要綱（甲案）」，「憲法改正案（乙案）」でも用いられた。その後，2月8日に「憲法改正要綱（甲案）」がGHQ司令部に届けられたが，13日に，戦争放棄や一院制からなるマッカーサー草案が手交され，そこで一院制か二院制かも議論になった。ホイットニーらが述べた一院制の理由が薄弱だったため，松本烝治大臣は「二院制を各国がとっている理由は，いわゆるチェックするためで，一応考え直す，多数党が一時の考えでやったようなことを考え直すことが必要なために二院制を取っている」と反論した（佐藤，1994，3巻：50）。その後，GHQは，公選制を条件に二院制などを認める方

第 8 章　ウェストミンスター・モデルと日本政治

向に転換した。

　日本側は，その後，法律案の議決が衆参で異なった場合は，「衆議院ニ於テ可決シ参議院ニ於テ否決シタル法律案ハ衆議院ニ於テ出席議員三分ノ二以上ノ多数ヲ以テ再度可決スルトキハ法律トシテ成立ス」（三月二日案）という案を示し，それは，金銭法案以外の公法案は 3 年間の会期で 1 年の間隔を空けて 3 回下院が議決すれば，上院の 3 回目の反対にかかわらず成立するという1911年議会法 2 条に著しく類似することになった。

　しかし，3 月 4 日に，三月二日案を説明したところ，逆に，「衆議院ニ於テ可決シ参議院ニ於テ否決シタル法律案ハ衆議院ニ於テ出席議員三分ノ二以上ノ多数ヲ以テ再度可決スルトキハ法律トシテ成立ス」という案を提示された。この案については，大統領が拒否権を発動した法案に対して上下両院が 3 分の 2 で再可決することができるという米国憲法との類似性を指摘する意見が多い。ただ，憲法改正作業に携わり，3 月 4 日のGHQへの説明にも参加した佐藤達夫は，このGHQ側の提案を日本自由党の憲法案の「逆輸入」として考えていた。しかし，その日本自由党の憲法案を基本的に執筆した浅井清自身も，米国の仕組みを念頭に，衆議院 3 分の 2 以上による再可決を考えたと発言している（佐藤，1964，2 巻：768-769）。したがって，米国における議会と大統領との関係を参考に，憲法59条 2 項が起草されたと言ってよいであろう。このGHQ側の提案が基本的に維持され，日本国憲法59条 2 項となる。

　このように，1911年議会法 2 条の考え方は，日本側によって様々に試みられてきたが，結果として日本国憲法としては採用されなかった。英国1911年議会法における公法案の再可決の場合は 2 年の間隔を必要とするという点で，やはり，そこには困難さがあった規定であるし，それゆえ，1949年には，「2 年」が「1 年」に改正された。日本国憲法における 3 分の 2 以上による再可決は，野党が否決しない場合でも，60日間で再可決できるが，3 分の 2 以上の多数は後に見るように，小選挙区制によっても非常に困難である。小選挙区制の母国である英国においても，戦後下院の 3 分の 2 以上を制した政権は 1 つもない。

2-2 「金銭法案」と「予算」

次に、日本国憲法60条2項において、1911年議会法1条の考え方が十分に導入されなかった問題について検討する。憲法60条2項においては予算に関して、「参議院が、衆議院の可決した予算を受け取つた後、国会休会中の期間を除いて30日以内に、議決しないときは、衆議院の議決を国会の議決とする」とされている。これは、第5章でみた1911年議会法1条の金銭法案に関する規定と類似している。

実際、日本国憲法に向けた検討内容を指示した有名なマッカーサー・ノート（1946年2月3日GHQ民政局への指示）には、「予算の型は、英国制度に倣うこと」Pattern budget after British system という記述がある（佐藤、1994、3巻：21)[22]。ただ、この記述は、実は、日本における予算と予算関連法案との区別が、日本国憲法においても踏襲されるきっかけになったかもしれない、ということもできる。というのは、そもそも、英国では1911年議会法において、金銭法案に関する下院の優越が規定されているのであり、「予算」という言葉は、一度も使われていない。英国では予算という言葉は、大蔵大臣の予算演説でしか登場せず、議会の議決対象になっていない（小山、2003：33；小嶋、1988：155）。にもかかわらず、「予算の型は、英国制度に倣うこと」と指示されたことで、実質的には、英国の議会法においても、予算という事項があるかのように、誤って伝えてしまった可能性さえある。実際、後に見るように、日本の財政制度においては、予算と法律とを区別してきた伝統が既にあった。そうした日本における既存の理解とあいまって、予算関連法案とは区別して、予算の議決に関して下院に優越的な権利を与えるという理解が、日本国憲法でも踏襲される可能性があった。

実際、そうした理解は、約1ヶ月後の3月6日に発表された憲法改正草案要綱においても、実際に盛り込まれてしまった。憲法改正草案要綱では、60条の後に2項になる部分については、次のように書かれていた。

「予算ニ関シ参議院ニ於テ衆議院ト異リタル議決ヲ為シタル場合ニ於テ、法律ノ定ムル所ニ依リ両議院ノ協議会ヲ開クモ仍意見一致セザルトキハ衆議院ノ決議ヲ以テ国

第 8 章　ウェストミンスター・モデルと日本政治

会ノ決議トスルコト」(佐藤，1994，3巻：194-195)。

ここでは，既に「予算」という言葉が入っていたので，この時点で1911年議会法とは異なる考え方で，日本国憲法のこの部分が作られていくことがほぼ決まった。しかし，この憲法改正草案要綱の作成にも携わった佐藤功は，『日本国憲法成立史』の中で，「両院の関係では，衆議院の優越を規定した。これは，イギリスの例を参考にされたものである」と書いている (佐藤，1994，3巻：81)。

その他にも，こうした予算議決に関する衆議院の優越の説明は，英国的なものとして説明される。例えば，1946年に内閣法制局によって発行された『新憲法の解説』における説明が，それである。『新憲法の解説』では，次のように述べる。少し，長いが引用する。

　「英国の議会では，上院の力を制限し，強力ならしめ，その両院制度を一院制度に近からしめたものとして有名であるが，その規定によっても，日本の新憲法による衆議院の方がもっと強力である。すなわち，英国議会では，法律案が三会期にわたって連続下院を通過したときには，あくまでも上院が否決しても議会の議決があったものとして，国王がこれに署名して成立することになっている。
　もう一つ予算の場合である。
　予算はまづ衆議院に提出される。予算先議権は明治憲法と同じであるが，その審議に当たって，参議院が衆議院と異なった決議をした場合には両院協議会を開くが，協議会を開いてもなお意見が一致しないとき，または参議院が衆議院の可決した予算を受け取った後，国会休会中の期間を除いて三十日以内に議決をしないときは，衆議院の議決を国会の議決とするのである。
　これを英国議会に比較してみるに，金銭法案に関しては，他の法律案の場合よりも重く，下院で可決した金銭法案を上院が受理して後，一ヵ月以内に上院が可決しなければ，下院はこれにかまわないで王の署名裁可を求めることが出来るから，事実上，上院に反対権はないわけである。ほぼ，我が新憲法の規定と同じである」(内閣，1946：40-41)。

予算の部分に関して，「参議院が衆議院の可決した予算を受け取った後，国会休会中の期間を除いて三十日以内に議決をしないときは，衆議院の議決を国会の議決とする」ことと，英国が「下院で可決した金銭法案を上院が受理して

後、一ヵ月以内に上院が可決しなければ、下院はこれにかまわないで王の署名裁可を求める」ことが、「ほぼ同じ」であると、『新憲法の解説』の内閣は、述べている。つまり、この『新憲法の解説』においては、日本国憲法60条2項の「予算」とは、英国の金銭法案と同じであると述べていて、その英国からの影響を明言していることになる。『新憲法の解説』は、金森徳次郎（当時の国務大臣、元法制局長官）が「有権的な解釈書」となることに反対したため、「啓蒙的」な位置づけとされて、法制局の佐藤功、佐藤達夫、渡辺佳英が執筆したといわれている（入江、1976：449-450）。しかし、啓蒙的観点から書かれた物とはいえ、日本国憲法の制定に関わった人物らが執筆していることから見て、そこに当時の立法に関わる認識を読むことは可能であろう。

　しかし、その一方で、同じ憲法60条をめぐって、異なった説明もなされている。1946年4月の「憲法改正草案に関する想定問答（第六輯）」においては、「いはゆる金銭法案（財政法案）は、本條と前條のいづれによることとなるのか」という想定質問に対しては、「本條によらず、前條によることとなる」と書かれている。ここで本條と述べられているのは、四月十三日草案の56条をさしているが、この部分は後に日本国憲法60条になる部分である。要するに、ここで想定された質問は、英国の金銭法案にあたるものは、予算と同一なのか、という問いである。これに対する返答は、いや、英国の金銭法案と予算は異なり、金銭法案は前条（後の59条）での法律案に含まれると答えたわけである。この文書を執筆したのも、法制局であるが、ここでは法制局は英国金銭法案の考え方は取らなかったと明瞭に述べたことになる。

　つまり、法制局閣『新憲法の解説』と、法制局内文書「憲法改正草案に関する想定問答（第六輯）」では、異なった理解をしていることになる。

　また、戦後の憲法問題調査会の顧問を務めた、戦前から有名な憲法学者であった美濃部達吉は、『新憲法逐條解説』で、次のように書いている。

　「（二）予算議決の通常の原則　予算についても、法律におけると同じく、両議院の議席が相一致するによって確定成立することを通常の原則とする。
　（三）衆議院のみの議決により予算が成立する場合　例外として両議院の一致の議決が得られない場合には、衆議院の単独の議決を持って国会の決議とみなし、それによ

第8章 ウェストミンスター・モデルと日本政治

り予算が確定することが認められる」(美濃部，1959：139)。

　美濃部の場合は，衆議院単独による可決によって予算が確定する事態を日本国憲法においては例外と見ている。しかも，「予算についても，法律におけると同じく，両議院の議席が相一致するによって確定成立することを通常の原則とする」と見ていることで，そもそも，法律においても予算においても，原則は同じであるという理解を述べている。

　この理解は，英国の1911年議会法とは根本的に異なる。1911年議会法では，まず1条1項に，金銭法案の下院庶民院による可決後の1ヶ月以内での自動成立がくる。2条に，公法律案（Public Bills）に関して，連続する3会期（3年）の間に2回庶民院が可決した後，貴族院が3回目の否決をしても，公法律案は成立するという規定があった。つまり，1911年議会法の考え方は，金銭法案を例外としては見ていない。美濃部の見方は，明らかに，同じ日本国憲法60条の条文解釈において，『新憲法の解説』とは異なっており，そこに英国の議会法の影響などを見ていない。

　ちなみに，美濃部は1911年議会法の内容を，当時としては驚くべき速さで日本に紹介しており，その分野の専門家であったと言える。以下，1912年の『憲法講話』の該当箇所を引用する。

　　「憲法上に上院の権限を制限しようといふ問題は之から起つたので，イギリスの多年の懸案であつたのでありますが，遂に今年（明治四十四年）に至つて，自由党政府の主張が貫徹せられて，憲法上に上院の権限を制限して，財政法案に付いては，上院は全く下院の可決した法案を否決することが出来ず，其の他の一般の法津案に付いても，下院に於て三回まで可決した法案が，二箇年内に上院に於て継続して三回否決せられたときには，上院の否決に拘らず，下院の議決のみを以て法律と成すことが出来るといふことが定められたのであります。是は実にイギリスの憲法上の大改革でありまして，殆ど二院制度の基礎を覆へしたものと言つても宜いのであります」(美濃部，1912：183-184)。

　続いて，美濃部は，予算に関して次のように述べる。

　　「英国に於ては此の如く予算其の他の財政法案に関しては，古来上院と下院とは著

209

しく其の権限を異にして居つて，遂には全く上院の権限を剥奪するに至つたのでありますが，其の茲に至つた根本の思想は，言ふ迄もなく，上院が国民の公選に因るものでないといふことに基いて居るのであります。上院は国民の代表者として国政に参与するのである，然るに上院は直接に国民から選ばれたものではないから，国民から公選せられた下院の意見を以て真に国民の意見を代表するものと認めねばならぬ，殊に財政法案の如き直接に国民の負担に関係するものは一層下院の意見に重きを置かねばならぬといふのであります。我が国の憲法が予算に付いて衆議院に先議権を与へて居るのは，矢張此の思想が其の根拠を為して居るものであることは疑を容れぬ所であります」（美濃部，1912：262）。

上記のような美濃部の叙述から言えることは，①1911年議会法の内容は基本的に，1912年の時点で把握されていたこと，②3年（3会期）のうち，下院庶民院で2会期連続可決された法案が，2会期連続で貴族院において否決された場合，もう1度庶民院が可決すると，貴族院が3回目の否決を行っても，君主の同意を経て成立するという原則についても，紹介されていること，③「予算案，但し予算案と云つても歳出予算ではない寧ろ収入法案であります」と，英国では予算案を法案として議会に提出していることが理解されていること，④「財政法案に関しては上院は全く否決権修正権を有しないことを規定するに至つた」と，英国では予算法案に関しては，下院の議決だけで足りる（1ヶ月後の自動成立とは書かれていないが）ということが，既に，1912年の段階で，日本で出版されていたことである。

英国の1911年議会法の意義を，上記のように専門家として紹介した美濃部が，日本国憲法60条2項の解説においては，英国の仕組みとは異なる説明をしていたことは，重要な点であろう。やはり，60条2項は，英国1911年議会法の内容を，実際には極めて不十分にしか受け入れてこなかったということである。

このように見てくると，日本国憲法60条2項は，英国1911年議会法の，特に金銭法案の影響を受けて提案されたが，予算に関する衆議院の優越という外観に反して，その根本的な部分で1911年議会法の核心であった金銭法案（もっと言えば，それを含む下院の財政権特権）という考え方を拒絶したと言える。

2-3 明治憲法以来の予算＝行政という考え方と，金銭法案という考え方

　では，なぜ，マッカーサー・ノートで指示されていたにもかかわらず，英国の制度である金銭法案という考え方を導入しなかったのか。その理由は，やはり，当時制定作業に関与した人々の間で英国金銭法案の考え方は十分に理解されていたが，それを採用できなかった何らかの事情があったのではないか，もっと言えば，英国金銭法案とは相並び立たない何らかの考え方があったと見ることもできる。

　その点では，筆者は，戦前の明治憲法時代から引き継がれてきた予算を行政であると考える見方がその要因であったのではないかと推論する。予算と法律の違いについては，既に憲法学で多くの研究があるので深く立ち入らないが，以下簡単に整理しておきたい。

　戦前及び戦後の予算の法的性質については，大別して，以下のように予算行政説，予算法規範説，予算法律説の3説に分類されるといわれる。

　最初の予算行政説においては，予算を「見積表」と見るのか，「訓令」と見るのかの違いなどはあっても，予算の作成を行政作用の一環としてみている点に特徴があった。

　こうした見方は，明治憲法制定が，当時のドイツにおける憲法や憲法議論の影響を大きく受けたことによって作られたという見方が強い。直接的には，明治21年1月13日に，井上毅の求めに応じて来日したドイツの法学者・経済学者ヘルマン・ロエスレルが提出した答議においては，「会計予算ハ法律ニ非ズ。行政権ニ属スルモノナリ」と書かれていたことが有名である（夜久，2010）。

　また，こうしたロエスレルの議論は，1862年から66年にかけて起こったプロイセン憲法争議の影響を受けていたとみることができる。プロイセン憲法99条においては，国の全ての収入と支出は，毎年，あらかじめ見積もられ，国家予算に計上されなければならないとされ，国家予算は，毎年，法律によって確定するものとするとされていた。しかし，戦争予算を確保するために，当時のビスマルク政権は，議会で予算が否決された後も，予算が議会で承認されていなくても，政府はその責任において財政を計理すべきだという態度を取り，国庫金から支出を行った。その際，ラーバントの『予算論』などが理論的な支えと

なったといわれる。ラーバントによれば，予算は実質的意味の法律ではなく，形式的意味の法律に過ぎず，それは1つの計算，将来の見積もりであるに留まり，実質的に立法となんら関係がなく，本質的に行政であると論じたと言われる（高見，2004：371）。こうした予算行政説においては，予算は行政作用であるから，議会によって修正することは適当ではないとされた。

　第2の説である予算法規範説は，戦後の日本国憲法の解釈としては，通説といわれている。予算法規範説は，「予算を，財政行為の準則として法規範性を有する国法の一形式として捉える見解である」（夜久，2010）。予算は，法律とは別個の形式であるものの，法律と同じく国会の議決を受ける法規範であると説明するところに特色があると言える。

　予算法規範説は，日本国憲法の予算の法的性格に関する説であるが，戦前の予算行政説の影響も受けている。そもそも，欧米の憲法においては，予算を法律とは別の形式にしている国としては，スイスがあるが，先進諸国では一般的ではない。しかし，日本国憲法においては，依然として，予算と法律は別個のものとして記述されており，その部分にも，予算を法律と切り離した明治憲法の影響を見ることが出来ると言われている。

　予算法律説は，こうした予算と法律を分ける考え方を，戦前の残滓として批判し，英国，フランス，アメリカ合衆国などにおいては，日本で言う予算という存在は，法律として立法されており，日本国憲法においても，予算は法律としての性格を持つという説である。特に，この予算法律説が説かれる過程においては，英国では予算 budget が大蔵大臣の行う予算演説でしか登場せず，議会においても議決の対象となってこなかったことが強調される。安沢喜一郎は，こうした英国における金銭法案について論じる中で，「日本国憲法は，法律のみを立法であると考えているものではない，法律も予算も条約も，そのすべてが立法であるという建前を取っている」と論じ，予算と法律がともに立法である点を強調しつつ，「予算とは，収支支出をはじめ財政に関するすべての法案を指すものである，換言すれば，第八十三条が明言しているように，財政の処理に関する法案であると考えることが至当ではなかろうか，もしこの見解を是認するならば，日本国憲法の下においては，予算とは大体においてイギリ

スの金銭法案と同様のものであるということになってくる」と述べている（安沢，1958：44）。ただし，安沢も，憲法84条において，租税が，予算ではなくして，法律によって規定されなければならないという立場を取っていることなどを指摘して，予算を金銭法案と同じものとして一貫した解釈を日本国憲法において行うことは，やはり困難であることを認めている。つまり，やはり，日本国憲法は英国の1911年議会法からの影響を受けつつ，他の様々な国々の法制度や明治憲法から影響を受けている関係上，英国の金銭法案の考え方で一貫して作られてはいないことが，逆に証明されていると言える。

　もっとも，この予算法律説の立場をとっても，法律がない限り，予算が成立していても支出はできない，予算がない限り，法律が成立していても支出はできない，という予算と法律の不一致は解消できず，実益はないといわれる。しかしながら，予算法律説が検討される過程で，戦後に制定された日本国憲法においてさえ，明治憲法の発想が強く影響したことが明らかにされている点は，極めて興味深い。

　実際，予算と法律の問題に関しては，1946年6月25日から始まった衆議院でも，山崎岩男議員から，「予算トセズシテ法律トシタ方ガ的確デハナイカ」という質問があったが，金森大臣は，予算と法律では，「形式的ニハ仮ニ同ジニ扱ヒマスルニシテモ，中味ハ違ツテ居ルト云フコトハ言エルト思ヒマス」と述べ，法律の可決・否決は全くの議会の自由だけれども，「併シ予算ノ方ハ，国家ガ存続スル，其ノ存続ニハ経費ガ要ルト云フコトガ前提ニナッテ居リマスル」と答えている（佐藤，1994，4巻：648）。

　このように見てくると，日本国憲法制定時においても，金銭法案という考え方が日本に導入されることはなく，「予算」という明治憲法の痕跡を色濃く残したものが，下院可決による自動成立という英国的な考え方によって，折衷されたと言えるのではないだろうか。

　また，当時においては，予算と，予算法案ないしは財政法案との違いが，今日におけるような「ねじれ」を引き起こすことなど当然予想しておらず，この問題がこれ以上話題にされることはほとんどなかったようである。少なくとも言えることは，財政法案に関しては，英国下院の「財政的特権」や，1911年議

213

会法の考え方と外観上は共通するところを残しながらも，その根本的部分で決定的に異なった仕組みが日本国憲法で維持された。

もし，仮に，日本国憲法で，第5章第2節でみたような下院の「財政的特権」（金銭法案とそれ以外の特権）という考え方が導入されていれば，増税を含む税制改革は，衆議院の議決のみで可能であり，小選挙区制による衆議院過半数政権というウェストミンスター型政治が日本でも可能であったであろう。しかし，この20年の実際の日本政治は，その土台の欠如を忘れたかのごとく，日本国憲法下では不可能な「ウェストミンスター化」にまい進してきた。

3　首相の解散権

日本において首相が解散権を行使するといわれるときは，天皇が，内閣の助言・承認により，憲法7条に基づいて衆議院を解散するわけであるが，この点については，英国の首相による解散という制度の影響を受けたという指摘が多い。

たとえば，日本国憲法制定にも携わった入江俊郎は，「解散については専らイギリス流の議院内閣制の考え方で終始しておったのであります」と，衆議院の解散権のあり方が英国の影響を受けていることを認めている（入江，1976：233）。また，杉原泰雄・只野雅人は，マッカーサー草案では「国会」の章におかれていた不信任と解散に関する部分が，「内閣」の章へと「三月二日案」で日本側の手によって移されたことを持って，「内閣が自由な解散権を有する『イギリス型』議院内閣制に向けた変更を意味する」ものであったと書いている（杉原・只野，2007：132-133）。

しかし，英国の首相解散権は，第6章に見たように，基本的に廃止された。英国の場合と重なる論点もあれば，そうでないものもあるが，日本でも首相解散権には，検討すべき課題がいくつかある。第1は，日本の場合，首相が解散しない選択をすることも，解散権の一部であるが，重大な争点がある場合でも解散を回避することで，たびたび，参議院の民意の方が，衆議院より「直近の民意」になるケースがあったことである。たとえば，消費税導入の1988年12月

には，それを争点とした総選挙は行われなかったが，1989年7月の参議院選挙で与党自民党は大敗し，「直近の民意」が明らかとなった。2010年参議院選挙においては，菅首相は消費税10％を事実上公約にしながら，衆議院は解散せず，ここでも与党民主党は敗北して，「直近の民意」は明らかとなった。参議院は政権選択の選挙ではないと政府側が言っても，全国の民意が問われた国政選挙であったことは否定できず，「直近の民意」は政権運営に深く突き刺さることになる。「古い」民意の衆議院が，「新しい民意」の参議院から譲歩を得る名分も，大幅に損なわれてしまう。

　また，衆参の選挙タイミングが別だということは，それだけ「ねじれ」も起こりやすくなる。なお，議会制民主主義において一定の歴史を持つ，1990年以前からのOECD諸国においては，下院で首相による全く不定期で自由な解散が行われ，上院の選挙タイミングは別が標準という国は，日本しかない（図表6-3を参照）。オーストラリアは，上院半数改選の時期に下院解散をあわせることによって，上下両院の選挙結果が矛盾しないようにしているが，それでも「ねじれ」に苦しんできた。そのため，上下両院全議席を改選するダブル解散が，最終手段として機能してきた。日本も，「ねじれ」のない政治運営を目指すのであれば，衆参全議席解散は憲法上不可能であるが，最低限，衆参ダブル選挙が基本となるべきであろう。

　もし，日本が首相の自由な解散で衆参別タイミングの選挙を維持した場合，今後，民主，自公のどちらかが両院過半数を取るためには，衆参2連勝が条件となる。自公なら2013年参院選で63，民主国民連立では78が必要で，どちらも過去3回の参院選の実績を上回る必要がある。衆参の選挙時期が異なれば，2連勝することが困難なのは近年の傾向といえ，大連立でもない限りは「ねじれ」は続く可能性がある。

　また，先述のダイシーの論理からすれば，参議院選挙で負けそうなので，そのときには解散せず，これは政権選択ではないと主張する政権は，民意と政権の不一致を甘受して政権を維持するという点で，民意と政権の不一致を解決するという首相解散権の伝統的な発想と異なるし，それは，その国の利益にもならない。

第2に，日本でも，近年ほとんどの時期で連立政権が続いていることとの関係である。英国では，連立政権と相容れないので，首相の解散権が廃止されたが，今後日本の政権が連立になる可能性が続くのであれば，一党の党首が他党の命運も左右できる解散権というものが，いつまでも許されるのか，考え直す時期に来ていると言えるのではないだろうか。特に，衆参別々の選挙タイミングを前提にするならば，「大連立」くらいしか「ねじれ」を解決する方法を考えることはできないが，その「大連立」も，首相解散権との関係で難しくなる可能性がある。首相政党の支持が伸びれば即解散がありうるということになると，もう片方の党は非常に組みにくいからである。

第3の点は，近年日本では，たびたび人気の高い人物を新首相に据えて，その後，即座に解散して，難局を乗り切ろうとする言辞が何度となく使われてきた点との関係である。実際，2008年はリーマン・ショックによって，発足間もない麻生政権は解散を思いとどまったが，時間差で刊行されてしまった『文藝春秋』の麻生論文には，「私は決断した」，「国民に信を問おうと思う」，「今次総選挙はわが自民党にとって，かつてない茨の道である」などと，首相就任，即解散総選挙という前提であったことが，明らかである（麻生，2008）。90年代には，首相の自由な解散権は，むしろ国民の支持を確かめる上で必要であるという「国民内閣制」によっても論理的に補強されてきた（高橋，1994）。しかし，「回転ドア」とも評される短命政権の連続の中で，新首相の人気のみで解散に打って出る可能性まで当時議論されていたと言えるのかという問題がある。

4　小選挙区制と二大政党制

4-1　1990年代の小選挙区制導入議論

さらに英国からの影響として近年特に指摘できるのは，1994年以来の小選挙区制の衆議院選挙への導入であろう。その中において，1994年に衆議院の選挙制度が中選挙区制から小選挙区比例代表並立制へと変えられた。当初は，小選挙区300，比例代表200であったが，2000年に公職選挙法が改正され，比例代表は180に削減された。そして，民主党政権は，その傾向をより一層強めて，比

例代表を，100に削減することを衆参の選挙マニフェストで記載している。こういう流れを見るならば，この点でのウェストミンスター化は加速さえしている。比例定数削減という民主党政権の公約が，ウェストミンスター化の明確な自覚によるものであるか否かは別にして，客観的には，さらに小選挙区の比重を増そうという方向性にある。

　まず，小選挙区制の約20年前の導入議論において，英国政治を手本とする議論が多かったことを確認したい。当時の小選挙区制推進論者としては，三塚博，津島雄二，野田毅，西岡武夫などの名前が上げられていた（毎日新聞1993年7月26日）。しかし，当時からも注目を浴び，実際，自民党政権，細川連立政権などを通じて，小選挙区制，二大政党制への舵を切ってきた中心人物は，小沢一郎であろう。

　実際，当時の小沢一郎の発言は，小選挙区制や二大政党制に積極的なものが，かなりある。例えば，「私個人としては，小選挙区制を中心に選挙制度を改革すべきだという考えは全然変わっていません」（朝日新聞「小沢一郎・自民党幹事長『ざっくばらんに　総選挙と90年代』」1990年1月9日）と表明しているし，同年5月12日の朝日新聞では，小沢一郎が「私の主張の第一は，選挙制度の改正，イコール小選挙区制の導入である」，「これは，私の年来の持論であると同時に，亡き父の遺志でもある」と書いている。同じく，同年出版された『思春期を迎えた日本の政治』では，小沢は「私が思い描いているのは，イギリス式の小選挙区制であり，二大政党制へのアプローチである」と書いている（小沢，1990）。1993年には，小沢一郎は，朝日新聞記者のインタビューに，次のように語っている。

　　「いまの利益誘導は政治家だけを責められない面がある。現実として地元の要望があり，地元のために働くのは仕方ない。しかし，私自身は選挙のときに，ここに橋をかけますとかのたぐいは絶対にしゃべらない。国家の議論を言わせて欲しいと言ってきた。小選挙区制にすれば，政策論争が中心となる」（朝日新聞1993年7月3日）。

　もちろん，当時の日本におけるウェストミンスター化の議論に，過度に小沢一郎のウェイトを増して論じることが本稿の目的ではない。ただ，ここで確認

しておきたいのは、やはり、20年前の小選挙区制や二大政党制への議論において、英国政治が1つの手本とされていたことである。もっとも、この1994年当時、イタリアが、上下両院の選挙制度を小選挙区比例代表並立制に変更して、戦後のキリスト教民主党中心の長期政権から政権交代のある民主主義になりつつあったこととの関係で、日本のこうした動きを評価する動きもあった（後、1994）。

また、90年代のウェストミンスター化の動きは、日本における副大臣制や党首討論の導入などにおいても見られ、この両方を、当時自民党・自由党連立政権で小沢一郎は推進した。ちなみに、副大臣や党首討論の導入は、民主党の菅直人らも提唱していたことは有名である（菅、1998）。さらに、2009年の政権交代前後において、民主党が英国の政権交代の仕組みや議会運営などを参考としたことも、また有名な話である。

4-2　民主党政権下での小選挙区制比重増加論

2009年以降の民主党中心の連立政権は、沖縄基地問題をめぐる社民党の連立離脱と、その後の参議院選挙敗北での参議院過半数割れという事態の後、衆参の間での深刻な「ねじれ」に苦しんできた。2010年臨時国会での政府提出法案（通常国会からの継続分を含む）の成立率は37.8％に留まり、2000年以降では最低だった（読売新聞2010年12月4日）。また、東日本大震災と、その後の原発事故という未曾有の事態の中にあっても、衆参の「ねじれ」により、予算関連法案の成立が難航した。

その中で、衆参の定数に関しては、「一票の格差」という点から、「違憲状態」を指摘する判決が相次いだ。2011年3月に、衆議院の選挙区間格差に関して、最高裁から「違憲状態」にあるという判決が出された。また、参議院に関しては、2010年から2011年にかけて、幾度も「一票の格差」について「違憲状態」が指摘される高裁判決が出されてきた。

つまり、一方での衆参の「ねじれ」と、他方での「一票の格差」是正という要請から、2011年以降、与野党の間で、選挙区間格差や選挙制度改革に関する見解や案が多く発表されている。しかし、以下に見るように、民主党と自民党

という政権の中核になるであろう二大政党の考え方においては，ここ20年来のウェストミンスター化を温存する，ないしは民主党のように加速させる方向性が示された。

　衆議院に関しては，民主党は，2011年7月28日に，現行180の比例代表を100に減らしたうえで，小選挙区に関しては，「5増9減」ないしは，「6増6減」する案をまとめた（朝日新聞2011年7月29日）[23]。自民党は，それに先立つ5月12日に，小選挙区定数を現行300から5減らし，比例代表定数を現行180から30減らす案をまとめた（朝日新聞2011年5月13日）。自民党は，同時に，衆参の位置づけを憲法改正も含めて，中長期的に検討することも表明した。それに対して，公明党は，2011年春までの時点では，中選挙区制に戻すことを提案していたが，7月19日に，山口那津男代表が，「小選挙区比例代表併用制や連用制など，人の名前を書く要素も加味しながら結果として比例代表的性格のある制度も選択肢の範囲内だ」と述べて，衆議院選挙制度として比例代表を推進する意向を述べている（産経新聞2011年7月19日）。共産，社民，みんなの党は，比例選を重視した選挙制度が望ましいとの考え方で，たちあがれ日本は中選挙区制を主張している。

　また，参議院に関しては，故西岡議長が，242の参議院定数を200に減らし，全国を9ブロックに分けて，大選挙区制で選ぶという案を，2011年4月に示した。また，みんなの党は，参議院の定数を100に減らし，それらを全国11ブロックの比例代表で選ぶべきだという案を提示した。公明党，共産党，社民党はいずれも，参議院での比例代表を中心とした選挙制度を提唱した。

5　「ねじれ」とウェストミンスター・モデル

　前節までのところで，確認できるのは，①衆参の関係については，日本国憲法は，英国1911年議会法をはじめとする下院の「財政的特権」はほとんど持っておらず，法案に関しては，両院の関係は，対等が基本である。②10年以上連立政権が続いている日本であるが，首相の解散権は，単独政権を前提とした（2011年固定任期議会法までの）英国の制度と類似している。③1994年以来，小

選挙区制比重増加の方向性は変わっていない。これらの点で，ウェストミンスター・モデルの影響が見られ，③に関しては，さらに加速しつつある。以下では，これらのポイントが，衆参の「ねじれ」と，どのような関わりがあるかについて，試論として論じたい。

このうち，①と②は，1946年から94年にかけても存在してきたものであるが，実は，この時期にも「ねじれ」があったことが指摘されている。しかし，参議院研究に取り組んできた竹中治堅によれば，戦後直後の「ねじれ」と，1989年参議院選挙から1994年の自社さ政権まで続いた「ねじれ」においては，政党間の交渉により「ねじれ」を回避し，参議院での多数を得る努力が様々になされた（竹中，2010）。ここで，戦後直後の「ねじれ」を第一期ねじれと呼び，1989年から1994年までのねじれを，第二期ねじれと呼んでおこう。①の要素は，英国型の議会システムをむしろ拒否した結果であると言えるし，先述の杉原・只野は，日本国憲法における「アメリカ型」の部分とむしろ捉えている。米国も小選挙区と二大政党の国であるが，立法過程においては，両政党の議員が相手党の法案に賛成するケースが多いことや，議長指名などを除いて，「両院協議会」conference committee で上下両院の法案の違いなどを修正するための「交渉」が行われていることなどが指摘されている（武田，2005）。逆に，②の首相解散権は，明らかに英国的な方法であるが，日本では首相の解散権行使を，連立政権下においては，首相与党が連立相手の意思を確認しないまま解散を決意した例は，厳密には2005年までなかった。逆に，1958年の「話し合い」解散のように，解散権行使はありつつも，それが「交渉」の結果行われる場合もあった。

そういう意味では，①が米国的な仕組みであり，②が英国的な仕組みであったとしても，第一期ねじれ・第二期ねじれにおいては，衆参で多数を取るための「交渉」の政治が優位を占めたと言えるのではないであろうか。

その一方，ウェストミンスター・モデルは，「交渉」というよりも，「決定」の要素の強いシステムである。下院においては，過半数を上回る議席数を持つ単独政権が，法案を修正せずに早期に通過させる。貴族院においては，法案が否決・修正された場合は，下院庶民院で修正点を部分的に受け入れることはあ

第8章　ウェストミンスター・モデルと日本政治

るものの，修正を拒否することも多く，その場合は，法案を再び貴族院に送付し，通過するまで何度も続ける（いわゆるピンポン）。貴族院の反対議員を切り崩すためには交渉・修正もありえるが，少なくとも「両院協議会」のようなシステムはなく，1年の会期の間に何往復もすることはまれではない。それでも，1年を過ぎて決着がつかない場合は，1949年議会法による再議決も可能であり，そこに至る前に多くの場合は，貴族院は何度目かに折れる。そこにおいては，ソールズベリ・アディソン慣行も有効であるが，ただ，あくまでも述べておくと，その慣行があるから最終的に貴族院が折れるというよりも，貴族院が選挙されていないこと，また，それによって築かれてきた二院の関係があることが重要である。個別の慣行の力は，二院の歴史的関係と切り離して論ずるべきではない。また，金銭法案及びその他の財政法案における下院の「財政的特権」も，二院の長い歴史を経て作られてきた。

　日本の政治は，1994年まで，その多くを「交渉」を中心要素として運営されてきたとすれば，94年の小選挙区制導入と，その後の比重の増加は，この「交渉」中心の政治から，「決定」中心の政治への転換を促してきたと見ることも出来る。近年，自民党政権や民主党政権で，3分の2による衆議院再議決で，参議院の反対を乗り越えようとしてきた事例や，参議院の反対に対して，2005年郵政解散のような形で「民意」を示すことで乗り越えようとした事例も，それを示していると考えられる。また，それをウェストミンスター化と呼んでも差し支えないであろう。

　しかし，そのウェストミンスター化，あるいは「決定」の政治は，日本の政治の仕組みと相容れない部分がある。

　その第1は，日本国憲法59条2項は，英国型の再議決ではなく，米国議会，対，大統領の再議決を取り入れているため，政権党の衆議院3分の2以上がない限り，機能しない。この水準は，2009年衆議院選挙後の民主党が達成したが，それ以外にはない。比例を100にしても結果は同じで，2005年郵政解散時の自民党でさえ単独では3分の2には届かない。

　第2に，憲法60条2項では，公債法案や税制改革で衆議院の優越はないので，この点でも，英国的な「決定」優位のシステムをとることはできない。歳入の

相当部分が公債で構成されている日本においては、予算だけが衆議院の可決で自動成立しても、国は回らない。

　第3に、決定的に異なるのは、英国とは異なり、第二院が選挙されている点である。英国でも、貴族院選挙制が導入された場合、ソールズベリ・アディソン慣行が機能しなくなる可能性が指摘されている。

　第4に、日本の首相は、危機的な状況においては参議院選挙時に総選挙を回避することができ、その選挙で負けても「政権選択ではなかった」ということが可能であり、事実言ってきた。この状況では、「古い」民意の衆議院に対して、「新しい」民意の参議院という逆転現象が起こりえるし、これも現に起こってきた。「古い」民意が「新しい」民意を乗り越える理屈は立たない。

　ということで、日本において「決定」のシステムを確立しようとするならば、以上の4点を、大規模な憲法改正で変えていくしか方法はない。[24]少なくとも小選挙区制の比重を増し、衆議院中心のウェストミンスター型の決定システムを目指すことは、現憲法の土俵ではできないシステムを求めることであり、無用な「ねじれ」を悪化させるだけである。どうしても、それを進めるなら、一院制の検討を含めて、二院制の改革と、財政法案やその他の法案における衆議院の優越を、憲法改正して確保する必要があるであろう。ただ、この場合には、既に数十年にわたって多党化・連立政権化してきた実態を、基本的に消去することになるだろう。また、既成政党に新味がなくなると、すぐに新党ができる日本政治の文化は既に確立された感さえあるが、小選挙区制による二大政党制の強制を進めるなら、そうした「新党」による日本政治の刷新も閉ざされてしまうことを考えておく必要があろう。さらに、財政法案すら参議院通過が難航する「ねじれ」の状態で、それより大幅にハードルが高い憲法改正案が発議できると考えるのは、あまりにも非現実的であろう。

　それでは、逆に、「交渉」のシステムに依拠するとすれば、どうであろうか。そのためには、選挙制度を比例代表中心に変え、連立合意で首相の解散権を制限するだけでも効果を見込むことができる。

　世界的に見て、小選挙区制から比例代表制へと移行した国(1993年のニュージーランド)はあるが、その逆は今のところない（イタリアは1994年に比例代表制から

小選挙区比例代表並立制へと移行したが，その後，比例代表制に戻った）。英国の場合も，2011年国民投票で否決されたが選挙制度改革議論は根強いし，下院の選挙制度以外は地方自治体選挙やスコットランド・ウェールズなどの議会選挙，欧州議会選挙などで，連用制や比例代表制が取り入れられている（備考1参照）。これは，ウェストミンスター・モデルの中でも，二大政党支配が掘り崩されてきたことの反映と言える。今日，欧州諸国をはじめとして，多くの国々では，比例代表・連立政権が圧倒的である。

　日本においても，比例代表が中心になると，一党で過半数を取ることは出来ないので，連立などで「交渉」が自ずと中心にならざるをえない。また，上記のように，日本においては，そうした「交渉」中心の政治スタイルが実績を残してきた。現行の小選挙区制では，「交渉」する必要もなく，まず衆議院の政府が出来上がってしまう現実がある。

　また，比例代表制の利点は，中小政党を小選挙区の選挙協力の必要から解放するところにあり，これにより，各政党の自由な連立交渉が可能となり，「ねじれ」解消にはプラスに働く。また，連立合意によって，実質的に首相の解散権を制限し，衆参同日選挙を「常例」にすることができれば，3年ごとに定期的な民意の確認もでき，衆議院の「古い」民意が参議院の「新しい」民意と矛盾したり，それゆえ「ねじれ」の元になったりということも防ぐ可能性を開くことが出来る。さらに比例を中心とした衆参の選挙制度になった場合には，小選挙区制中心の選挙制度と比べれば，はるかに振れの小さい結果しか見込めないので，与野党の党略的「解散」へのインセンティヴはかなり小さくなる可能性もある。

　衆議院選挙時の小選挙区制による第一党の「大勝利」と，負けそうなときには参議院選挙時の解散を回避できる首相解散権は，より衆議院多数への依拠を強め，参議院多数のための連立は射程になりにくいと言えるとのではないだろうか。むしろ，衆議院を比例中心にして，衆参同時選挙で，連立により両院過半数を維持しようとするパターンを定着させることが，政治の安定につながると思われる。

6　比例代表による二大ブロック制

　1990年代において小選挙区制が導入された際の理由として，政権交代可能な制度としての小選挙区制が盛んに言われた。しかし，これまでのところ幾度か見てきたように，小選挙区制で単独政党過半数政権を構成しているのは，カナダのみである（2012年3月時点）。また，2010年5月英国総選挙から2011年5月カナダ総選挙までの間は，小選挙区制による単独政党過半数政権はゼロであった。つまり，このことが意味することは，世界的に見て，議院内閣制の政権交代は小選挙区制によって行われているわけではない，ということである。むしろ，政権交代の多くは，比例代表制の下で行われてきた。ドイツ，イタリア，スウェーデン，デンマーク，アイルランドなど，比例代表制で政権交代している国は数多い。もっとも，個別日本では，たしかに，自民党に対抗する政党作りという点では，1994年以降，小選挙区制が背中を押したという側面はあるかもしれない。しかし，それも，日本において自民党に対抗する勢力が既に形成されていることから見て，役目を終えたといっても良いのではないだろうか。

　また，日本では，小選挙区制において，民主党が自民党と対等に渡り合えるようになったのは，2009年くらいからで，その一方，比例での二大政党政治は，それよりも早期から展開されてきたことも，注目すべき点である。図表8-1に見られるように，2003年から衆参の民主・自民の得票率は拮抗しており，2009年に衆議院で民主党が圧勝する前に，既に一種の二大政党制はできていたと言えるであろう。もちろん，図表8-1の結果では，民主党も自民党も，過半数には至らない。しかし，自民党と公明党が必ず組むという前提をはずせば，二大政党を軸にして，中小政党を取り込む連立政権ができ，その場合，衆議院だけ過半数が維持できて，参議院では過半数が取れないという事態は，かなりの程度減る可能性がある。ただ，この場合でも，衆参の選挙タイミングの問題があり，衆議院選挙が全く不定期なら，国政選挙の数だけ政権が交代しかねないという問題は残る。

　ちなみに，衆参とも小選挙区制にしようとする方法は，首相解散権を前提と

図表8-1　比例代表での過去6回の国政選挙の各政党議席率

	2003 衆議院	2004 参院全体	2005 衆議院	2007 参院全体	2009 衆議院	2010 参院全体
自民党	38%	36%	43%	30%	31%	27%
公明党	14%	17%	13%	16%	12%	14%
保守新党	0%	1%	—	—	—	—
民主党	40%	32%	34%	41%	48%	38%
共産党	5%	8%	5%	7%	5%	6%
社民党	3%	5%	3%	4%	2%	4%
自由連合	—	—	0%	—	—	—
国民新党	—	—	1%	1%	0%	1%
新党日本	—	—	1%	1%	0%	1%
新党大地	—	—	1%	0%	1%	0%
みんな	—	—	0%	0%	2%	7%
新党改革	—	—	—	—	0%	1%
たちあがれ	—	—	—	—	—	1%
諸派	0%	0%	0%	0%	0%	0%
無所属	0%	0%	0%	0%	0%	0%

＊1　なお，参議院選挙は改選・非改選をあわせた全体である。
＊2　衆参の比例区得票を元に，獲得議席を％で算出した。

すると，想像すればすぐに分かるように，最悪の「ねじれ」誘発システムになる可能性がある。両院が小選挙区制中心となった場合，衆議院で多数を取った政党が数年後に参議院で完敗すれば，これ以上にはないというほどの「ねじれ」が発生する。

　二院が選挙で選ばれ，選挙タイミングが別々という前提に立つならば，衆参で多数を取るためには，比例代表制中心の制度になるより他はなく，小選挙区制のような1党に過大に議席を与えるシステムを混在させてしまうと，連立は作りにくくなるといえよう。

　なお，両院が比例中心の国会となると，シェイエスの「第二院は何の役に立

つのか，もしそれが第一院に一致するならば，無用であり，もしそれに反対するならば，有害である」という区別からすれば，「無用」に近くなるのではないかという懸念も出てくるであろう。しかし，今日，「ねじれ」を起こしている状況で，財政法案すら通過できないのであれば，その現実を忘れて，「一院制」とか「衆議院の優越」強化という改憲なくしてはできない目標を語っても画餅でしかない。この20年，日本は，衆議院で「決定できる政治」が実現できない仕組みになっていることを忘れ，ますます，衆議院で「決定できる政治」を夢想しつつあると言えるのではないか。

　その夢はとりあえず横に置き，まず，現実を直視し，交渉によって両院で多数を確保できる連立政権を目指すべきではないだろうか。それができない限り，政治自体が「無用」になってしまう恐れがある。二院制の設計を変えるとしても，その後ではないかと考える。

22) なお，1945年10月25日に，政府の下に作られた憲法問題調査会の段階では，予算ではなく，「金銭法案」に関する言及があった（佐藤，1962：293）。ただ，その一方，やはり，それを「予算」とする意見もあった（佐藤，1962：368）。
23) ちなみに，日本はOECD諸国で2番目に国会議員が少ない国である（備考3）。
24) 憲法調査会などの議事録を見る限りでは，衆議院の3分の2以上で参議院の反対を乗り越えるという要件を，「過半数」に改正するべきだという意見が多い。しかし，ウェストミンスター的な考え方からすると，金銭法案や他の財政法案に関して下院の優越を確保する一方で，それ以外は二院での一致を追求する。衆議院は参議院が法案を受け取った後，60日で再可決できるようになるが，単純過半数での再可決を全法案に拡大すると，世界的に見ても，強すぎる下院となり，逆に，上院としての参議院は無力になってしまう。参議院の熟慮を意味あるものにする上でも，全法案での衆議院の過半数再可決は，二院制の築かれてきた根本的な考え方との関係を考慮されるべきであり，その点では，ウェストミンスター的な考え方は，一考されてしかるべきであろう。

第**9**章

ウェストミンスター化か,「コンセンサス・モデル」か

1 日本政治とレイプハルトのコンセンサス型民主主義

　政治学の世界では,ウェストミンスター・モデルの是非については,レイプハルトの先駆的業績がある。日本でも,Lijphart, Arend (1999) *Patterns of Democracy: Government Forms and Performance in Thirty-Six Countries* が,『民主主義対民主主義——多数決型とコンセンサス型の36ヶ国比較研究』として翻訳されて以来,様々な文献において多く言及されてきた。特に,近年,日本における憲法学者や議会研究者の議論において,レイプハルトの民主主義分類が参照されることが多い（例えば,杉原・只野,2007；高見,2008；田中,2010b）。筆者は,レイプハルトの「コンセンサス型」民主主義の議論を全面的に支持するものではないが,その議論を紹介し,評価することで,日本の民主主義の進むべき道に関して,有益な示唆が得られると考える。

　レイプハルトのこの研究は,彼の数十年にわたる比較民主主義研究における集大成として,また,先進諸国だけでない36ヶ国にも上る国々のデータを集めて比較したことに関して,貴重な業績であるという評価がある一方,様々な点で批判を集めてきた。ただ,その批判されている点や,論争点については,必ずしも日本で十分に紹介されてきたとはいえない。したがって,以下,彼の民主主義論について簡単に紹介した後,批判点や論争点について紹介したい。

　彼のコンセンサス型民主主義に関して論じる前に,アレンド・レイプハルト

について説明しておく必要があるだろう。彼は，オランダ生まれであるが，カリフォルニア大学サンディエゴ校で長く教え，その後，同校の名誉教授となっている。彼の名前を世界に知らしめたのは，1968年の『調整の政治』*The Politics of Accommodation* であった。当時のアメリカ政治学においては，二党制や単独政権など依然として英米の政治が理想的モデルと考えられてきた。それに対して，レイプハルトは，階級対立と宗教対立が深刻な亀裂を持つ社会であるオランダにおいても，多極共存型民主主義が可能であることを示した。多極共存型民主主義においては，深刻な亀裂を持つ社会においても，比例代表や大連立，相互拒否権，区画の自律性などによって，穏健な多党制にもとづく民主主義が達成され，ナチスやフランス第四共和政のような極端な多党制の下での混乱しかイメージされていなかった多党制の評価を，大きく変えることに貢献した。

　その後，レイプハルトは，二党制や単独政権を特徴とするウェストミンスター・モデルに対置して，コンセンサス型民主主義を提唱するようになっていく。レイプハルトは，1990年の東欧革命以降の旧社会主義国への民主主義の導入などにも活躍し，それらの国々には，より比例的な民主主義が導入された。その彼が主張するコンセンサス型民主主義 Consensus Democracy が普遍的にみて，「より寛容な」民主主義であると論証したのが，1999年に刊行された『民主主義対民主主義——多数決型とコンセンサス型の36ヶ国比較研究』であった。以下，その内容を中心に紹介する。

　レイプハルトは，多数決主義型民主主義とコンセンサス型民主主義を分ける指標として，10の変数をあげた。そして，これらの変数にもとづいて，英国，ニュージーランド，バルバドスを，多数決主義型民主主義の典型国としてあげた。この多数決主義型民主主義は，レイプハルト自身ウェストミンスター・モデルと呼んでいるが，その典型国は，むしろ1999年の時点ではニュージーランドであるとされ，ニュージーランドは「英国以上にウェストミンスター・モデルの典型例であった」と論じられた（レイプハルト，2005：20）。その理由は，英国においては貴族院が一定の役割を持つことで，一院への権力の集中がある程度抑えられる点や，欧州統合の進展により，ウェストミンスター政府の権限

が一定程度奪われる事態が進行しているからであると論じる。ただし，その一方で，ニュージーランドにおいて議会選挙（一院制）に比例代表が導入されたことで，「1996年以後のニュージーランドは，もはや『真のイギリス的システム』の典型例とはいえない」とも述べている。本書で2度目になるが，レイプハルトが民主主義分類の指標にした10の変数を以下にあげておく。

《執行府—政党次元における5変数》
①単独過半数内閣への執行権の集中　対　広範な多党連立内閣による執行権の共有（執行府優越指数を変数化）
②執行府首長が圧倒的権力を持つ執行府—議会関係　対　均衡した執行府—議会関係（最小勝利単独内閣形成率を変数化）
③二大政党制　対　多党制（議席数による有効政党数を変数化）
④小選挙区制　対　比例代表制（非比例性指数を変数化）
⑤多元主義　対　コーポラティズム（利益集団多元主義指数を変数化）

《連邦制次元の5変数》
⑥単一で中央集権的な政府　対　連邦制・地方分権政府（連邦制・分権指数を変数化）
⑦一院制議会への立法権の集中　対　二院制議会への立法権の分割（議院構造指数を変数化）
⑧相対多数による改正が可能な軟性憲法　対　特別多数によってのみ改正できる硬性憲法（憲法硬性度指数を変数化）
⑨立法活動に関し議会が最終権限を持つシステム　対　立法の合憲性に関し最高裁または憲法裁判所の違憲審査に最終権限があるシステム（違憲審査指数を変数化）
⑩政府に依存した中央銀行　対　政府から独立した中央銀行（中央銀行独立性指数を変数化）

レイプハルトは，上記の10の変数に関して分析を行い，執行府—政党次元と連邦制次元という2つの軸において，多数決主義型（ウェストミンスター型）民主主義と，コンセンサス型民主主義を分類した。その結果として，経済運営（インフレや失業），社会的秩序（暴動や政治紛争）に関しては，多数決主義型民主主義がコンセンサス型民主主義よりも，「優れているわけではない」ということは言えるが，コンセンサス型民主主義の方が優れていると実証的にはいえないと論じ，「既存の見解が完全に覆されたとはいえない。しかし，多数決主義型

民主主義はより優れた統治形態であるという既存の見解が誤りであることは明らかになった」と述べている。

その一方で，女性の代表，政治的平等，高い投票参加，政府政策と有権者選好の接近，過半数代表原理などの点で，明らかにコンセンサス型民主主義の方が多数決主義型民主主義よりも優れており，「より寛容で親切な」民主主義であると結論している。

なお，レイプハルトは，日本の民主主義については，中選挙区制（単記非移譲式投票制）から小選挙区比例代表並立制へと移行しても，なお，1999年の段階では，「半比例的な制度」であると論じ，こうした制度から比例代表に移行することは，「単純多数制からの移行ほど難しくはありません」と述べている。また，レイプハルトは，1976年から93年までの日本の内閣が，過半数によって野党の反対を乗り越えて法案を可決しようとはせずに，野党の支持を取り付けようとする試みがなされたことを持って，最小勝利過半数内閣とはカウントせずに，少数内閣としてカウントした（レイプハルト，2005）。

2 レイプハルトの民主主義分類への批判論

このようなレイプハルトの民主主義論に関わる議論に関して，最もまとまった整理を行っているのは，ニルス-クリスチャン・ボーマンであろう。彼の *Living Reviews in Democracy* における論文では，次にまとめるように，レイプハルトのこの数十年の比較民主主義論の発展と，それに関わる論争をまとめている。

レイプハルトの議論に関する第1の批判点は，彼の主張が『調整の政治』（1968年）から『民主主義対民主主義』（1999年）の間に，論理的な機軸が転換した点に関してである。レイプハルトは，『調整の政治』においては，社会における深刻な亀裂を持つオランダという国が，比例代表，大連立，相互拒否権，区画の自律性などからなる多極共存型民主主義という解決策を生み出したと論じており，その論理は，あくまでも社会が民主主義の型を決定するとしていた。しかし，レイプハルトは次第に，主として比例代表，連立政権，連邦制，独立し

た中央銀行などの制度が，社会を形作るという方向性に転換していく。『民主主義対民主主義』においては，執行府—政党次元と連邦制次元という2つの変数群に基づいて，コンセンサス型民主主義の方が，深刻な亀裂をもった社会だけではなく，一般的な社会においても「より寛容で，親切である」と論じている。

　こうした変化はボーマンによれば，「レイプハルトは，従属変数としての政治システムを調べることから，出発点として政治システムを使うことに転換し，そこにおいては，経済的幸福と生活の質に関して各国の国際的位置を形作る原因力を，政治システムに帰している」と評価された（Bormann, 2010：2）。

　もっとも，レイプハルトは，『調整の政治』の段階でも，オランダ1国のケース・スタディが主流の意見を覆すわけではないと自制をしつつも，そこには，多数決主義型民主主義が最善であるという理解に対する価値的挑戦が含まれていた（Lijphart, 1968：194-195）。つまり，当初から，独立変数としてコンセンサス型民主主義を提示しうるという問題意識を，レイプハルトは持っていた。したがって，オランダという個別の事例としての多極共存型民主主義から，一般的枠組みにおけるコンセンサス型民主主義へと展開すること自体は，レイプハルトの「転換」ではなく，むしろそこに一貫性を見出すことが出来るだろう。実際，一般的枠組みとしてのコンセンサス型民主主義は1999年に一足飛びに出てきたというよりも，『多元的社会における民主主義』*Democracy in Plural Societies* などからの傾向である。ただ，レイプハルト自体は，執行府—政党次元と連邦制次元というシステムが独立変数であるとは明言しておらず，政治システムと社会のどちらが決定的かについては，必ずしも明らかにはしていない。

　レイプハルトの分類に対する第2の批判的論点としては，大統領制の評価に関わる部分である。レイプハルトは，結局，執行府優越指数（対議会）を変数化する際の大統領制の変数化，特に純粋な大統領制である米国の変数化には不十分であったと批判されてきた。実際，執行府—議会関係においては，米国を最も連立度が高く出る執行府優越指数1.00と「恣意的に」変更し，特にその理由は説明していない。ツェベリスは，この変数の使い方は根拠に乏しいと論じ，そもそも執行府の優位を政権存続期間で測定することに疑義を唱える。また，

そうした計測方法による執行府の優位は、因子分析の手法でレイプハルトの民主主義分類の全てに影響を与えており、したがって、レイプハルトの民主主義分類全体に対する疑義につながっている（ツェベリス，2009：137-140）。ボーマンによれば、全ての民主主義国のうち、純粋な議院内閣制をとる国は3分の1であり、残り3分の2は大統領制か、議院内閣制との併用を行う半大統領制であり、レイプハルトの大統領制の分類に対する疑義は決定的でさえある（Bormann, 2010：3）。

　レイプハルトの分類に対する第3の批判点は、多数決主義型の定義に関わる問題である。ネイジェルは、レイプハルトの多数決主義型の定義は事実上、相対多数派主義 Pluralist と過半数以上主義 Supermajoritarian とを同一視していると批判する（Nagel, 1998）。小選挙区制の国では、得票率が50％に至らずに議席率で過半数以上を占めることが多い。これは、ある意味で、最大の少数派であり、レイプハルトの「多数決主義」Majoritalian という用語法が不正確であるという批判である。

　第4に、2つの次元と、その使い方に対する批判である。つまり、執行府—政党次元という軸と、連邦制次元という軸によって、事実上、多数決主義型対コンセンサス型という一次元モデルを作り出している点である。ボーマンは、これらの2つの軸を使って、コンセンサス型ユニタリー（スウェーデン）、多数決主義型ユニタリー（英国）、コンセンサス型連邦（スイス）多数決主義型連邦（米国）という分類が出来るのであり、これを無理やりに1つの軸で考え、そこでコンセンサス型と多数決主義型という分類はできないと述べた（Bormann, 2010）。

　第5に、レイプハルトが使う10の変数の中には、コーポラティズムや中央銀行など、政治制度とは異なる要素が入っているという点も、多くの批判を集めている。コーポラティズムは、スウェーデン、デンマーク、オランダなどの欧州諸国で、インフレや雇用などの問題に関して政府・労働組合・経済団体の間で交渉によって運営していく枠組みであり、これらの国々では、コーポラティズムはインフレ抑制や雇用の安定化に寄与したと評価されている。しかし、コーポラティズムは、明らかな制度的な形を取る場合もあれば、そうではない場合

もあり，明確な政治制度というには難しいところがある。また，他の執行府—政党次元の変数が政治制度に関わるのに対して，コーポラティズムのみは利益集団に関するものであり，「論理的つながり」を疑問視する意見もある（Taagepera, 2003；Roller, 2005：112；Bormann, 2010）。

なかでも，アーミンジョンは，レイプハルトの「コンセンサス型」民主主義は，二種類の変数によってではなく，事実上，多極共存型民主主義変数（コーポラティズム以外の執行府—政党次元の変数），コーポラティズム変数，拒否権プレイヤー・レジーム変数（連邦制次元）の3変数で事実上計測されており，また，「コンセンサス型」民主主義は，正しくは「交渉民主主義」として表現されるべきであるとした。特に，多極共存型民主主義とコーポラティズムは重なる国々もあるが，重ならない国もあるし，分離すべきであると論じた（Armingeon, 2002）。このアーミンジョンの批判に対しては，レイプハルトは2002年の論文で，執行府—政党次元においては，コーポラティズム変数以外が政治制度の変数であり，両者が混合されているという批判については，「直接的構造的リンク」がないことを認めつつ，しかし，比例代表制・多党制・連立政権など政治制度と，コーポラティズムの間に，同じ「政治文化」があるとして，それらが執行府—政党次元に同居していることを肯定した（Lijphart, 2002）。

第6に，レイプハルトがコンセンサス型民主主義をもって，多数決主義型民主主義よりも，「より寛容で親切である」と評価した点である。

コーポラティズムも中央銀行も，そもそも経済的運営のために作られたものであり，それがインフレ抑制や雇用問題にとってよい数字を残すことは想定されうるが，これらの変数を取り去った場合には，コンセンサス型民主主義は多数決主義型民主主義よりもパフォーマンスがかなり劣るという指摘がある（Anderson, 2001）。また，ローラーは，コーポラティズム変数を排除した憲法的拒否権プレイヤー指標と党派的拒否権プレイヤー指標によっては，レイプハルトが有意な効果を認めた非経済政策領域におけるコンセンサス型民主主義の多数決主義型民主主義に対する優位性も，計測できないと論じた。（Roller, 2005：252）。

このように見てくると，レイプハルトの民主主義論は，36ヶ国という多くの

ケースを比較対象とし，それぞれの国の実績を数値化・変数化し，そこからコンセンサス型民主主義と多数決主義型民主主義という2つのモデルを（たった2つだけのモデルを）導き出したという点で，稀有な業績であることは間違いない。しかし，その反面で，そうした先駆的試みとして注目を集めたこともあり，非常に数多くの批判を招き，多くの論点を提供することになった。

それらに加えて，筆者としても，これらに付け加えてもう1点，レイプハルトの民主主義論に対する疑問点を付け加えたい。それは，レイプハルトの理想とする民主主義論が，「コンセンサス」という名称で語られ，これと「交渉」negotiation や「合意」agreement との使い分けを行っていない点である。

実は，英国政治においては有名なことであるが，戦後のウェストミンスター・モデルにおいては，二大政党の間で「コンセンサス」があったといわれてきた（いわゆる「戦後コンセンサス」論）。英国では戦後において，保守党と労働党が政権交代を繰り返したが，サッチャー政権以前においては，「ケインズ主義的福祉国家」がコンセンサスとなってきたという議論が，政治学や歴史学において活発になされてきた。政権交代を繰り返しても，医療政策や教育政策，産業関係政策などにおいて，保守党・労働党の間で基本的な一致点があり，政権交代にもかかわらず，それは守られたとされている。サッチャー政権はこうした戦後コンセンサスを破壊したと論じられることが多い（なお，これらの論争の整理については，小堀，2005を参照）。

こうした戦後英国政治における「コンセンサス」は，なんら一切，両党間の「交渉」や「合意」を経たものではなかった点が特徴的である。英国では，それぞれの二大政党内の穏健派が主流を担うことが多く，政権交代が行われても前政権の政策をかなりの程度維持しつつ，部分的に変更していくという漸進主義的な対応がなされてきた。その結果，保守党・労働党との間で，両党間の明示的な合意も交渉もなく，自然と「コンセンサス」が形成されてきた。

コンセンサス consensus という言葉は，その英語の意味においても，全員一致や大多数による一致に対して使われる。*Webster's Ninth New Collegiate Dictionary* においても，consensus は，「全体的な合意：全員一致」general agreement：UNANIMITY，「関係の大多数による判断」the judgement arrived at by most of those concerned と書かれている（Webster, 1988）。その一方で，「合意」agreement は，認識 admit，譲歩 concede，受容 accept など，元々は異なった意見を持つ者たちの間で成立すると考えられている。つまり，「合意」は他者を前提としている。「交渉」も，他者なくしては成立し得ないことは，言うまでもない。つまり，コンセンサスと，「合意」や「交渉」はイコールではない。

にもかかわらず，レイプハルトは，連立，コーポラティズム，連邦制などからなる，どちらかといえば，「合意」や「交渉」の要素が強い民主主義を，「コンセンサス」型民主主義と呼んでしまう。この問題点ゆえ，レイプハルトの分類では，「コンセンサス型」民主主義の正反対に位置するはずの多数決主義型英国政治に，「コンセンサス」の要素ががあったという奇妙な事態が起こる。アーミンジョンが分類したように，多極共存型民主主義，コーポラティズム，連邦制を「交渉民主主義」と整理すれば，多数決主義型民主主義との間で混乱は起こらなかったであろう。

実際のところ，レイプハルトの民主主義分類の特徴は，多数決主義型（ウェストミンスター・モデル）対コンセンサス型であるにもかかわらず，この英国「戦後コンセンサス」を論点から落としている。『民主主義対民主主義』では，戦後コンセンサスに詳しいリチャード・ローズを引用しておきながら，レイプハルトは「戦後コンセンサス」には一切触れていない（レイプハルト，2005：207；Rose and Davies, 1994）。なお，別の箇所では，レイプハルト自身も「コンセンサス型民主主義」を「交渉民主主義」と呼んでおり，用語法に混乱がある（レイプハルト，2005：2）。

もともと，レイプハルトにとって，「交渉」の要素は，1968年の『調整の政治』においては，顕著であった。レイプハルトが1968年に『調整の政治』でオランダの政治に関して書いたとき，そこには，以下のように，各ブロック間の「交渉」や「調整」が明確に位置づけられてきた。

「全ての主な政党のリーダーたちは，決着を付けるサミット会議を制度化した。そして，調整に達すると，すぐに指導者たちは一致してそれを守り，次の議会選挙を通

じて憲法にすることを導き，したがって，民衆の意見の表明を回避した」(Lijphart, 1968：183)。

こうした「交渉」の要素を，より明確化する方が，多数決主義型民主主義との対比が明らかとなる。また，「交渉」の前提となる他者存在の認識は，後の日本の民主主義を考える際にも，重要な論点となると考える。

以上，レイプハルトのコンセンサス型民主主義を紹介し，その批判的論点を紹介すると共に，筆者自身の批判も述べた。レイプハルトの民主主義論は，客観的指標による民主主義の分類という点では優れた分析であるが，同時に，その機軸となる価値自体には充分に向き合ってこなかった。したがって，今日，日本政治のためにレイプハルトの民主主義論を参考とするとき，上記の批判的論点にも考慮する必要があるだろう。

この点で，特に，レイプハルトがあまり焦点としてこなかった「コンセンサス型」民主主義の価値的側面について，日本社会の特質に言及しながら批判的に検討した研究として，井上達夫の「合意の貧困」論がある。筆者は，井上の問題意識には共鳴するが，同時に，連立一般を井上の理由で排除することには賛同しない。以下，井上の議論を検討しながら，その理由を示したい。

3 「合意」の貧困

井上達夫は，2001年に書かれた『現代の貧困』の中で，「関係の貧困」，「共同体の貧困」，そして「合意の貧困」論を展開している。

「関係の貧困」の中では，主として天皇制に関わる日本の下からの動きに焦点を当て，日本村，元号法制化などに見られる下からの天皇制擁護の運動が展開されていることを挙げて，国民の能動的参加が天皇制を支えているという現実を指摘した。井上によれば，戦後の「参加民主主義」論が，より民主主義を徹底すれば，保守政治を変革できると信じたが，実際には参加は，天皇制を支える方向で町内会などを通じて保守的に強化されたとされる。そしてその中で，むしろ，そうした参加によって，異論や反論はないものとして抑圧されていったことを指摘した。すなわち，民主主義の遅れや不徹底がこのことを招い

ているのではなく，これが民主主義であるということを直視すべきであると論じた。

　井上は，戦後の豊かさに満足して，問題を深くとらえようとはせず，現状を肯定しようとする人々を，戦後の豊かさとの「幸福な結婚」の状態にあるととらえ，逆に，戦後の保守政治に満足せず，問題視し，より民主主義が徹底されれば問題は解決されるはずであると考える人々を「未熟依存症」と呼ぶ。井上によれば，未熟依存症は，「量的豊かさ」で実現できない「生活の質」，ゆとりのなさを問題視するが，その生活の質，生活基盤の改善や社会的資本の拡充に目を向け，その向上を妨げる既得権や経済権力や，それと癒着した政治構造を変えるために，草の根レベルの参加民主主義によって下から改革できると確信してきた。

　しかし，井上はこの両者に疑問を抱く。「幸福な結婚」は，経済的豊かさによって民主主義はそれなりにうまくいっていると問題点を直視せず，「未熟依存症」は民主主義が徹底されれば問題は解決できると，根拠なしに思い込んでいる。両者はともに民主主義に内在する緊張関係を理解していないと，井上は述べる。

　井上によれば，重要なことは，「民主主義には，対立を包容する傾向と同質化を強める傾向とが，共に内在している。従って，多様な生の諸形式の，また多数者と少数者との，自由かつ対等な共生を求める〈人間が豊かな社会〉の理念と，民主主義とは提携できるが決して予定調和の関係にはなく，原理的な緊張関係も孕んでいる」ということを直視することである（井上，2011：69）。

　したがって，「幸福な結婚」が重視する生活の量的豊かさにとっても，「未熟依存症」が盲信する民主主義にとっても重要なことは，「異質な生の諸形式を追求する様々な少数者を差別・排除することにより，多数者が豊かな『生活の質』を享受したとしても，それにより多数者は多数者自身の，より深い次元での豊かさを犠牲にしている」という認識であると述べる。したがって，「生活の質」が守られるためには，「追いつき，追い越せ」という言葉に示されるような単一の範疇・目標の達成度を競う競争とは異なる，「共に探す」competere という言葉が示すような範型・目標自体を人々が共に探究する競争（competition) に向かうべきであるとする。

また，井上によれば，こうした異質な生の諸形式が民主主義の中で守られる思想が，リベラリズムであると述べる。

> 「民主主義のこの傾向に歯止めをかけるためには，個人の基本的権利の尊重の要請は，民主的な集合的決定の論理に従属させられるべきではなく，むしろ，民主的決定を主題的に限定・制約する指導原理の地位に置かれなければならない。この立場を貫徹する思想が，リベラリズムである」（井上，2011：76）。

井上によれば，天皇制支持と同様の下からの同質化は，他に，会社主義や労働組合の中にもみられ，中間的共同体の専制という事態が見られるという。そして，こうした認識は，社会の中において，多数派とは異なる意見を事実上排除する「合意の貧困」という議論を導き出す。井上によれば，上記の中間的団体の専制と相まって，実質的には自民党の一党支配となった55年体制の下で，答責性のない「合意」が支配する政治を批判する。その論は，「はじめに」で書かれた以下の引用に凝縮されている。

> 「現実には一定の閾値以上の政治的組織力を持つ集団以外の主体には，異論表出を抑える強い同調圧力を加える一方，政治的組織力のある集団には反公共的な特殊権益のゴネ得的享受を可能にする強い拒否権を付与し，さらには政治的答責性を主体的にも主題的にも曖昧にし民主的決定過程の政治的学習機能を掘り崩すという役割を果たしてきた。この合意の貧困の病理は五五年体制とその惰性的再編ともいうべき現在（2001年現在）の連立政治に通底する問題である」（井上，2011：xv-xvi）。

こうした認識の下に，井上は，図表9-1にあるような反映的民主主義RDと批判的民主主義CDという2つの民主主義理解を提示する。ここも，いくつか井上の引用を示したい。

> 「民主制の存在理由をRDは政治的決定への民意反映度の最大化に求めるのに対し，CDはこれを権力の腐敗と悪政に対する批判的コントロールと修正プロセスの保障に求める」（井上，2011：216）。

> 「RDは，社会的資源の分配を要求する多様な諸集団の駆引きと交渉による妥協を通じた利益調整の場として政治過程を機能させることに，民意反映最大化問題への最適

解を求める。多様な諸集団の選好を取り込むために，意思決定は単純多数決を排したコンセンサス原理によることになる。これに対して，CD は政治社会の拡大による同質的喪失が規範的妥当要求をもつ価値解釈の分化をもたらしたことに着目し，多様な価値解釈の間の自由な批判的討議による公共的価値の共同探求の場，すなわち『熟議（deliberation）』の場として政治過程を位置づける。意思決定は熟議を経た上で多数決原理を貫徹させるが，これは多数者意思を絶対化するからではなく，政治的決定に対する責任主体を明確化し，無原則な妥協を排して，代替的な整合的政策体系の競争と試行錯誤的淘汰を促すためである。政治変動の意義もこれに応じて異なる。RD は政治変動を社会的諸利益の勢力関係の変動の表現ないし従属変数と見るのに対し，CD は政治にもっと内発的・能動的な提案能力を期待し，政治変動を政治による社会改良の試行錯誤的実践と捉える」（井上，2011：218）。

こうした小選挙区制と二大政党制，違憲審査などに依拠した批判的民主主義は，反映的民主主義の一つであるレイプハルトのコンセンサス型民主主義論との対抗を意識したものであるが，それは，井上がレイプハルトのコンセンサス・モデルを，合意型の典型として，その後の論で批判していくことにも現れている。

井上は，レイプハルトについては，次のようにいう。

「レイプハルトのコンセンサス・モデルとウェストミンスター・モデル（多数者支配型民主制）との区別に RD と CD が対応する部分もあるが，彼が外生変数としての民意の反映に還元されない熟議の重要性や内的拒否権と外的拒否権の区別を無視し，ウェストミンスター・モデルを単純な『多数の専制』に還元しているのに対し，CD はこのモデルの権力交代促進機能を熟議の貫徹と外的拒否権による少数者保護とに統合させている点で，彼と私のモデル構成には決定的な相違がある」（井上，2011：223）。

そして，さらに井上達夫は，「同質社会の神話から脱却すべき日本が今後確立すべき政治システムを単にレイプハルト的意味における多数者支配型民主主義と規定するだけでは不十分であり，かつ不適切である」と述べ，また，レイプハルトへの批判を土台に，「多数者支配型民主制のダイナミズムを生かしつつ，それに内在する危険への制御装置を内蔵したシステムを構想する必要がある」と述べた（井上，2011：239）。

図表 9-1　民主主義の二つのモデル

	反映的民主主義 (RD) Reflectional Democracy	批判的民主主義 (CD) Critical Democracy
理念		
象徴的社会	人民の欲求を実現せよ	悪しき為政者の首を切れ
民主制の存在理由	政治的決定への民意反映度の最大化	権力腐敗・悪政に対する批判的統制と修正
認識論的志向	価値相対主義	可謬主義
プロセス		
政治過程の本質	交渉による諸利益の調整	公共的価値の共同探究
意思決定原理	コンセンサス原理	多数決原理
政治変動の意義	諸利益の勢力関係の変動の従属変数	政治による社会改良の試行錯誤的実践
手続き的正義との関係	民主的プロセス＝純粋手続的正義	民主的プロセス＝不完全手続的正義
主体		
自己統治の意義	人民＝統治の権力主体	人民＝統治の責任主体
代表の本質	利益代表／命令委任　裁量限定による事前統制	熟議遂行への論理的信任解任による事後統制
参加の本質	決定の直接的統制（レファレンダム政治）　権利としての参加	熟議過程への参加による公共性陶冶　責任としての参加
制度		
制度設計の考慮要因	諸利益の包摂・権力共有　交渉コスト肥大化の抑制	討議の充実・権力交代　整合性ある代替的政策体系の競争と交代的試行の促進
標準的統治制度	比例代表制・連立政権　集団的拒否権付与のための分権化と二院制	小選挙区制・単独政権　責任分権　政治的中央集権　熟議保護のための二院制
少数者保護	政治的過程での拒否権付与（内的拒否権）	司法過程での人権保障（外的拒否権）

出典：井上, 2011：217

井上は2つの点において，レイプハルトのウェストミンスター理解の問題点を克服することで，批判的民主主義を日本にも導入することはできるという。その2点のうちの第1には，「デマゴーグに煽動された大衆の無責任な衝動や，多数派の剥き出しの特殊利益の追求」をいかに制御するかという点である。第2は，多数者による横暴から少数者をいかに守るか，という点である。井上によれば，日本はその「相対的意味において内部的同質性が高い」という点で，多数者支配への条件は持っているものの，「多数の専制」を防止して，異質な少数者を守る仕組みは必要であると述べる。したがって，井上は，これらの問題に2つの応答を準備したいと述べる。

その一つは「熟議」の復権である。政治的な決定を，非合理的な実存的決断や，カール・シュミットのいう喝采や，密室での談合に還元せず，対立党派間での公開の場での徹底した討論を経て，正当化理由を十分に熟慮吟味された決断のみに正統性を承認するということである。

この点で，井上は，レイプハルトが英国議会の貴族院における熟議をウェストミンスター的ではないとして過小評価した部分を批判する。井上達夫は言う。

> レイプハルトは，「一院制をウェストミンスター・モデルの純粋形態に適合するとし，英国の二院制を貴族の既得権益保護のための逸脱形態としてしか見ていない。しかし，二院制はまさに『熟議』の過程を多数者支配型民主制の内在的危険性の制御のために保障する装置なのである」（井上，2011：242）。

 レイプハルトは，貴族院をウェストミンスター・モデルからの逸脱として理解したわけであるが，井上はここに「熟議」を見出し，むしろ，批判的民主主義の中に位置づける。

 井上がもう一つの応答として評価するのは，司法審査（違憲立法審査権）による人権保障の強化である。これにより，多数者の立法による人権侵害に対する司法的救済のルートを保障する。言い換えれば，民主主義が人権を否定する立法を行うことを十分に想定し，民主主義によっても否定されない人権保障のルートを確立することである。

 このような井上達夫の「同質社会の神話」は，戦後において丸山真男が「無責任の体系」と呼んだ日本社会の特質に関する議論と全く同じではないが，その「答責性」のなさ（つまり「無責任」）を指摘している点で，やはり，同一線上にみることができる。また，下からの参加が民主主義をレベルアップし，それは天皇制や保守政治に対抗するであろうという仮説に，戦後民主主義が頼りすぎた誤りには，筆者も同意できる。

 しかし，その一方で，いくつかの疑問も同時にある。第1は，丸山批判などにおいても常について回ることであるが，井上の「同質社会の神話」論は，日本のことを語っているのか，それとも，民主主義一般のことを語っているのかということである。井上の書くところでは，こうした下からの参加が同質化の契機を拡大することは，決して日本だけを想定しておらず，欧州や米国などにおいても民主主義それ自体が同質化を強要することを書いている。ただし，その一方で，井上が労働組合や会社を取り上げるときには，明らかに「日本的な

もの」を題材にしている場合もある．要するに，どこまでが日本特殊で，どこからが民主主義一般に内在する問題なのか，また，日本的なものと民主主義一般の絡み合いの具合などに関しては，明確な説明がない．

もしも，日本の民主主義の問題を，世界的な「コンセンサス型」民主主義一般がはらむ問題と同一であるということになると，日本のような「同質社会の神話」を「コンセンサス型」民主主義各国が抱えていなければならない．それに対する回答は，レイプハルトが行ったように，各国の民主主義の本格的比較に取り組まなければ，容易には行い得ないはずであろう．

第2に，井上の論じる理念型と現実の問題である．井上によれば，反映的民主主義は，政治的決定への民意反映度を最大に求め，その結果，コンセンサス原理に基づく連立政治へと結びつくと論じられている．しかし，反映的民主主義の仮定においてはそうであっても，現実の連立政治が井上の反映的民主主義に該当するのか，という問題がある．

連立には大連立もあれば，二大政党の一角を軸にした連立もあり，また，全党派が参加する連立もある．最小勝利過半数連立は，レイプハルトを批判した多くの論者から，連立ではあっても「コンセンサス型」ではないと論じられた．これだけ様々な連立を，反映的民主主義→比例代表→コンセンサス→連立という図式だけで語ることが可能であろうか．

また，日本の戦後のように，少なくとも小選挙区制などと比べると，はるかに比例的な中選挙区制でも，得票率50％を自民党が越えていた時期もある．得票率50％を越せば，小選挙区制でも，比例代表でも単独政権が生まれる．しかし，小選挙区制以外の単独政権では，不十分だということになるのであろうか．実際，井上は，一党で過半数を持ってきた自民党政権に関しては，「自民党『単独』政権」と，その単独性に疑問を呈している（この点はレイプハルトの評価と近い）．井上の並立制批判を考えると，井上の求める単独政権は，小選挙区制による単独政権でならなければならないと読める．しかし，それに関わっては，小選挙区制による単独政権と，中選挙区制による単独政権，あるは並立制による単独政権では，その単独性や答責性に違いが出てくると言える根拠は何であろうか，という疑問がある．

第9章　ウェストミンスター化か,「コンセンサス・モデル」か

　もし,井上が55年体制の自民党単独政権が派閥連立的で,内部が分権的なので,単独政権とカウントしないのであれば,小選挙区制による単独政権においては,内部が必ず集権的と言えるのかを検討しなければならない。1970年代後半の英国労働党政権を研究した高安健将は,「『政党内の特徴』つまり政権を支える政党組織の権力構造とこれを反映する閣僚の構成こそが,単独政権か連立政権といったシステム・レベルの変数よりも,首相の権力を説明する本質的な変数であることを論証してきた」と述べている（高安,2009：236)。高安はここで,小選挙区制によって選出された労働党単独政権も,政党内部組織が比較的分権的であったため,首相自身が逆に「操縦」されたと論じている。小選挙区制で単独政権ができれば,内部は集権的であると仮定するのは,実態よりあまりにも理念偏重の展開ではないだろうか。

　さらに,井上が小選挙区制による単独政権しか答責性がなく,連立政権や,分権的な単独政権においては,答責性が見込めないという場合には,今度は,その実例が非常に近年乏しくなってきているという問題をどう考えるのかということが,課題になる。議院内閣制においては,純粋な小選挙区制・単独過半数政権という図式は,2010年5月から1年間の間は,世界的に1例もないという状況にまで至ってしまった。つまり,井上がいくら批判的民主主義の理念型を想定しても,現実に存在していないという問題がある。

　第3の問題は,井上が「熟議」の例として,英国の貴族院に期待をかける点である。井上が「熟議」の過程としてみる英国の貴族院は,バジョットの例を挙げていることからすると,19世紀の貴族院を念頭においているのかもしれない。しかし,英国の貴族院は,1999年以来,任命制でありながら明らかに比例代表的になりつつある。それ以前は,ほとんど出席しない世襲貴族院議員が圧倒的多数を占めていて,彼らは保守党支持が多かったが,そうした世襲貴族院議員は1999年にブレア政権の下で92名を残して廃止された(第5章参照のこと)。そういう意味では,井上が英国の貴族院に批判的民主主義としての価値を見出していたのであれば,比例的となってしまった英国の貴族院には,批判的民主主義から見て,もう価値がないということになるのであろうか。それとも,依然として貴族院の役割に価値を見出すのであろうか。もし,後者であれば,井

243

上の議論にとって,「比例的であってはならない」ことは,さほど重要度を持つものではないということになりはしないか。このようにしてみると,中間的専制や同質化圧力という問題が,必然的に比例代表や連立に結びつくし,その下では必然的に悪化するという見方をとるだけの合理的理由を,井上は提示していないと考える。

第4の問題点は,司法審査に関してである。まず,司法審査自体は,小選挙区制の場合であれ,比例代表の場合であれ,その役割の積極性に異論はない。また,英国では違憲立法審査はないが,個々の制定法の有効性を問う訴訟自体は,第5章の1949年議会法に対するケースなどのように存在してきた。

しかし,同時に,井上自身も書いているように,日本では司法審査自体が,世論や時の政権の影響を受けてきた。完全な小選挙区制で政府が選ばれるようになれば,影響を受けなくなるとは言えないであろう。その点で,現状においても政治的影響を受ける日本の司法審査の現実論と,司法審査に多数派の横暴からの少数派を守る防波堤の役割を期待する理想論とを,どう整合的に理解するのか,ということは課題として残ると考える。

もっとも,小選挙区制が必ず専制に至るという直線的な理解は,「戦後コンセンサス」の議論(第8章)を見れば分かるように,妥当しない。問題は,日本に即して考えた場合,既に政治に相当影響を受けてきた司法審査に,さらに期待するのであれば,小選挙区制,比例代表制にかかわらず,司法審査に関わる個別の検討が必要といえるのではないかという点である。

第5に,政治システムと社会の問題である。井上の指摘した「同質社会」化は,その名のとおり,社会の問題である。国政レベルにおいて,小選挙区制と単独政党過半数政権で答責性に疑いのない状態に至ったとしても,それによって,社会の特質を変えることができると,なぜ言えるのであろうか。

先述したように,レイプハルトも社会が政治を決定するという論理から,政治が社会を決定するという論理に転換したと批判されてきたが,この点では,井上も,日本社会の同質化の強制という問題を指摘しつつ,小選挙区制と単独政党過半数政権という政治システムによって,社会が変えられると論じている。しかし,結果的に元号法制化を実現した自民党主流派も,当初は,「反対

派と対決してまで法制化する気はなかった」(井上, 2011 : 113) と指摘したように，自制するつもりだった政権が急進的な一部世論になびいていく傾向は，これまでもあった。このなびく政治がありながら，社会に根深い民主主義の体質を，政治の側が，小選挙区制と単独政党過半数政権で変えられる，と言えるだけの説得的材料は提示されていない。

　むしろ，この問題は，日本においても世界においても論じられてきた「市民社会論」との関係で深められていくべき論点であろう。日本の「市民社会論」が「合意」と少数派の価値観を，必ずしも十分に考えてきたとはいえないからである。「アソシエーション」においても，「コミュニティ」においても，井上のいう「合意」は同質化の強制の道具に転化する恐れがある。そのことは，「ティー・パーティ」やプロ・ライフが米国のマイノリティに強いプレッシャーをかけたことからも言える。こうした側面は，「市民社会論」を豊富化していく観点からも重要な課題であり，新たな論点として深められるべきであろう。なお，「市民社会論」の日本及び世界の議論の整理，それを踏まえた問題提起に関しては，豊富な業績がある (山口, 2004)。

　このように見てくると，井上達夫の『現代の貧困』が日本社会に内在する問題点を鋭く指摘している点は評価できるが，その一方で，その論理で比例代表制や連立政権までも否定できるとは考えられない。世界的には多数派でさえある比例代表制・連立政権というシステムが，日本にある「同質社会」の強制に結びつけられるという結論自体が，極めて日本的であろう。

　井上が一貫して批判するのは，日本社会における「コンセンサス」が持つ「他者性」のなさなのではないかと筆者は読めるし，その問題点は共有できる。むしろ，井上の指摘を活かすのであれば，単独政権にせよ，連立政権にせよ，政治や社会において「他者」が意識されるかどうかが重要であり，その論点は，選挙制度や，政権の単独性・連立性の問題とは同一ではないと考える。[25]

25) 井上は，少数者の権利や価値観を守る意味で，「答責性」「決定」の重要性を強調するが，近年，少数者の権利や価値観（例えば，日の丸・君が代への態度）を押しつぶす方向で，「決定できる」政治が唱えられることが多い。

補論

英国のマニフェスト政治

1　日本のマニフェスト政治

　ここでは，近年，日本政治において盛んに取り上げられたマニフェスト政治に関して考察したい。よく知られたとおり，マニフェストを選挙に用いるようになったのは，英国の習慣であるが，この英国のマニフェストは，現在のものでも，日本で政党が発行しているマニフェストとはかなり異なる。

　なお，結論を先に言うならば，英国の政党が発行するマニフェストには，数値目標や，達成期限や，財源は，書かれてないことが多い。日本では，英国のマニフェストが紹介された際に，数値目標，達成期限，財源がマニフェスト3原則として提唱されたこともあり，これが英国のマニフェストだという誤解が広範囲に広がった。しかしながら，英国のマニフェストには，こうした3原則はなく，数値目標も歴史的に見て非常に限られてきた。「スピン（ごまかし）」の多さを批判されたブレア政権では，たしかにマニフェストでは数値目標が増える傾向はあったが，手を縛られないような穏健なものであり，財源などが明示されたものは，ほとんどなかった。

　さらに，日本の場合，民主党が野党であったとき，政権に就いたときの財源や具体策に関して繰り返しマスコミから質問され，野党のうちに，数値目標・達成期限・財源を示せと詰め寄られた結果，民主党は，それらに詳しいマニフェストを発行し，政権を獲得できたが，その後，1万3000円の子供手当てなのか，

2万6000円なのかとか，一字一句を詰められた。

　後に見るように，デイヴィッド・キャメロン保守党党首（現首相）は，「野党に細かい財源を示せなどという歴史は，わが国の政治にはない」と突っぱねた。もし，日本の民主党にそれができれば，また，日本のマスコミがそれを許せば，マニフェストに細かい数値目標や達成期限などが書かれずに，政治論争の不毛な部分は，今頃相当減っていたであろう。

2　数値目標，達成期限，財源の記されたマニフェストは，英国にはない

　日本では，2003年ごろから政党が選挙のたびにマニフェストを書いて，公約を明らかにすべきだという論が強くなった。たしかに，それまでの日本の選挙は，各党が公約も方針も明らかにすることなく，様々な争点に対する各政党の基本的態度が曖昧なまま選挙に突入し，そして，投開票が行われた。このような中で，今日では，各党がマニフェストを出すことになったこと自体は，民主主義にとって大きな前進であろうと考える。

　日本でマニフェストという言葉を流行させ，流行語大賞を受賞した北川正恭が強調したように，日本の政党に，「ウィッシュ・リスト」（願望）ではなく，約束をこめたマニフェストが普及することに意味はあった。そのことの功績は，評価されるべきであろう。しかし，2003年当初から，この政党マニフェストには数値目標を掲げて，約束をすべきだという論が強調され，マスコミなどによって，それが英国で行われてきたことであると論じられた点は，明確に間違いであると言わざるを得ない。

　ちなみに，北川は，自身の提唱するマニフェスト3原則「達成期限，数値目標，財源の明示」は英国由来のものであるとはストレートに言っていない（少なくとも近年言っていない）。また，同時に，「03年にマニフェストを提唱したときは意識的に『事後検証が可能なこと』，そして『数値目標，期限，財源，工程表』が必要だと強調した。それは，従来の曖昧な公約とは全く異なるものであることに気づいてもらうためだった。従来も『こういうまちにしたい』とい

う公約を候補者は書いてきた。しかし，それは必ず到達すべき目標ではなく，単なる願望の羅列。それと混同されては，インパクトがないと考えた」(北川, 2005) と自身が述べているように，正確さよりも，「インパクト」を重視したものだったことが，明らかである。しかし，彼のマニフェスト論が英国のマニフェストを参考にしたと，同時に述べるので，誤解は必至であった。彼のマニフェスト3原則は，むしろ英国のマニフェストとは異質の日本独自の発展を遂げたものであることを，明瞭に述べておくべきであったろう。

英国の政党マニフェストに数値目標が必ずしも多いわけではない点に関しては，筆者と自由法曹団の行ったインタビュー調査において，労働党政権の閣僚

図10-1　戦後イギリス総選挙マニフェストにおける「マニフェスト3原則」(数値目標，達成期限，財源)

年	1945			1950			1951			1955			1959			1964			1966			1970			1974／2		
政党	数値目標のある政策の数	任期中に期限の明示された数値目標	財源の明示された数値目標の数	数値目標のある政策の数	任期中に期限の明示された数値目標	財源の明示された数値目標の数	数値目標のある政策の数	任期中に期限の明示された数値目標	財源の明示された数値目標の数	数値目標のある政策の数	任期中に期限の明示された数値目標	財源の明示された数値目標の数	数値目標のある政策の数	任期中に期限の明示された数値目標	財源の明示された数値目標の数	数値目標のある政策の数	任期中に期限の明示された数値目標	財源の明示された数値目標の数	数値目標のある政策の数	任期中に期限の明示された数値目標	財源の明示された数値目標の数	数値目標のある政策の数	任期中に期限の明示された数値目標	財源の明示された数値目標の数	数値目標のある政策の数	任期中に期限の明示された数値目標	財源の明示された数値目標の数
保守党	1	0	0	0	0	0	0	0	0	0	0	0	3	3	0	3	0	0	1	1	0	0	0	0	0	0	0
労働党	0	0	0	0	0	0	1	0	0	0	0	0	1	0	0	1	0	0	3	1	0	7	5	0	1	0	0

年	1974／10			1979			1983			1987			1992			1997			2001			2005			2010		
政党	数値目標のある政策の数	任期中に期限の明示された数値目標	財源の明示された数値目標の数	数値目標のある政策の数	任期中に期限の明示された数値目標	財源の明示された数値目標の数	数値目標のある政策の数	任期中に期限の明示された数値目標	財源の明示された数値目標の数	数値目標のある政策の数	任期中に期限の明示された数値目標	財源の明示された数値目標の数	数値目標のある政策の数	任期中に期限の明示された数値目標	財源の明示された数値目標の数	数値目標のある政策の数	任期中に期限の明示された数値目標	財源の明示された数値目標の数	数値目標のある政策の数	任期中に期限の明示された数値目標	財源の明示された数値目標の数	数値目標のある政策の数	任期中に期限の明示された数値目標	財源の明示された数値目標の数	数値目標のある政策の数	任期中に期限の明示された数値目標	財源の明示された数値目標の数
保守党	0	0	0	1	0	0	0	0	0	2	1	0	14	8	0	6	5	0	13	0	0	12	9	0	19	4	0
労働党	3	3	0	0	0	0	16	0	0	1	0	0	8	0	0	0	0	0	16	13	0	12	11	0	19	10	0

Source：Dale, 2000a; Dale 2000b; Conservative Party, 2001; Conservative Party, 2005; Conservative Party, 2010b；Labour Party, 2001；Labour Party, 2005；Labour Party 2010.

であったベン・ブラッドショウ下院議員は，明らかに否定して，次のように述べた。

「イギリスの政党マニフェストで数値目標がたくさん入っているという理解は，誤解です。多くの政党は，あまり具体的過ぎる数値目標をマニフェストに入れないようにしています。それよりも哲学的な目標を書くようにしています。1997年の労働党のマニフェストにはいくつかの数値目標を入れましたが，それは非常に穏健な目標を掲げており，それに拘束されるようなものではありませんでした。また，政党は実現するのが難しそうな壮大な目標を，しかも数値で掲げることはありません」（小堀，2011）。

今回，英国の政党マニフェストに，どのくらいの数値目標が入っているのか，達成期限があるか，財源が書かれているかについて，戦後1945年以来の18回の総選挙マニフェストを，政権担当可能性のあった保守党・労働党について調べてみた。ここで言う数値目標とは，「30人学級を実現する」（1997年労働党マニフェスト）という政策そのものの数値目標だけでなく，「マラリア・ワクチンや治療に5億ポンドを支出する」（2010年保守党マニフェスト）というような財政目標も加えている。この場合，それらの財源目標に関しては，その財源が純粋な増税か，他の政策の予算削減なのか，借金なのか，が記されているかどうかを検討した。ただし，英国の政権は最長の任期が5年なので，「10年後の目標」のように，5年を超える政策目標に関しては，数値目標としてカウントしていない。また，同じ政策に

図10-2 衆議院・参議院選挙マニフェストにおける「マニフェスト3原則」（数値目標，達成期限，財源）

政党	2005			2007			2009			2010		
	数値目標のある政策の数	任期中に期限のある数値目標	財源の明示された政策の数	数値目標のある政策の数	任期中に期限のある数値目標	財源の明示された政策の数	数値目標のある政策の数	任期中に期限のある数値目標	財源の明示された政策の数	数値目標のある政策の数	任期中に期限のある数値目標	財源の明示された政策の数
民主党	24	3	0	15	1	6	42	29	9	5	0	0
自民党	9	0	0	7	4	0	14	4	0	19	3	0

Source：自民党（2005），『自民党政権公約：自民党の約束』
自民党（2007），『成長を実感に：改革を貫き，美しい国へ。』
自民党（2009），『自民党政策BANK』
自民党（2010），『自民党政策集：J-ファイル2010（マニフェスト）』
民主党（2005），『民主党政権公約：MANIFESTO（マニフェスト）』
民主党（2007），『民主党政権公約：MANIFESTO（マニフェスト）』
民主党（2009），『民主党政権政策：Manifesto』
民主党（2010），『民主党政権公約：MANIFESTO（マニフェスト）』

よって2つの数値目標の実現が公約されている場合、それは1つとしてカウントした。さらに、数値目標といった場合、「年収5万ポンド以上の裕福な家庭には税控除を行わない」(2010年保守党マニフェスト)のような政策は、数値は入っているが、それが目標にはなっていないので、数値目標とはカウントしていない。それらの指標で数値目標を持つ政策を検討した結果が、図表10-1である。

ここに明らかなように、1945年から60年代あたりまで、マニフェストにおける数値目標はほとんどなかった。70年代に入ると、少しずつ出てくるが、一気に数値目標が増加するのが、1983年総選挙での労働党マニフェストにおいてであった。しかし、この1983年総選挙では、労働党は野党でしかも、大幅に議席を減らし、戦後最悪の結果を残し、得票率においては二大政党の一角であることも脅かされるほどの、大敗を喫した。また、このマニフェストの出来の悪さに関しては、当時労働党下院議員であったジェラルド・カフマンが、このマニフェストを「歴史上最も長い遺書」と表現したことでも知られている。つまり、数値目標は、労働党を苦境から救いはしなかったし、むしろ、苦境の表れとして前例のないほどの数値目標が盛り込まれたと言える。

1979年から87年まで総選挙を3連勝したサッチャー保守党は、マニフェストにほとんど数値目標を書き込んでいない。そうする必要もなかったし、それは明らかにサッチャー保守党の重点から外れていた。逆に、投票日数日前まで世論調査でリードを許していたメイジャー保守党は、14もの数値目標を並べ、そのうち8つに関しては、達成年度も書き込んでいた。

1997年総選挙で、野党でありながら、与党保守党を世論調査で大幅にリードし、政権交代が確実視されていた労働党のマニフェストにおいては、数値目標は5つしかなかった。(Dale, 2000a)。このときの労働党マニフェストにおいては、雇用の「ニュー・ディール」、「ウィンド・フォール税」などの(少なくとも名前の上では)斬新な政策提案を行ったが、これのどれにも数値目標は存在しなかった。もしも、日本流のマニフェスト理解が英国で一般化していたなら、マスコミはニュー・ディールをいつまでにやるのか、財源はどこか、ウィンド・フォール税で財源は本当にまかなえるのか、税率は何％にするのかなど、矢継ぎ早に野党に質問をぶつけたであろう。しかし、そんな姿勢はマスコミにもな

かった。

　また，2001総選挙になると，数値目標は増加した。しかし，これには，ブレア政権の性格も加味する必要がある。ブレア政権は，選挙以前から，どの政権よりも「ターゲット」を好み，ブレア政権は「ターゲット文化」を生み出したと言われている（*The Guardian*, 'Leading article: Tony Blair's speech: Manifesto for changing times', 28 September 2005）。したがって，もともと政府のターゲットがあるので，数値目標は容易に入れられたが，大半は，「10年計画」として数値が掲げられた。英国の下院議会任期は5年であるので，「10年計画」では約束にならない（Labour Party, 2001）。

　2005年総選挙では，英国政治史上初めて，数値目標，達成期限，財源が書かれた政策が，労働党マニフェストに登場した。その部分を引用しておこう。

　　「私たちは，若年者のボランティアとその行動，それへの従事の初めての国民的枠組み―若い人々自身による現代的国民若年者コミュニティ・サービス―を，向こう三年間，ビジネス，ヴォランティア・セクター，宝くじによる1億ポンドの基金で，確立するだろう」（Labour Party, 2005）。

　しかし，英国政治史上，数値目標，達成期限，財源の3拍子そろった記述は，後にも先にもこの1箇所だけである。つまり，英国には，マニフェスト3原則はないといっていいだろう。全体として，過去の英国総選挙マニフェストにおいては，財源に関して記述のないものが圧倒的に多く，日本で流布されてきた英国総選挙マニフェストに関する理解とは違って，「願望の羅列」になりえる危険性は十分にあるものが多かった。もっとも，財源に関する具体的記述や，数値目標に関する詳しさはなくても，それぞれの政策に関する説明の分量などは，日本のマニフェストと比べると圧倒的に多い。また，数値目標や財源とは違う形で，具体的であることが多い。ちなみに，過去の英国総選挙マニフェストにおいて，「工程表」が並ぶケースは，かつて1度もなかった。

　数値目標に関するマニフェストに関する誤った見解が，日本において流布されたことは，日本の政治や政権交代に大きな影響を与えた。英国の二大政党に関して行ったのと同じ方法で，数値目標に関して調べてみたのが，図表10-2

である。なお，参議院は任期が6年であるので，6年を越える時期に達成期限が設定された数値目標は，図の中の数に入っていない。これをみると，主として，民主党において，達成期限や財源も含めて書かれている項目が2007年，2009年に増えている。特に，2009年民主党マニフェストにおいては「子ども手当，年31万2000円」（2009年月額1万3千円，次年度以降2万6千円），「月額7万円の最低保障年金」，「中小企業の法人税率を11％に引き下げます」など，非常に数値目標が多く，予算まで事細かに書かれており，工程表まで作られた。数値目標の数は，実に，42に上り，達成期限のあるもの29，そして，9つの項目にわたって財源が書かれていた。他方で，全体的分量は少なく，哲学が少ない傾向があった。結局，この数値目標が，政権を硬直化させ，自由度を低下させ，野党やマスコミの攻撃を招いた。もっとも，民主党も，その後の2010年参議院選挙マニフェストでは，数値目標自体を大幅に減少させた。数値目標でがんじがらめに縛られ，おまけに財源まで書き込んで身動きが取れなくなる事態は，一度で懲りたのかもしれない。なお，自民党のマニフェストも，数値目標が徐々に増える傾向があったが，財源まで書き込まれたことはない。

ちなみに，英国では数値目標が非常に多いマニフェストを出している，という理解が間違いであるという指摘は，日本にいる英国政治研究者から既に7年も前から指摘がある（豊永，2005）。

近年強調された「検証可能性」が政党にとって重要であることは，非常に意味のあることであると考える。しかし，政策には当然数値目標がなくても重要なものはたくさんある。むしろ，数値目標を強調することによって，それがない政策の「検証可能性」の議論は，手付かずになっていった。

「検証可能性」という点では，英国政治においては，1974年10月総選挙労働党マニフェストにおいて，注目が集まった件があった。当時の労働党ウィルソン政権は，英国がECに残るか否かについて，「選挙後12ヶ月の間に，投票箱を通じて，最後の声を上げる機会をイギリス国民に与える」と公約した。結局，これは1975年の英国史上初の国民投票になるわけであるが，このときのマニフェストは，それが選挙なのか，国民投票なのか，さえ明らかにしていなかった。しかし，国民は，12ヶ月以内に本当に選挙が行われるのか，それとも，国

民投票が行われるのかを固唾を呑んで見守った。

　なお，マニフェスト政治は，小選挙区制と二大政党政治を前提としているという理解もたびたびなされるが，少なくとも，それも，英国のものではない。そもそも，英国には，二大政党である保守党や労働党以外に，自民党，スコットランド民族党，プライド・カムリ，緑の党，UK独立党，ブリテン民族党，民主アルスター党，社会民主労働党，シン・フェインなど多数の政党があり，それぞれがマニフェストを出している。これらの政党は当然のことながら，一党で政権を取れる見込みはないに等しい。特に，スコットランド民族党やプライド・カムリは，それぞれスコットランドとウェールズでしか立候補していない。北アイルランドの政党も，北アイルランドでしか候補者を立てない。したがって，これらの政党のマニフェストは，これも当然のことながら，「政権公約集」ではない。かといって，それらの政党のマニフェストは「願望の羅列」でもない。もちろん，政権をとって実現できる政策について書いているわけではないが，日本の政党の「公約」に多くあったように断片的な公約を並べただけであったり，重要争点なのに言及がなかったりということは比較的少ない。むしろ，これら小政党でも，数値目標などは書かず，トータルな政見を明らかにしている点が特徴である。したがって，英国のマニフェストを，「政権公約集」と考えるのは狭く，むしろ「政見・公約集」と表現した方が正確である。

3　野党の政策には詳細な財源は求められない

　この他，日本では，2009年の政権交代前に，民主党に対して，繰り返し政策の「財源を明らかにせよ」という要求が，自民党政治家やマスコミからなされた。この件は，英国ではどうであったか。英国でも，2010年5月総選挙の結果，労働党から保守党・自民Lib Dems連立に政権が交代した。

　実は，この直前に，当時の野党保守党党首（現首相）であったデイヴィッド・キャメロンに対して，英国では有名な報道番組である「ポリティクス・ショウ」で，キャスターとしては有名なジョン・ソーペルが厳しい質問を浴びせた。「いつの年にどれくらいのカットをするかは，あなたは言っていない。話すべきで

はないということか」と詰め寄った。この手の質問は，まさに日本で2009年に何度も民主党に対して浴びせかけられた質問であった。しかし，これに対して，キャメロンは，怒りをもって，こう答えた。

> 「野党として，私たちは，クリアで一貫した絵を持っている。ある意味で，政府よりも，かなり早い時期に，である。それなのに，政府よりも野党にこそ，もっと詳しく話せ，もっと詳しく話せというのは，私たちの長い政治の歴史のなかでは，覚えがない」(*Politics Show*, 13 January 2010)。

BBCのインタビュアーは，政治家が質問に答えないと，しつこく何度も，同じ質問を行うことが常であるが，このときは，キャメロンのこの一言で，この質問を終えた。

保守党は1997年以来，13年間政権から遠ざかっており，1997年以来政権を担ってきた労働党政権の下での財政状態の詳細に関しては知る由はなかったので，上記のように答えたとしても，何の不思議もない。実際，英国では，政権交代のたびに，政府財政に関わってジョークがよく聞かれる。

例えば，2010年総選挙後の連立政権の大蔵省首席大臣となったデイヴィッド・ローズ（自民）は，「恐れ入りますが，もうお金は残っていません」という書置きを，前任者のリーアム・バーン（労働党）から引き継いだ（*The Daily Telegraph*, 'Labour's warning to new Government: 'there's no money left', 17 May 2010）。このことは，野党は政府の財布の中を知らないし，知りうる由もなかったということを示している。このように，野党が政権の財布や台所の，少なくとも詳細を知る手段がないというのは，英国政治にも良くあることであった。

この状態は，1996年に結党して以来，初めて政権を狙っていた日本の民主党に関しても当てはまるはずである。にもかかわらず，日本では野党に対して，当然のごとく，政府の財政状態をよく知っていて，財源の裏づけを持った具体的な数値目標を含んだマニフェストを出せるはずだと，求めてきた。今後も，このようなことが続くなら，日本における政権交代は，常に「悲劇」へと至るであろう。

4　英国で，マニフェストに政党は拘束されるか

　英国の選挙で発行されるマニフェストについては，特に，政権党のそれは，選挙を経て国民から負託された「マンデイト」(命令)であるという論がたびたびなされる。もちろん，この「マンデイト」というのは，大半が政治的な意味で使われるが，政府の実施した政策をめぐって争われた裁判で，マニフェストの内容が「マンデイト」と言えるのかどうかが争われた例もある (小松, 2003)。

　ただ，ここでは，近年の英国の政権がマニフェストをどの程度忠実に実践したか，また，マンデイトにない事柄を行った場合，どのような議論が行われたのかについて，いくつかの事例を見てみることにする。

　英国の2000年以降の政治を振り返ってみると，論争を巻き起こした事柄として，アフガニスタン戦争(2001年)，イラク戦争(2003年)，大学学費の値上げ(2004年)，財団病院の創設 (2004年)，財団学校の拡大 (2005年)，IDカード法 (2006年)，大学学費値上げ (2010年) などがあったが，これらのうち，マニフェストに書かれたのは，財団学校の拡大とIDカード法だけであった。もちろん，戦争などは予想し得ないことであるが，大学の学費値上げなども，必ずしもマニフェストには明記されていない。

　ただし，マニフェストで書かれたことに反することを政府が行おうとするときには，たしかに強い批判を浴びることになる。例えば，2005年総選挙マニフェストで，労働党が公約したEU憲法批准に関する国民投票公約が，そうであった。労働党は，2004年に加盟国で合意されたEU憲法の批准に関しては，国民投票を行うことを，2005年マニフェストに明記した。しかし，その後，フランスとオランダのレファレンダムで批准が失敗し，2006年のEU憲法の発効は頓挫した。その後，EUは，EU憲法案から，序文や国旗，国歌などを取り去り，その他はほぼ同じ内容を，「憲法」という言葉は使わずに，リスボン条約として提起し，2009年の発効を目指した。この過程で，ブレア政権は，当初の国民投票による批准という方針を転換し，もはやリスボン条約は欧州憲法ではない

255

と言明し，議会での批准という方針を表明した。それに関しては，保守党を含む国内の右派グループからきびしい批判が相次いだ。

　2010年11月に下院議会で議決され，実施された大学の学費3倍値上げに関しても，マニフェストとの関係で，厳しい議論がある。2010年以来連立の一翼を担っている自民 Lib Dems は，2010年総選挙マニフェストにおいては，大学学費の廃止を公約に掲げていたからである（Liberal Democrats, 2010）。この問題をはじめとして，自民 Lib Dems は保守党の「小さな政府」方針に巻き込まれた責任を，支持者たちから厳しく追及され，大幅に支持率を落とし，2011年地方選挙においても，惨敗した。

　このように見てくると，マニフェストに反する方針に関しては，たしかに国民やマスコミからの厳しい批判があるが，その一方で，多くの重要な政策や決定は，マニフェスト以外から出ていることは明らかである。また，総選挙から数年もたてば，新しい環境の下で新しい政策が出てくるのは当然であり，それが問題になったこともなかった。

　なお，マニフェストは，政党を1つのまとまりとして考えることを前提としているわけであるが，日本政治では，その点が英国と比べて圧倒的に弱い点を指摘しておく必要がある。英国政治では，平議員が党の方針を批判することはあっても，党の役職者や閣僚が首相や党首を批判することは，ほぼありえない。それをするときは，辞表を提出するときである。1986年にマイケル・ヘゼルタインがサッチャーを批判して閣僚を辞任したが，内部様々な確執はあり，異なった認識を示すことはあっても，辞任を決意するまで批判を公然化させないのが，英国政治の一種の慣習であった。それは，ジェフリー・ハウが閣僚を辞任したときも，ナイジェル・ローソンが蔵相を辞任したときも，そうであった。公に批判するときは，辞めるときである。日本の政党は，民主党でも，自民党でも，閣僚が首相を公然と批判したり，党幹部が党首を公然と批判したりする例が，英国よりも非常に多い。この風土こそ，マニフェスト政治とは並び立たないと言わざるを得ない。

　また，最後に，良くも悪くも，英国政治の場合，労働党と保守党は対立していても，例外的であるが，互いが賛成できる法案には賛成票を投ずる例があっ

た。例えば，これは悪い例かもしれないが，ブレア政権下でのイラク戦争開始には，保守党も賛成した (Mellows-Facer, 2003)。2006年の学校改革には，労働党バックベンチから大量の造反があり，ブレアは第二読会において保守党の助けで法案を通過させて，もはや「労働党の党首ではない」と揶揄された (*The Guardian,* 'Schools bill passes, with Tory support', 15 March 2006)。当時保守党党首であったキャメロンは，労働党の学校改革法案に賛成した理由を，「私の目的は，この国の子供たちのために教育を改善することであり，その教育法案は，その助けになると考えている」と述べた (*The Guardian,* 'Cameron denies playing politics over schools vote', 15 March 2006)。当時，労働党政権が提出していた学校改革法案は，生徒と親の選択を広げる点で，サッチャー政権時の学校改革案との類似点が指摘されていた。このとき，労働党議員の政府法案への反対は52名に上ったので，保守党が反対すれば，法案は否決されていた。保守党は，第三読会でも法案に賛成し，学校改革法案 Education and Inspections Bill は成立した。上記は例外的出来事ではあるが，二大政党が常に採決で対立してきたわけではないことを示す事例である。

終章

「少数」が動かしたウェストミンスター改革

1 「拒否権プレイヤー」論によるウェストミンスター改革

　第1部で見てきたように，キャメロン連立政権に入ってから，ウェストミンスター改革の動きは急である。

　キャメロン政権以前からも，英国の統治システムに関しては，民間委託や外庁化の動き，スコットランドやウェールズ，北アイルランドなどへの権限委譲，EUによる決定や規制の強化などを通じて，ウェストミンスター政治の「空洞化」や「多層ガヴァナンス化」が指摘されてきた（Rhodes, 1997 ; Bache and Flinders, 2004）。もっとも，その一方では，そうした分権化や民間委託を依然として中央政治行政がコントロールしている側面は維持されているという指摘もあった（Smith, 2009 : 102）。キャメロン政権下における権限委譲の拡大や，首相解散権の廃止などに関しては，その程度をどう評価するかは今後の課題としてあるが，こうした変化をさらに強める方向にあることは，間違いないだろう。

　しかし，こうしたウェストミンスター改革の動きには，1つのパラドクスがある。それは，ウェストミンスター・システムという最も多数決主義的なシステムを変容させてきたのは，二大政党ではなく，自民 Lib Dems，スコットランド，ウェールズ，北アイルランド，そして憲章88のような「少数派」であったということである。第2章で見てきたように，スコットランドやウェールズの権限委譲派の人々は，その出発点においては，その地域の多数派でさえなかっ

た。1979年のスコットランド・レファレンダムでは，議会開設に過半数の支持を得ることができたものの，有権者比で40％に届かず，開設することはできなかった。このとき，ウェールズではレファレンダムで大敗を喫している。

イングランドにおける選挙制度改革，貴族院改革，「権利章典」運動なども，具体的には，自民 Lib Dems や憲章88という「少数派」が取り組んできた。1990年代に，「権利章典」の考え方を取り入れた1998年人権法や，1999年貴族院法による世襲貴族院議員の基本的廃止など，改革の進展は，直接的には労働党ブレア政権の立法なくしてはありえなかったことであるが，その労働党を動かしたという点では，憲章88の運動は特筆すべきであろう（第４章第３節）。中心メンバーで言えば，100人いないのではないかという市民団体が，労働党を動かしたという点は，注目に値する。

また，2010年の政権交代時には，保守党でさえ貴族院選挙制やウェールズ・レファレンダムを公約し，連立政権発足以後は，選挙制度改革，固定任期議会（首相解散権の廃止），貴族院選挙制提案など矢継ぎ早に動く結果になった。

それでは，この多数決主義型として典型的な国において，なぜ，「少数派」が二大政党を動かしえたのか。その答えは，選挙前においては，二大政党の基盤的支持層の中間に，自民 Lib Dems や憲法改革を望む有権者たちが位置し，その支持を得ようと動きを強めたからであり，選挙後には，今度はその有権者たちから多くの支持を集めた自民 Lib Dems などの勢力を連立に引き込もうとする動きがあったからである。権限委譲に関しても，第２章でみたように，下院の過半数を得るためには，積極的にならざるを得なかった。

選挙前の問題としては，保守党が1997年，2001年，2005年と総選挙で負け続けた後に，また，2009年議員経費スキャンダルで，保守党もキャメロン以下，不正常な経費申請が問題にされた後，失地及び信頼回復のためには，左にシフトし，貴族院改革など憲法改革要求に対応する必要があった。

選挙後は，第３章にみたように，首相の座に座り続けようとするブラウンが自民 Lib Dems との連立政権を追求する一方，保守党も，そのブラウンの動きを阻止するため，自民 Lib Dems との連立を追求していった。

自民 Lib Dems や，スコットランド・ウェールズの権限委譲派，憲章88など

259

の「少数派」が力を持ちえたのは，このような二大政党と「少数派」の争点配置があったからであり，必ずしも「少数派」一般がウェストミンスター・モデルの中で力を発揮できるというわけではないだろう。

　筆者は，二大政党が，「少数派」の憲法改革要求に対応せざるを得なくなった事情を，ジョージ・ツェベリスの「拒否権プレイヤー」理論で説明することができると考えている。

　「拒否権プレイヤー」の理論では，拒否権プレイヤーの承認を得ずには現状を打破することができないとされ，そこにおいては，拒否権プレイヤーたちや，その他のプレイヤーが作り出す枠組みやルールが理論化されてきた。拒否権プレイヤーは，大統領や下院，上院といった制度的なものから，連立政権内の各与党のように，党派的なものもある。この拒否権プレイヤーが多くなるとき，拒否権プレイヤーのイデオロギー的距離が大きくなるとき，あるいは，拒否権プレイヤー内部の結束が固いとき，現状からの重大な逸脱は不可能である。ツェベリスは，「現状からの重大な逸脱の不可能性を政策安定性と呼ぶ」。ここで述べられている政策安定性とは，政策の変更が多くの人々にとっても必要と感じられるときにも，動かせないという意味なので，「安定性」という呼称は，やや皮肉になる状況があるかもしれない。

　1990年代から2011年までの英国政治における上述の「少数派」は，拒否権プレイヤーになりつつあったし，特に，2010年総選挙結果において，ハング・パーラメントという状態に陥った中では，その位置は決定的になったと言えるだろう。ちなみに，ツェベリスは，「他の拒否権プレイヤーに『これを採用するか否か』という提案を行う拒否権プレイヤーは，現状に替わる政策に対して重大な支配を及ぼす」が，この種類の「拒否権プレイヤーをアジェンダ設定者と呼ぶ」と述べている。この「アジェンダ設定者は，他の拒否権プレイヤーに容認可能な提案を行わなければならない（さもなければ，提案は拒否され，現状が維持される）」とも述べている（ツェベリス，2009：3）。

　2010年総選挙結果を受けての自民 Lib Dems は，まさしく，このアジェンダ設定者の位置にあったと言えるだろう。過半数を取る政党がいないという2010年総選挙後の「現状」を打破するためには，この「少数派」拒否権プレイヤー

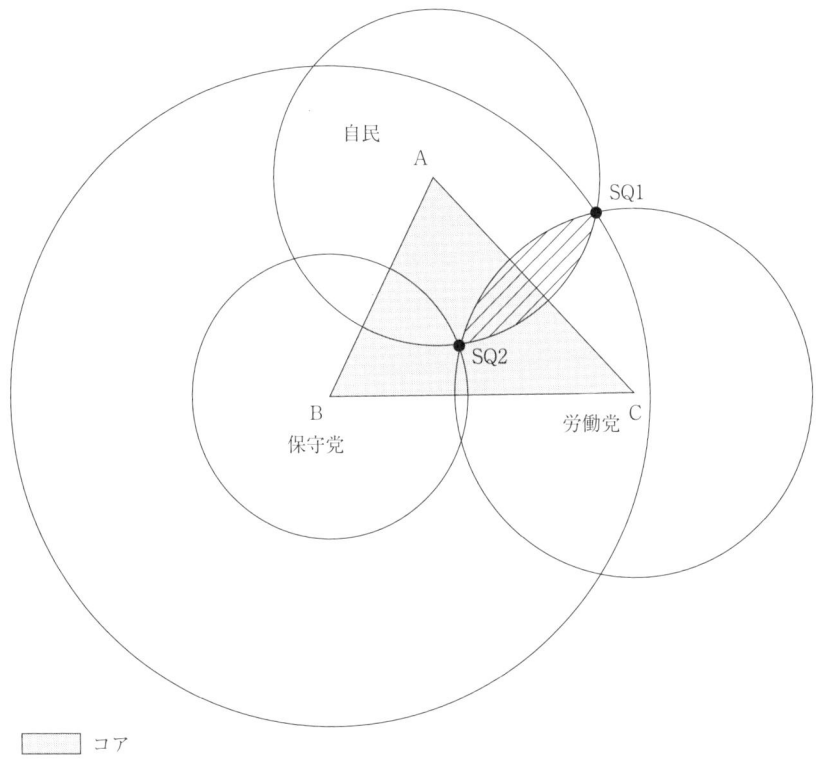

終章 「少数」が動かしたウェストミンスター改革

図表11-1　3政党の拒否権プレイヤーを持つシステムの打破集合とコア

（図中ラベル：自民 A、保守党 B、労働党 C、SQ1、SQ2）

□ コア
▨ 打破集合

出典：ツェベリス, 2009：28を筆者がアレンジした。

も一致できる「現状打破」ポイントが求められたのである。そして，「他の拒否権プレイヤーに容認可能な提案」として，対案投票制と小選挙区制を選ぶレファレンダム，首相解散権廃止，貴族院選挙制導入などを提案し，それが保守党との間で合意された。争点の内容に関して言えば，労働党もマニフェストで同内容を約束していたので，まさに，この主要三政党の間で一致していたという意味で，ツェベリスの言う「現状打破集合」ができる余地があった。

このような現状打破集合については，ツェベリスの提示した図を筆者がアレ

第Ⅱ部　日本政治におけるウェストミンスター化

図表11-2　主成分分析における争点と政党支持者の配置

Source：British Social Attitude Survey 2008.

説明された分散の合計

成分	初期の固有値			抽出後の負荷量平方和		
	合計	分散の%	累積%	合計	分散の%	累積%
1	1.309	32.732	32.732	1.309	32.732	32.732
2	1.025	25.634	58.367	1.025	25.634	58.367
3	.880	21.989	80.356			
4	.786	19.644	100.000			

因子抽出法：主成分分析

ンジしたものを提示しておく（図表11-1）。ここで言う「コア」とは，どの政党も一致できる点である。2010年までの保守党は，概ねSQ2の一致点であったが，2010年総選挙の結果を受けて，SQ1の部分にまで妥協点を拡大せざるを得なくなった。その結果，斜線の部分の「打破集合」の部分が出来上がったと見ることができる。

しかし，図表11-1は，2010年総選挙後を想定して作図したものであるが，2010年総選挙後だけを見ていては，自民Lib Demsが徐々に「拒否権プレイヤー」になりつつあった過程が見えてこない。したがって，2010年総選挙に至る過程での争点配置を見ておくことが重要であるだろう。

その争点配置と，各政党支持者の位置を示した図が，図表11-2である。こ

の図は，*British Social Attitude Survey 2008*（Study Number 6695）のデータを使用して，選挙制度改革，人種的偏見，反EU，分権促進の4つの変数を取り出して主成分分析を行ったものである。その後，主成分分析によって得られた因子得点を元に，各政党支持者の平均値を求め，プロットした。各争点と政党支持者の変数を同時に主成分分析を行わなかった理由は，互いに相容れるはずのない政党支持者の変数に影響されて，各争点間の動向が正確に出てこないことを防ぐためである。第1主成分は，反EU・人種的偏見，対，分権促進という配置になっているため，「UKナショナリズム」と名づけた。第2主成分は，選挙制度改革が最も高い値をとるため，「選挙制度改革」と名づけた。なお，図表11-2で明らかなとおり，2つの主成分とも固有値は1を超え，累積では58.36％を説明しているので，十分な説明力を持っているということができる。なお，この図表11-2では，スコットランド民族党とプライド・カムリの支持者を「分権政党支持者」とし，UK独立党／ブリテン民族党の支持者を「極右政党支持者」として分類した（もっとも，UK独立党を極右とすることは極右の定義によっては違和感があると考えるが）。

　この主成分分析及び各政党支持者のプロットで分かることは，やはり，保守党は，自らの支持者に加えて，自民Lib Dems支持者や分権政党支持者の票を得ようとする場合には，分権促進や選挙制度改革の争点を追い求めざるを得ないということである。逆に，そういう動きを強めようとすると，「反EU」から離れざるを得ない。また，第2主成分（UKナショナリズム）の線上では，保守支持者の位置からは分権促進と人種的偏見とでは，互いに逆方向になる。極右政党支持者の票を得ようとする方向は，分権政党支持者や自民Lib Dems支持者の票を得ようとする方向と矛盾する。同じ「少数派」であっても，極右政党への方向は，保守党から見ても合理的ではないと理解できる。彼ら極右政党は，「少数派」であっても，拒否権プレイヤーにはなれない理由の一部が，この図表から分かると言える。

　以上見てきたこと，そして第Ⅰ部で見てきたことなどから，2つのことが分かる。第1に，世界で最も多数決主義的なウェストミンスター・モデルを変容させた原動力は，自民Lib Dems，権限委譲（分権主義）派，憲章88などの「少

数派」であり，つまり，この最も多数決主義的なシステムの下での二大政党は，多数決主義的であるがゆえに少数の支持を必要とし，自ら変容させざるを得なかった。第2に，その「少数派」たちは，その多数決主義の中でも自ら影響力を発揮できたということで満足はせずに，レイプハルトの言う執行府—政党次元でも，連邦制次元でも，反多数決主義的方向を強めているということである。

2　「政治的憲法」としてのウェストミンスター・モデル

　第1節で見たように，ウェストミンスター改革の原動力となったのは，「少数派」の運動であったが，そうした運動が憲法を作ったり，変えたりするという意味では，英国における「政治的憲法」の議論が示唆に飛んでいると考える。したがって，本書を締めくくるに当たって，この「政治的憲法」論に触れたい。
　憲法学者のジー&ウェーバーによれば，英国の憲法を「政治的憲法」として描くのは，ハロルド・ラスキや，アイヴァー・ジェニングスなどにも見られたと指摘される（Gee and Webber, 2010）が，「政治的憲法」論として有名のは，J. A. G. グリフィスが1979年にLSEで行った「政治的憲法」と題する講演である。グリフィスは，政治化する司法を批判した『司法の政治』*The Politics of the Judiciary* で有名な憲法学者であった。グリフィスは，ハロルド・ラスキやラルフ・ミリバンドの影響を受けた憲法学者であったが，諸権利が制定法化され，「憲法」となり，政治家の手から裁判官の手に移されることに強く反対していた。彼は，以下のように述べた。

　　「法は，政治の代用ではないし，それになることもできない。これは，厳しい現実であり，もしかしたら，喜ばしくない真実かもしれない。数世紀にわたって，政治哲学者は，政府が法によって作られ，人々によって作られるのではないという社会を目指してきた。それは，実現不可能な理念である。成文憲法はそれを達成できない。権利章典その他も，できない。それらは，単に，政治的決定を，政治家の手から，裁判官やその他の人々の手に移すだけである。一種の政治的決定を行うために最高裁を必要とすることは，それらの諸決定を非政治化するわけではない。政治的決定は，政治家によって行われるべきであると信じる。私たちの社会では，除去可能な人々によって，これが行われることを意味する」（Griffith, 1979：16）。

終章 「少数」が動かしたウェストミンスター改革

　なお，ここで「除去可能な人々」とは，下院議員のことで，要するに，政治的決定を政治家に行わせた場合は，選挙で取り替えることは可能であるが，事実上，政治的決定を含む法の解釈を裁判官に委ねる仕組みを拡大することは，選挙によって取り替えることのできない人々に政治的決定を委ねることであるとグリフィスは書いている。また，グリフィスは，以下のように続け，「権利」の存在自体に疑問を呈した。

　　「この政治的・社会的意味においては，最優先のどんな人権もない。(中略) その代わり，個人や集団の政治的主張がある。権利からの議論の1つの危険は，真の争点を見失うことである。実は，政治や経済の問題が，法の問題として示されるのである。(中略) 政治的主張を『本来的な諸権利』と呼ぶことは，神話化であり，問題を混乱させる」(Griffith, 1979：17)。

　グリフィスのこうした主張は，諸権利を含む憲法が，政治的闘争や運動の産物として作られたものであることを強調する議論である。また，それは法律となって裁判所で，それを根拠に争われることになっても，その政治性を消し去ることはできないという主張である。また，「デニング貴族院議員は，彼が以前に，英国法はストライキ権などというものを知らないといったとされるが，それは正しい」と述べるとき，政治的現実のない「諸権利」などに意味がないし，憲法として明記されているからといって，それらを諸権利として考えることに対して，反対論を述べていると考える。

　また，グリフィスは，法における理念の役割にも疑問を呈す。

　　「連合王国の憲法は，日々の変化の中で生き，起こった事柄以上でも以下でもない。起こったこと全てが憲法であり，何も起こらなかったら，それも憲法である」。

　また，彼によれば，「立法理論の基礎であるような十分に正確なコンセンサスや統一した諸原理などはない」(Griffith, 1979：19) とさえ述べた。

　しかし，こうしたグリフィスの主張は，第4章でみた憲章88の成文憲法を求める運動とは，内容的には正反対である。憲章88は，サッチャー政権の攻撃から，諸権利を成文憲法として明確化することで守ろうとした。

265

ただ、このグリフィスの1979年の講演以後、1998年スコットランド法、1998年ウェールズ政府法により権限委譲議会が作られ、1998年人権法が制定され、2011年には、長く憲法の習律となっていた首相の解散権が制定法で廃止された。方向としては、彼が批判した「法律的憲法」への道を歩んできた。こうした状況を、先述のジー＆ウェーバーは、「英国憲法は、政治的なモデルから、より憲法の法律的モデルと同種のものに向かって、ゆっくりと進化している」と述べた（Gee and Webber, 2010：288）。また、ドーン・オリバーは、こうした過程を英国における「政治の司法化」と書いた（Oliver, 2009：18）。

グリフィスの「政治的憲法」論と憲章88の成文憲法運動は、このように対照的であるが、筆者は共通した文脈において、矛盾なく理解することもできると考える。なぜならば、グリフィスは、諸権利という外観を取っていても、それは政治的主張であると述べたが、憲章88は、まさにその政治的主張によって、憲法改革を進め、その成文化をある程度実現したからである。憲法を作るという意味において、政治的運動が根本であるという点においては、両者は矛盾していない。

また、グリフィスが英国の憲法には、「立法理論の基礎であるような十分に正確なコンセンサスや統一した諸原理などはない」と述べたが、それは2011年固定任期議会法の成立に関して極めて当てはまる言葉でもある。第6章でみたように、固定任期議会法が成立した一番の直接的要因は、連立政権の樹立であった。それまでも英国の首相解散権には批判があったが、同時に、そこには一定の原理があった。しかし、それが連立という政治的現実によって、その諸原理もろとも約1年で廃止されたことは、グリフィスの述べる英国憲法の一つの傾向を表現しているように考える。政治的現実が憲法を作るという最たる例と言えるのではないだろうか。

政治的現実が、憲法の諸原理を一気に変えてしまうことができるということは、少なくとも、2つの帰結を生み出すということを指摘できる。一つは、書かれた諸権利を守るためには、書かれた憲法だけでは足りず、それができたときと同じ政治や社会での運動（民主主義）がなければ維持し得ないということであり、また、政治や社会での運動が高まりさえすれば、権利をより拡大して

憲法に明記することができる。その逆に，政治や社会での運動（民主主義）が諸権利を削減する方向で動き出したときは，書かれた憲法でその流れを多少なりとも押し留めることはできるが，それが長期化すれば，その流れに抗し得ないということである。

その意味では，第9章で検討したように，井上達夫が民主主義によって諸権利が押しつぶされる危険性を指摘した点は非常に示唆的であるが，同時に，彼が頼りとした司法審査自体も民主主義の影響を受けることは否定できないであろう。

近年の流れは，民主主義の流れが一方向や1人のリーダーに集中的に動く事例を何度も見せ付けてきた。その流れの中では，ストライキ権や生存権など基本的諸権利が民主主義によって危機に立たされてきた経緯から，民主主義を制御するために，それ以外の装置に期待する議論があった。それは，司法審査や，民選ではない第二院に対する期待であった[26]。その一方で，比例代表の仕組みも，民衆の一方向への一時的な急激な流れを緩和する役割を果たしていると言える。そういう意味では，民主主義を外部的に制御するのか，相対多数が過大に代表されないように，比例代表を優位させて，内部的に制御するのか，英国と日本の流れを見るとき，2つの方向があるように考える。

英国においては，「ポスト・デモクラシー」（クラウチ，2007）をはじめとして民主主義論が大いに盛んになってきたが，「ねじれ」国会での停滞と，リーダーシップに対する期待の高まりの中，日本においても，既存の民主主義の運動とシステムには再検討の余地がかなりあるように思われる。民主主義を活かす見地から，民主主義の帰結に対して大いなる疑問をもって検討する時期に差しかかっているように思われる。

26) 2011年11月大阪市長選挙後に，佐伯啓思がインタビューに答えて，非民選第二院の役割に言及しながら，「非民主的な仕組みを入れ込むことによって，実は民主政治は成り立っていました」と述べている点は，極めて示唆的である（朝日新聞「（インタビュー）民主主義と独裁」2011年12月1日）。

備考1

各選挙制に関する解説

1　小選挙区制

　英語表記では，Plurality System や Single Member System, Single District System なども用いられるが，英国では，圧倒的に First Past the Post という名前で呼ばれている。競馬において，1着の馬が鼻差でも勝者であることから，この名前が付いている。つまり，各選挙区で1位の候補者が当選となる制度である。

　なお，小選挙区制のみを単独の国政議会選挙の方法としているのは，英国，アメリカ合衆国，カナダ，インドの4カ国である。フランスは小選挙区二回投票制という方法を取っている。これは，第1回目の投票で過半数を得た候補者を当選とするが，過半数の候補者がいなかった場合は，12.5％以上を第1回目で獲得した候補者のみで決選投票を行う方法である（Farrell, 2011：47）。

　この制度の下では，1位の候補者しか当選しないことから，様々な批判がある。第1に，死票が増えるという批判がある。労働党系のシンクタンク IPPR によれば，英国では，全投票の53％が死票になっているといわれる（Lodge and Gottfried, 2011：17）。

　第2の批判点としては，当選者が有権者の少数しか代表していないということである。英国では，その選挙区全投票者のうち過半数の票を占めた当選者は，全体の33.44％であると指摘されている（Lodge and Gottfried, 2011：16）。これは，

選出されている議員たちの正統性に問題を生じさせる。特に，英国では近年の投票率が60—65％であり，そこにおいて過半数が占められないとなると，その選挙区の勝者は有権者比でいうと，30％程度の支持も得られていないということを意味する。なお，2005年総選挙では，ブレア労働党は，投票率61.2％の下で35.2％の得票率で政権に就いたので，有権者比で言えば，21.5％の支持しか得ていないことになる。それが，英国においては「選挙独裁」とも言われるほどの権力を手にするので，正統性に疑問符がつくわけである。

一方，小選挙区制のメリットとして度々指摘されるのは，第1にその単純性である。1人の候補者を選ぶということもシンプルであるが，1位の候補者のみが勝つという単純さも，一つのメリットである。第2に，それゆえ，第一党による単独政権が作られやすいという点である。ただ，この第2点目は，英国の場合，第三党や地域政党の躍進により，大幅に損なわれ，その結果，2010年総選挙で連立政権が成立した。

2　対案投票制

英語表記では，Alternative Vote system（AV）と呼ばれている。この制度は，オーストラリア，フィジー，パプア・ニュー・ギニアの国政議会選挙で使われている。最も早く使い始めたのは，オーストラリアで，1918年から使っている。

対案投票制とは，1選挙区で1人の議員を選出するという意味では小選挙区制と同じであるが，有権者は，対案投票制においては，各候補者に選好順位を書き込んで投票しなければならない。集計においては，1位票で過半数を獲得した候補者がいた場合には，その時点でその候補者が当選するが，1位票で過半数に達する候補者がいない場合には，1位票で最下位となった候補者を削除し，その候補者票の2位票を他の候補者に加算し，その時点で過半数に到達する候補者が現れた場合はその候補者を，当選とする。1位票で最下位になった候補者票の2位票でも決まらない場合は，1位票で下から2番目になった候補者を削除し，その候補者票の2位票で同様の作業を繰り返す。これを当選者が

現れるまで続ける（Lijphart, 1994 : 19）。

　この投票制のメリットは，第1に，潜在的な投票者の選好を反映し，投票者の2位選好を加算する形で，有権者の過半数の支持を確保できる当選者が生まれるという点である。これにより，正統性の問題を解消できると言われる点である。第2に，小選挙区制におけると同様に，多数派主義的なので，1党で過半数を占める可能性が依然として高いという点である。もっとも，小選挙区制以上に多数派主義的なのか，逆に，幾分か比例的なのかという点に関しては，必ずしも，明確なわけではない。オーストラリアでは，戦後，対案投票制による25回の総選挙が実施されているが，そのうち単独政党政権ができたのは12回にとどまっている（Farrell, 2011 : 58）。第3に，多数派主義的であるにもかかわらず，有力な第三党の議席は増える傾向がある点である。イギリスで毎回の総選挙ごとに行われている調査（British Election Study）によれば，1983年から2005年まで5回の総選挙のいずれにおいても，対案投票制であったならば，第三党は議席を増やすことができたことが明らかにされている（Curtice, 2010a）。第4に，戦術投票が回避できる点である。小選挙区制では，当選見込みのない候補から別の当選見込みのある候補への投票先の変更がよく起こるといわれる（これを「戦術的投票」Tactical Voting という）。しかし，対案投票制ならば，1位票で，当選見込みはないが最も支持する候補に投票することができると同時に，2位票で当選見込みのある候補に投票することもできる。

　他方，デメリットは，第1に，比例的ではないという点で，小選挙区制と同じく，依然として第四党以下の死票は多くなることである。第2に，2位票による選好の反映ということは，言い換えれば，1人の有権者が2票持ちうるということである。しかも，この2位票が結果として集計される有権者は，全員ではなく，1位票で下位候補者に投票した有権者のみである。なぜならば，2位票の加算は，1位票で最下位の候補者票から順次行われていくが，2位票を合わせて過半数を獲得する候補者が出た時点で集計は終了するので，全ての候補者の2位票が結果に反映されるわけではないからである。また，個々の有権者が2位票以下の順位付けを行うことは，必ずしも容易ではないことも，2位票に関する問題点としては指摘されている。

なお，この選挙制度の和訳に関しては，日本では「選択投票制」や「択一投票制」など数種類が使われてきたが，「選択」では選挙制度一般にあてはまる言葉となり，また，「択一」は1つを選ぶという意味で，Alternative Voteで行われている順位付けと意味的に異なる。Alternativeの意味は，代替や対案という意味で，選挙制度の趣旨から言って，1位票の最高得票者が過半数に達していないとき，それに替わる勝者を，1位票下位候補者の2位票の加算によって決定する仕組みである。したがって，筆者はAlternative Voteを「対案投票制」と訳すのが最も適当と考える。

3　単記移譲式投票制

英語表記では，Single Transferable Vote system（STV）と言われる。この単記移譲式投票制を国政選挙で採用しているのは，アイルランド，マルタ，オーストラリア上院である。これは比例代表制の一種で，具体的な方法は以下の通りである。

まず，有効投票数と議席をもとに，当選基数を決定する。その式は，以下の通りである。この基数は，一般にドループ基数と呼ばれる。

$$当選基数票 = \frac{有効投票数}{議席 + 1}$$

たとえば，有効投票数60万票で，5人の議員を選ぶ場合は，以下の数式となる。

$$当選基数票 = 600,000 / (5 + 1) = 100,000票$$

上記の当選基数を満たす候補者が当選となるが，それは以下の手続きを経て集計される。

投票の段階では，有権者1人ひとりが各候補者に順位をつけて投票する。まず，この場合，1位票で当選基数を上回った候補者がまず当選する。この当選者が当選基数票を上回った場合，余剰票の2位票が他候補に配分される。この余剰票の配分の際，当選者に投ぜられた全体における2位票の比率が余剰票の

配分の際にも忠実に反映される。その結果,新たに当選基数票を上回った候補者が当選となる。その段階でも議席定数に当選者が達していない場合は,1位票で最下位の候補者が削除され,その候補者の2位票が残りの各候補者に配分される。その結果,当選基数票を上回った候補者が当選し,その候補者の余剰票が上記と同じやり方で各候補者に配分される。このような過程を繰り返し,当選者が議席定数に達したときに,集計は終了する（Electoral Reform Society, 2011）。

英国の選挙改革協会（Electoral Reform Society）のパンフレットを参考に,筆者が具体例を挙げると以下のようになる。以下では,日本の政党の得票上位3党を使って,例示してある。あくまでも例である。

まず図表12-1のように,当選基数は10万票なので,第1ステージでAの当選が決定する。その後,Aへ投ぜられた1位票の2位票が,余剰票としては2万票あるということを確認する。

2万の余剰票は図表12-2のようにカウントされ,第2ステージで各候補に移譲される。第2ステージでは,Aの余剰票の配分によって,Bが当選する。第3ステージでは最下位のJを削除し,Jの投票者の2位票を他の候補に移譲する。その結果,Hが当選する。第4ステージでは,Iを削除し,Iの投票者の2位票が各候補に移譲され,その結果5000票がEに加算され,Eが当選する。なお,この際に「移譲不可能」と出たのは,Iを1位で投票した有権者が2位票で,既に当選したHや,既に削除されたJに投票していた場合で,これらの票は移譲不可能となる。第5ステージで,Fが削除され,その2位票のうち12000がGに配分され,Gが当選する。5000票はDに配分されるが,Dは当選基数に届かず落選する。5000票は,既に当選ないしは落選が決定している候補者に2位票が投じられているので,移譲不可能となる。

その結果,自民党がAとBの2議席で,民主党がEとGの2議席で,公明党がHの1議席になる。

単記移譲式投票の比例代表制のメリットとしては,第1に,比例的な選挙の方法であるので,有権者全体の傾向が反映され,死票も減ることである。ここでは,対案投票制の場合と異なり,選ばれる議員個々人は少数の票しか代表し

備考1　各選挙制に関する解説

図表12-1　単記移譲式投票の流れ

	候補者	政党	第1ステージ 1位票	第2ステージ A余剰票の移譲		第3ステージ Jの削除と，その2位票の移譲	
当選	A	自民党	当選120,000	-20,000	100,000		100,000
当選	B	自民党	90,000	10,000	当選100,000		100,000
	C	自民党	30,000	5,000	35,000		35,000
	D	民主党	40,000		40,000		40,000
当選	E	民主党	95,000		95,000	2,000	97,000
	F	民主党	20,000		20,000	2,000	22,000
当選	G	民主党	85,000		85,000		85,000
当選	H	公明党	90,000	5,000	95,000	6,000	当選101,000
	I	公明党	20,000		20,000		20,000
	J	公明党	10,000		10,000		
	移譲不可能						
			600,000		600,000		600,000

	候補者	政党	第4ステージ Iの削除と，その2位票の移譲		第5ステージ Fの削除と，その2位票の移譲	
当選	A	自民党		100,000		100,000
当選	B	自民党		100,000		100,000
	C	自民党		35,000		35,000
	D	民主党		40,000	5,000	45,000
当選	E	民主党	5,000	当選102,000		102,000
	F	民主党		22,000		
当選	G	民主党	5,000	90,000	12,000	当選102,000
当選	H	公明党		101,000		101,000
	I	公明党				
	J	公明党				
	移譲不可能		10,000	10,000	5,000	15,000
				600,000		600,000

（当選基数＝10万票）

図表12-2　第2ステージの詳細

一位票をAに投じた票における2位票内訳		余剰は20,000なので、6分の1に縮小	Aの余剰票の配分
B	60,000	→	10,000
C	30,000	→	5,000
H	30,000	→	5,000
計	120,000	→	20,000

ていないが，選ばれた議会全体としては全投票者の選好を反映しているという点で，議会の正統性は守られる。第2は，比例代表制でありながら，拘束名簿式比例代表制にありがちな「個人を選べない」という要素がなくなることである。政党候補者個人に投票することによって，投票者の候補者に対する選好も反映させることができる。第3に，同じ政党に所属する複数候補者の間で票が割れた場合も，1人の候補者に票が集中しすぎた場合も，順位付け投票結果が集計されることにより，最終的には，同じ政党の別の候補者が当選する可能性が残されている点である。上記の例で言えば，自民党のAに票が集中しすぎた場合は，第2ステージで同じ自民党の候補者に票が回され，当選に近づくことができる。また，自民党の下位候補者が削除された場合は，その候補者の2位票が別の自民党候補者に回ることによって，自民党の別の候補者が当選できる。

第4に，党をまたいだ形での有権者の選好を比例的に反映させることができる。候補者に投票できるという点では，非拘束名簿式でも同じ利点があるが，その候補者が当選に届かない場合，政党票内部で別の候補者が当選する場合がある。しかし，往々にして，同じ政党でも主義主張の異なる候補者がいるという現実もある。例えば，民主党の民営化反対候補者と，同党の民営化支持候補者の違いは，民営化反対を重視する投票者にとって非常に大切かもしれない。しかし，非拘束名簿式の場合は，民主党の民営化反対候補に投票しても，その候補が当選ラインに届かず，その投票者の票で民主党の民営化支持候補が当選してしまう場合がある。単記移譲式投票の場合，1位票を民主党民営化反対候

補者に投票し，2位票を自民党民営化反対候補者に投票することもできる。そうすれば，党派を超えて，投票者の選好を選挙結果に結びつけられる可能性が出てくる。

　デメリットとしては，やはり第1に，その複雑さである。候補者に順位を付けることは，その有権者の1位候補以外では難しい場合も多い。このため，アイルランドやマルタでは1位のみの投票も認められている。また，オーストラリア上院では「チケット投票」という政党への投票も認められる。「チケット投票」を有権者が行えば，その票は政党が決めた順位で投票されたものとして集計される（Farrell, 2011：140）。また，その複雑さゆえ，その投票の後，どのような結果が，どのような集計の結果生み出されるのかについては，小選挙区制や対案投票制と比べてみても，わかりにくい。制度全体を理解して投票できる有権者は，大幅に限られてくる可能性がある。さらに，集計に数日を要するということもある。2011年2月25日に，アイルランドで単記移譲式投票制による総選挙が行われた。このとき，大勢はともかく，開票で全議席が確定するまでには，3月1日までかかった（朝日新聞2011年3月2日）。英国では，北アイルランド議会選挙で単記移譲式投票が使われているが，このケースでは2日を開票に要すると選挙委員会は報告している（Electoral Commission, 2011e：3）。第2に，これは比例代表一般の問題であるが，1党で過半数を得ることは，得票率50％を超えないと不可能なので，連立政権の可能性が高まることである。左右の大政党の大連立ということもありうる。また，小党が分立して，連立政権交渉そのものが困難になる可能性もある。

4　対案投票制プラス

　この選挙制度は，ブレア政権下で作られた「ジェンキンス委員会」（選挙制度に関する独立委員会）で1998年に合意された選挙制度であった。この名称は，対案投票制プラス補足的比例代表制という意味から来ている。労働党は1997年総選挙でマニフェストに独立委員会を作ることは記載していた。しかし，1997年総選挙で小選挙区制での圧倒的過半数を既に得ていたので，この合意にもとづ

いて選挙制度改革が進められることは全くなかった。2009年秋の労働党大会において、当時のブラウン首相・党首が提案したのも、対案投票制のみで、プラスの部分はなかった。このシステムを国政選挙で使っている国は、2012年時点では、見当たらない。

対案投票制プラスでは、有権者は選挙区と地方ブロック（定数は選挙区の15-20％）の２票を投票する。選挙区では、対案投票制にもとづき、当選者が決定される。

地方ブロックでは、候補者か政党かどちらかに投票できる。候補者に投票した場合は、その候補者の所属政党に投票したことになる。地方ブロックでは所属政党ごとの投票を比例代表制にもとづいて集計し、政党ごとの獲得議席数を決定する。地方ブロックの政党内当選者は個人票の多い順番で候補者が当選していく。地方ブロックの比例代表制は、日本の参議院での非拘束名簿式比例代表制と同じである。ただし、異なる点もある。地方ブロックの政党への議席配分では、既に小選挙区で当選者を出している政党では、その分が控除される。例えば、小選挙区でその地方ブロックで既に５名の当選者を出している政党の場合は、地方ブロックの比例代表で８名当選分の票があっても、実際に当選できるのは３名となる。つまり、地方ブロックの比例代表は、選挙区で大政党有利・小政党死票増加を、比例的に修正する補足的な役割を示している（Home Office：1998）。

この制度のメリットは、比例代表を補足的に用いることで、選挙区における大政党有利・小政党死票増加で損なわれている代表性を部分的には回復できる点にある。日本の小選挙区・比例代表並立制と似ている制度であるが、日本の制度の場合は、比例代表でも、大政党が小政党と同じように比例的に議席を獲得できるが、対案投票制プラスでは、比例代表段階では大政党の議席獲得はかなり抑制される。デメリットとしては、定数の割り当て方によれば、選挙区における大政党有利の代表性の歪みの修正が不十分になってしまうことであろう。

5 混合議員比例代表制（小選挙区併用型比例代表制）

　英語では，追加議員制 Additional Member System（AMS）の一つの種類としての混合議員比例代表制 Mixed Member Proportional Representation（MMP）と分類されているが，日本では，小選挙区併用型比例代表制と呼ばれてきた。ドイツやニュージーランドの下院議会選挙で使われている。以下，ドイツの例を基本にして説明する。

　ドイツでは，定数が598であるが，その半数の299を小選挙区に割り当てている。有権者は，この小選挙区と比例代表の両方に投票する。小選挙区での勝者は無条件に議席を与えられる。比例代表では，定数598の全てに比例代表の議席を割り当てる。比例代表の議席割り当てにおいては，既に小選挙区で議席を得ている勝者が，比例代表の政党議席に優先的に割り当てられる。したがって，例えば，ドイツ社会民主党が小選挙区で100人の当選者を出し，比例代表で200人の当選者を出している場合には，比例代表の当選者200人のうち100名が小選挙区での当選者となり、総獲得議席は200となる。

　ドイツの制度の場合では，ある政党の小選挙区の獲得議席がその政党の比例代表獲得議席を上回る場合がある。例えば，社会民主党が小選挙区で210議席を獲得し，比例代表で200議席であったという場合である（社民党は計210議席となる）。この場合には，ドイツ連邦議会定数が選挙結果により，10名増えることになる。実際に，2009年ドイツ連邦議会選挙では，24の超過議席が生まれている。また，ドイツの場合，行き過ぎた多党化を防ぐため，比例代表においても5％以上の得票をしなければ議席が与えられないことになっている（Farrell, 2011：94-108）。

　このように，追加議員制度は，実質的に比例代表制が中心であり，議会全体が有権者全体の選好を反映することになる。

　メリットとしては，比例的で有権者全体の選好が反映されることで，議会全体の正統性が確保される点であるが，それとともに，小選挙区制を加味することで，多数派の動向も反映されるということである。デメリットとしては，追

加議席の発生がありうることと，その数が不確定であることである。さらに，これは比例代表一般の問題であるが，1党で過半数を得ることは，得票率50％を超えないと不可能なので，連立政権の可能性が高まることである。左右の大政党の大連立ということもありうる。また，小党が分立して連立政権交渉そのものが困難になる可能性もある。

6　政党リスト比例代表制（拘束あるいは非拘束名簿式比例代表制）

英語表記では，Party List Proportional Representation と呼ばれる。名前の通り，政党名簿を基本とした比例代表制である。日本の衆議院の比例部分である拘束名簿式比例代表制と，参議院の比例部分である非拘束名簿式比例代表制の両方が，この政党リスト比例代表制に含まれる。当選順序に投票者全体の選好が反映される非拘束名簿式比例代表制の場合でも，やはり政党名簿内から当選者が選ばれている点で，政党リスト比例代表制に含まれる。

この制度を使っている国は多い。フィンランド，ノルウェー，スウェーデン，スペイン，ポルトガル，ポーランド，クロアチア，イスラエルなどである。2005年からはイタリアも導入しているが，第一党に過半数議席を与えるプレミアム制を併用させている（芦田，2006）。

投票方法は，政党名で投票するか，候補者名で投票するかである。候補者名で投票した場合は，所属政党票として集計される。集計の際には，ドント式ないしはサン・ラゲ式などを使って獲得議席が計算され，議席は各党に比例配分される。その後，拘束名簿式の場合は政党の順序にそって当選者が決定される。非拘束名簿式の場合は，政党候補者の中で得票の多かった順序で，政党獲得議席内で当選者が決定する。ドント式は，全投票を政党ごとに集計した上で，1から順に整数で割っていき，商の大きい順で政党に当選者を割り振っていく。サン・ラゲ式の場合は，整数ではなく，奇数で割っていった場合の商の大きい順で政党に議席を割り振っていく。奇数で割った場合，1，3，5と2回目で「3」で割り，3回目で「5」で割ることができる。これは，それだけ小政党にとって有利なことを意味する。スウェーデン，ノルウェーはサン・ラゲ式を

使っており，先述の小選挙区併用型比例代表制のドイツとニュージーランドでも，比例部分はこのサン・ラゲ式を使っている（Farrell, 2011）。

この選挙制度のメリットは，比例的であることで，有権者全体の選考が「鏡のように」反映されることで，議会全体の正統性が高まる。デメリットとしては，これは比例代表一般の問題であるが，1党で過半数を得ることは，得票率50％を超えないと不可能なので，連立政権の可能性が高まることである。左右の大政党の大連立ということもありうる。また，小党が分立して連立政権交渉そのものが困難になる可能性もある。

7 並立投票制（小選挙区比例代表並立制）

英語では，並立制は，Parallel Vote system と呼ばれている（Farrell, 2011：111）。日本以外では，韓国，メキシコなどで用いられている。追加議員制（AMS）には，大きく分けて，先述の混合議員比例代表制（MMP）と，この並立投票制がある。もっとも並立制という意味では，様々な並立投票制が考えられ，小選挙区比例代表並立制は，その1例として含まれる。

投票方法に関しては，日本の場合では，有権者1人が2票もち，1つは小選挙区に投ぜられ，もう1票は比例区に投ぜられる。日本の衆議院の場合，比例区は政党名で投票しなければならず，比例議席の政党内当選順は政党の決めたリストの順位で決まる。メリットとしては，小選挙区制によって，ある程度の大政党の主導権は確保しながらも，小選挙区での歪みを比例代表で補正することができる。デメリットとしては，比例の定数が少なくなりすぎた場合，比例代表による小選挙区制での歪み補正効果が乏しくなることであろう。

なお，英国においては，スコットランド議会とウェールズ議会の選挙においては，日本では連用制と言われる方法で選挙を行っている。これも，並立投票制の1つであるが，日本の並立制とは異なる。ポイントは，小選挙区を選んだ後，比例代表の議席を計算するときに，各政党の小選挙区議席＋1の数から各政党の獲得票数を割っていくことである。これによって，小選挙区で多く当選させた政党は，各得票数を割り算する数値が高くなるので，比例区では格段に

第Ⅱ部　日本政治におけるウェストミンスター化

図表12-3　2009年衆議院選挙データによる東京選挙区での連用制シミュレイション

	国民新党	自由民主党	民主党	みんなの党	公明党	幸福実現党	日本共産党	新党日本	社会民主党
連用制による比例区獲得議席	0	6	0	2	4	0	4	0	1
比例区総得票	86046	1764696	2839081	419903	717199	35667	665462	100381	299032
総得票を小選挙区獲得議席＋1から順に割っていく	1から順に割っていく	5から順に割っていく	22から順に割っていく	1から順に割っていく	1から順に割っていく	1から順に割っていく	1から順に割っていく	1から順に割っていく	1から順に割っていく
ラウンド1	86,046	**352,939**	129,049	**419,903**	**717,199**	35,667	**665,462**	100,381	**299,032**
ラウンド2	43,023	**294,116**	123,438	209,952	**358,600**	17,834	**332,731**	50,191	149,516
ラウンド3	28,682	**252,099**	118,295	139,968	**239,066**	11,889	**221,821**	33,460	99,677
ラウンド4	21,512	**220,587**	113,563	104,976	**179,300**	8,917	**166,366**	25,095	74,758
ラウンド5	17,209	**196,077**	109,195	83,981	143,440	7,133	133,092	20,076	59,806
ラウンド6	14,341	**176,470**	105,151	69,984	119,533	5,945	110,910	16,730	49,839
現行並立制での比例区議席	0	5	8	1	2	0	1	0	0
小選挙区獲得議席	0	4	21	0	0	0	0	0	0

出典：数値は東京都選挙管理委員会。
「並立制での獲得議席」は，2009年のものと同一である。定数は2009年衆議院選挙と同じく，小選挙区25，比例区17で計算した。上記のゴシック数字部分が当選を意味している。

議席が取りにくくなる。具体的には，2009年の東京選挙区の得票数を使って連用制のシミュレイションを行った。

図表12-3で明らかなように，これまで衆議院で行ってきた並立制と比べると，比例区での小選挙区多数党の獲得議席に大きな影響がある。これは，上記のとおり，比例区計算のときに，小選挙区獲得議席数＋1から順に割り算を行っていくからである。2009年の例では，民主党は21（小選挙区の獲得議席）＋1から割り始めるので，全く議席は取れない。逆に，公明党や共産党は議席を大きく伸ばすことになる。ただ，これはあくまで，2009年衆議院選挙の定数が維持された場合である。

8　単記非移譲式投票制（中選挙区制）

英語表記では，単記非移譲式投票制という意味で，Single Non-transferable

Vote (SNTV) と呼ばれる (Lijphart, 1994)。日本では、中選挙区制という名称で、戦後において1993年まで衆議院選挙で使われてきた。今日の参議院選挙区選挙の複数議席区も、そう呼んで差し支えないであろう。国政選挙では、この他、アフガニスタン、ヨルダン、バヌアツで使われている。

投票方法は、有権者1人1票で、候補者1人に投票し、各選挙区の定数以内の順位を得た候補者が当選する。各選挙区の定数は、有権者人口比などによって定められる。国際的な選挙制度の議論においては、定数が各有権者人口に沿って、比例的に各選挙区に定数が配分される場合には、この単記非移譲式投票制（中選挙区制）は、準比例代表制の一種として理解されている (Farrell, 2011：42)。

メリットとしては、比例代表制ほどではなくても、国民の政治的選好全体を反映することができるという点である。日本の例を見れば、決して単独政党政権を拒むとまでもいえない多数派主義的要素もあったと言える。デメリットとしては、1994年にあった「17％の民主主義」論で指摘された腐敗（疑惑）議員の当選可能性などがある。また、中選挙区制が採用されたヨルダンでは、イスラム過激派の台頭に貢献したという指摘もある (Farrell, 2011：175)。しかし、17％程度であっても有権者の選択であることに変わりはなく、これをデメリットと呼べるかどうかに関しては、議論のあるところであろう。ちなみに、日本では制度が変わり、小選挙区制が採用された以降も、贈収賄で有罪が確定した議員が小選挙区で当選している事実がある。

9　若干の整理

以上、様々な選挙制度に関して簡単に説明してきた。なお、メリット・デメリットは、価値観によって、大きく変化する。上記では、これまで言われてきたメリット・デメリットについて書いたが、今日、圧倒的多数の国々が連立政権で運営されていることを考えると、比例代表制が連立政権を生み出しやすいということが、ストレートにデメリットになるわけではない。

一部の大政党の主導権を握らせることも、多数派・少数派の民意を鏡のように反映することも、両方とも、メリット・デメリットになりうる。50％程度の

図表12-4　G20諸国・OECD諸国における国政議会選挙制度

小選挙区制	英国，米国上下両院，カナダ，インド，
小選挙区2回投票制	フランス
対案投票制	オーストラリア
小選挙区比例代表並立制	日本衆議院，韓国，ロシア，メキシコ
小選挙区2回投票・比例代表並立制	ハンガリー
その他の並立制	日本参議院
単記移譲式投票（比例代表制）	アイルランド共和国，オーストラリア上院
小選挙区併用型比例代表制	ドイツ，ニュージーランド
拘束・非拘束名簿式比例代表制	アイスランド，オーストリア，ベルギー，デンマーク，ギリシャ，イタリア，オランダ，スイス，フィンランド，ノルウェー，スウェーデン，スペイン，ポルトガル，スロヴェニア，スロヴァキア，チェコ，ポーランド，ブラジル，アルゼンチン，チリ，南アフリカ共和国，インドネシア，トルコ，イスラエル

出典：International Centre for Parliamentary Documentation of the Inter-Parliamentary Union, 1986及び，Colomer, 2004を調べ，筆者が作成した。上記のうち，特に断りのないものは，全て下院の選挙制度である。

　低投票率で，30％台の得票率で小選挙区制によって単独政党過半数政権が得られる場合には，民意反映の歪みは最高潮になる。その一方で，どの政党も主導権がとれず，小党が多数分立する場合には，連立交渉自体が難しくなる。問題はバランスであろう。歪んでいてもよい，何も決まらなくてもよいというバランスを欠く事態になれば，いずれもデメリットとなろう。著名な政治学者リチャード・カッツの言葉を借りれば，いかなる人々も同意しうるような「正しくて，最も民主的な選挙制度はない」(Katz, 1997)。

備考2

2011年固定任期議会法 Fixed-term Parliaments Act 2011

1条　議会総選挙の投票日

(1) 本条は，1983年民衆代表法に対するスケジュール1の規則1の目的が適用され，2条を条件とする。

(2) この法通過後の次の議会総選挙の日は，2015年5月7日である。

(3) それぞれの議会総選挙の日は，前回の議会総選挙が行われた日から5年目の5月最初の木曜日である。

(4) しかし，前回の議会総選挙の投票日が

　(a) 2条(7)で指定され，

　(b) その選挙が行われた年において，その選挙の投票日が5月最初の木曜日以前に行われた時は，(3)の"5年目"は，"4年目"に代えられて効力を生じる。

(5) 首相は，制定法文書 statutory instrument[27]によって作られた命令によって，特定された年の議会総選挙の投票日を，上記(2)ないし(3)で決定された日より後にすることができるが，それは2ヶ月を超えて遅らせることはできない。

(6) (5)に含まれる制定法文書は，草案が事前に提出され，その草案が上下両院それぞれの承認を得ない限り，認められない。

(7) 議会に提出される草案は，投票日の変更を首相が提起する理由を明らかにする声明を伴わなければならない。

2条　早期の議会解散
(1) 次の場合，早期の議会総選挙が行われる。
   (a) 庶民院が(2)で設定された形式の動議を可決し，
   (b) その動議が，(空席議席を含む) 庶民院の議席の3分の2，あるいはそれ以上の議員の賛成で可決される場合。
(2) (1)(a)の目的の動議の形式は，「早期の議会総選挙が行われなければならない」である。
(3) 早期の議会総選挙は，また次の場合にも行われる。
   (a) 庶民院が(4)で設定された形式で動議を可決し，
   (b) 動議が可決された日より14日の期間が，(5)に規定する形式で庶民院が動議を可決せずに，終了した場合。
(4) (3)(a)の目的の動議の形式は，「この院は，女王陛下の政府の不信任を行う」である。
(5) (3)(b)の目的の動議の形式は，「この院は，女王陛下の政府の信任を行う」である。
(6) (7)は1983年民衆代表法のスケジュール1の規則1のタイムテーブルが適用される。
(7) 議会総選挙が(1)ないしは(3)で行われる場合は，選挙の投票日は，首相の推薦で女王陛下が宣言によって指定した日となるであろう（それに応じて，指定された日が，1条で決定された次の総選挙の投票日になったであろう日に，取って代わる）。

3条　議会の解散
(1) そのときに存在する議会は，1条で決定された，または2条(7)で指定された投票日前の17労働日において解散する。
(2) 議会は，他の方法では解散しない。
(3) 議会がいったん解散されると，大法官と，北アイルランドにおいては国務大臣が，詔書に調印し，発行させる権限を持つ（1983年民衆代表法に対するスケジュール1における規則3を参照）。

(4) 議会がいったん解散されると，女王陛下は新議会を招集する宣言を発行しうる。
　(a) その宣言は，新議会の最初の召集日を決めることができ，
　(b) この法の通過前に新議会召集宣言で通常扱われてきた，いかなる他の事項も扱う（(1)項または(3)項によって扱われる事項を除く）。
(5) 本条において「労働日」とは，以下以外の日を意味する。
　(a) 土曜日または日曜日。
　(b) クリスマス・イヴ，クリスマス，または聖金曜日。
　(c) 連合王国のいかなる部分における1971年銀行・金融取扱法の下でのバンク・ホリデーの日。
　(d) 公的な感謝・服喪に指定された日。
(6) しかし，もし，
　(a) その日（「該当日」）に，1日乃至は数日の労働日が，バンク・ホリデーまたは，公的な感謝または服喪の日として，固定乃至は指定され，
　(b) その結果，議会の解散の日は，該当日の直前から，（この項は別として）該当日の後の30日より早い日に替えられるならば，問題となる日または数日は，労働日として扱われ続ける（たとえ投票日が結果として変更されたとしても）。

4条　スコットランド議会総選挙は，1条(2)の議会総選挙と同じ日にはならない。
(1) 本条は，その選挙の投票日が，本条を別として，1998年スコットランド法2条(5)と3条(3)にかかわらず，2015年5月7日（本法の1条(2)で特定される日）に行われるスコットランド議会議員に対する通常総選挙に関して適用される。
(2) 1998年スコットランド法2条(2)は，その日に行われる選挙の投票日を提供する代わりに，（その法2条(5)と3条(3)にもとづき）2016年5月5日に投票日を提供するように，効力を生ずる（2条(2)は，それに応じて引き続き通常総選挙に関して効力を生ずる）。

5条　ウェールズ国民議会総選挙は，1条(2)の議会総選挙と同じ日にはならない。
(1)　本条は，その投票日が，本条を別として，2006年ウェールズ政府法4条と5条(5)にかかわらず，2015年5月7日（本法の1条(2)で特定される日）に行われるウェールズ国民議会議員に対する通常総選挙に関して適用される。
(2)　2006年ウェールズ政府法3条(1)は，その日に行われる選挙の投票日を提供する代わりに，（その法4条と5条(5)にもとづき）2016年5月5日に投票日を提供するように，効力を生ずる（3条(1)は，それに応じて引き続き通常総選挙に関して効力を生ずる）。

6条　補足的条項
(1)　本法は，議会を停会する女王陛下の権限に影響を与えない。
(2)　本法は，新議会召集宣言の調印が認められる方法に影響と与えない。2条(7)で発行される宣言の調印は，同じ方法で認められる。
(3)　（結果的な改正などを含む）スケジュールが効力を生ずる。

7条　最終条項
(1)　この法は，2011年固定任期議会法と称される。
(2)　この法は，成立した日に効力を生ずる。
(3)　この法による改正あるいは廃止は，その改正あるいは廃止が関係する制定やその部分と同じ内容を持つ。
(4)　首相は次の措置を行わなければならない。
　(a)　委員会がこの法の運用の再検討を行い，所見の結果が適切な場合には，この法の廃止あるいは改正を勧告すること。
　(b)　（いずれの場合においても）委員会の所見や勧告の出版。
(5)　委員会の過半数は庶民院議員である。
(6)　(a)の措置は，2020年6月1日から2020年11月30日までの間でなされる。

備考 2　2011年固定任期議会法 Fixed-term Parliaments Act 2011

27)　Statutory Instrument は，Act of Parliament の下位に位置する委任立法である。

備考3

OECD諸国における国会議員数の比較（国会議員が少ない国ランキング）

順位		下院	上院	計	国の人口	国会議員1人当たり人口
1	米国	435	100	535	309,140,000	577,832
2	日本	480	242	722	127,767,994	176,964
3	メキシコ	500	128	628	104,200,000	165,924
4	韓国	299	—	299	48,870,000	163,445
5	トルコ	550	—	550	72,560,000	131,927
6	ドイツ*1	598	69	667	82,000,000	122,939
7	チリ	120	38	158	16,800,000	106,329
8	オーストラリア	150	76	226	22,150,000	98,009
9	スペイン	350	262	612	46,950,000	76,716
10	カナダ	308	105	413	31,610,000	76,538
11	オランダ	150	75	225	16,530,000	73,467
12	フランス	577	343	920	64,670,000	70,293
13	ポーランド	460	100	560	38,150,000	68,125
14	イタリア	630	322	952	59,300,000	62,290
15	イスラエル	120	—	120	7,370,000	61,417
16	ベルギー	150	71	221	10,750,000	48,643
17	ポルトガル	230	—	230	10,640,000	46,261
18	英国*2	650	789	1439	61,400,000	42,669
19	ニュージーランド	122	—	122	4,730,000	38,770
20	チェコ	200	81	281	10,520,000	37,438
21	ギリシャ	300	—	300	11,130,000	37,100
22	スロバキア	150	—	150	5,420,000	36,133
23	スイス	200	46	246	7,700,000	31,301
24	デンマーク	179	—	179	5,540,000	30,950
25	ノルウェー	169	—	169	4,957,000	29,331

備考3　OECD諸国における国会議員数の比較

順位		下院	上院	計	国の人口	国会議員1人当たり人口
26	フィンランド	200	—	200	5,330,000	26,650
27	スウェーデン	349	—	349	9,300,000	26,648
28	ハンガリー	386	—	386	10,010,000	25,933
29	オーストリア	183	62	245	5,500,000	22,449
30	スロベニア	90	—	90	2,000,000	22,222
31	アイルランド	166	60	226	4,470,000	19,779
32	エストニア	101	—	101	1,340,000	13,267
33	ルクセンブルク	60	—	60	502,100	8,368
34	アイスランド	63	—	63	317,900	5,046

＊1 連邦参議院は，基本的に歳費はなく，無給である。
＊2 貴族院は，基本的に歳費はなく，無給である。
出典：外務省HP

あとがき

　本書を執筆するきっかけとなったのは，大学時代の先輩である福山和人弁護士（京都法律事務所）からの訪英調査に対する協力の依頼からであった。福山弁護士によれば，日本で衆議院比例定数削減や，参議院選挙制度改革の議論があるが，その参考にするために，自由法曹団で英国調査を行いたいが，訪問先のリストアップ，交渉，通訳をお願いしたいということであった。

　当時は，2010年3月で，筆者がシェフィールド大学での半年間の在外研究を終えて帰国する直前であり，また，英国政治の情勢においては，5月に総選挙が予想される中で，英国の憲法改革全体の成り行きが不確定なため，協力したい気持ちはあったが，4月からの授業もあり，タイミングが悪いということで，協力できずに帰国した。

　その後，英国の2010年5月総選挙の結果，保守党と自民 Lib Dems の連立政権が誕生し，選挙制度改革国民投票や貴族院選挙制，首相解散権廃止などで大きな変化が起こる可能性が高まった。2010年末に，こうした情勢を話して，むしろ行くのであれば，2011年2月あたりが適当であり，その時期であるならば，筆者の科学研究費補助金による調査と兼ねて協力できるという旨を伝えた。

　その後，訪英調査の具体化は急速に進み，自由法曹団の弁護士3名とともに，2011年2月22日から26日までロンドンを中心にインタビュー調査を行った。ちょうどその時期は，英国において選挙制度改革レファレンダム実施の法案が貴族院でのフィリバスタリング（議事延長による妨害）を乗り越えて，2月16日に成立した直後であり，時期的にも良いタイミングとなった。調査では，選挙制度改革に賛成の立場で取り組む労働党 Yes のジェシカ・アサト氏，労働党下院議員・元閣僚で Yes 運動のリーダーであったベン・ブラッドショウ氏，シェフィールド大学で英国政治を担当しているマーティン・スミス教授，市民団体アンロック・デモクラシー代表のピーター・フェイシー氏，同じく選挙制

度改革に関して100年以上歴史を持つ選挙改革協会のケイティ・ゴーシュ氏，そして選挙改革法案や首相解散権廃止法案などの執筆に携わった内閣府の官僚ヴィジャ・ランガラジャン氏などに話を聞くことができた。この内容は，2011年『立命館法学』336号において，「イギリスにおける選挙制度改革運動の問題意識——2011年2月インタビュー調査の報告」という形で発表した。

調査を通じて得た知見は，選挙制度改革だけでなく，首相解散権廃止や貴族院選挙制など憲法改革の全体像を理解するうえで，貴重なものであった。ちょうど，日本でも，衆参の選挙制度改革が問題となっていた。したがって，英国における選挙制度改革を中心に憲法改革の内容を紹介することは，日本政治にとって大いに参考できると考えた。それが，第1に，本書を執筆しようと考えたきっかけであった。

その後，選挙制度改革レファレンダムは，対案となった「対案投票制」が魅力に欠けるものであったことも一因して，小選挙区制の維持が圧倒的多数で認められ，本書を執筆する際のパースペクティブの見直しを迫られた。

しかし，同時に，帰国してまもなく起こった東日本大震災や，それに引き続いて起こった福島第一原子力発電所での事故，そして，その後でさえ起こった「ねじれ国会」による法案成立の困難化と菅首相の辞任を見る中で，選挙制度だけでなく，日本の統治機構全体のあり方自体に関する議論が必要ではないかと考えるようになった。特に，英国から帰国後，様々な先進諸国の統治機構を検討する中で，両院を選挙していて，しかも，その選挙が別々の時期に行われることが圧倒的であるという日本の仕組みが，世界的に見ると極めて例外的で，なぜそうした仕組みがとられたのかについて，説得的な理由はほとんど提示されていないし，また，それを問い直す議論自体が，衆参の改革の議論，その他でも，ほとんど存在していないことに気づいた。

この状態は，法案は止まれば止まるほどよい，政権は短命であればあるほどよいという価値観を持たないのであれば，改善されてしかるべきであるし，そのための比較の視座を提示することは，日本の政治にとっても意味のあることであると考え，当初の選挙制度改革の紹介を中心とした構想から，ウェストミンスター改革全体の検討へと本書のテーマを変えることになった。

さらに，11月には，大阪市長選挙において橋下氏の圧勝に終わったこと，その後，マスコミが小泉ブームの再来を思わせる一極的方向を強めていることも，執筆の際に考えさせられた。特に，橋下氏の主張において，「決定できる民主主義」が唱えられていることと，本書で取り上げた井上達夫氏の「答責性のある民主主義」とが，互いに反対方向を見つめながらも，理論的には，多数派による決定を提唱していることに関心を持った。井上氏の『現代の貧困』においては，少数の保護のために，あえて多数派の「答責性」を明確化するという方向性が強調されたが，「多数」によって選ばれた橋下大阪市長の方向は，井上氏の憂慮した少数の価値観封殺の方向に走っている。

　本書においては，「多数」と「少数」，「多数決」と「合意」というものの区別が果たしてできるのかということを，様々に考えながら執筆したが，筆者としても十分に踏み切りがついているとはいえない。「多数」と「少数」という点では，様々な選挙で議員や首長が選ばれ，その限りにおいては，彼らは多数派であったりするが，投票している人々の内実は，「一度任せてみよう」とか，「よく分からないがリーダーシップには期待できる」，「何か新しいことをしてくれるんじゃないか」とかの理由もあるだろうし，しっかりと政策を見て，それを部分的に，あるいは全面的に支持して投票する人もいるだろう。そういう意味では，この「多数派」は，少数派によって構成されているということもできるだろう。両者は簡単に区別できないし，多数派は「マンデイト」を手続き上は得ていても，内容的には得ているとはいえないことが多い。「多数決」と「合意」という点では，しばしば「合意」が構成員に一致を求め，その集団の中での違いを認めようとしないという弊害が指摘されるし，井上が指摘したのはまさにこの点であろうと考える。しかし，それは，端的に言って，これ以上にはないというほどの「多数決」でもある。そういう意味では，「多数決」と「合意」も，そう簡単に区別できない。これらの問題について様々に考えたが，あまりに大きな問題でもあり，本文部分には反映させることはできなかった。この点は，今後継続的に考えていきたい。

　ところで，本書を完成させるにあたって，数々の皆さんにお世話になった。きっかけを与えていただいた先輩の福山弁護士，ともに英国調査に参加した馬

あ と が き

屋原潔弁護士，奥村一彦弁護士，渡辺輝人弁護士には感謝申し上げたい。また，今回使用した資料収集にあたっては，People's History Museum の Darren Treadwell 氏をはじめ PHM のスタッフの皆さんにはお世話になった。ダレンは，お爺さんがケア・ハーディの友達だったという話など，面白い話をいろいろ聞かせてくれた。また，エセックス大学の Albert Sloman Library の Nigel Cochrane 氏にも，憲章88の資料収集でお世話になった。この場をお借りして，御礼申し上げたい。

選挙制度改革と，そのレファレンダムに関しては，2011年9月にイギリス政治研究会で報告させていただく機会をいただいた。そのときに指摘された点も，本書をまとめる上で，大変参考になった。研究会の皆様には，重ねて感謝申し上げたい。

本書では，自分の知りたいことを調べているうちに，何度も憲法学の本を読むことになった。いろいろ読み進めるうちに，面白いと感じる文献が非常に多かった。個人的には，安沢喜一郎の論文の迸るような気迫と，憲法をめぐる状況への怒りのこもった論文が印象に残っている。改めて，憲法と政治学が議論する領域に重なりがあることが実感できた。しかしながら，筆者が十分にそれらの本や論文を理解できているかは，読者の皆さんに判断していただくより他ない。憲法という点では，法学部の先生方にも，大変お世話になった。時折，何の脈絡もなく，憲法の先生方をつかまえては，日本国憲法への英国議会法の影響はどういう風に議論されてきたのかとか，どういう文献に書いてあるのかとか，尋ねる私に，有益な情報を常に与えていただいて，大変感謝している。

また，法学会からは，法学部叢書の出版助成もいただいた。筆者の前著も法学部叢書からの助成金で出版したので，少しお世話になりすぎではないかと言う気もしたが，この叢書は立命館大学法学会の大変意義のある事業なので，積極的に使わせていただいた。感謝したい。

本書の原稿のチェックでは，法学アカデミーの赤塚みゆき様と内海桂様には，大変お世話になった。29万字の原稿を短期間でお願いしたにもかかわらず，かなり詳細に見ていただいた。御礼申し上げたい。

最後に，本書の出版にあたっては，法律文化社の小西英央氏に大変お世話に

なった。厳しい出版事情の下，上記のように，本書のパースペクティブが変更になったことにも寛容に対応していただき，何とか出版にこぎつけることができた。この場を借りて，御礼申し上げたい。

引用文献

著作及び論文

Amodia, José (1996) 'Spain at the Polls: The General Election of 3 March 1996', *West European Politics*, Vol.19, No. 4 .

Anderson, Liam (2001) 'Implications fo Institutional Design for Macroeconomic Performance', *Comparative Political Studies*, 34 (4).

Armingeon, Klaus (2002) 'The Effect of Negotiation Democracy: A comperative analysis, *European Journal of Political Research*, 41 (1), 81-105.

Aughey, Arthur (1996) 'Party and the Union', Philip Norton (ed) *The Conservative Party*, Prentice Hall.

Bache, Ian and Matthew Flinders (2004) *Multi-level Governance*, Oxford University Press.

Barber, Michael (2008) *Instruction to Deliver: Fighting to Transform Britain's Public Services,* Methuen Publishing Ltd.

Barnett, Anthony (1989) 'Charter 88 and the Labour Party', November, Charter 88 Archive, the University of Essex.

Barnett, Anthony (2011) 'Goodbye Charter 88: a new epoch for democratic resistance has begun', *Open Democracy*, 20 November, (http://www.opendemocracy.net/ourkingdom / anthony-barnett / goodbye-charter- 88 -new-epoch-for-democratic-resistance-has-begun).

BBC (2010a) *Second prime ministerial debate: 22 April 2010 Transcript.*

BBC (2010b) *Third prime ministerial debate: 29 April 2010 Transcript.*

BBC (2010c) 'Q & A: Electoral reform and proportional representation', (http://news.bbc.co.uk/2/hi/uk_news/politics/election_2010/8644480.stm).

Bjugan, Ketil (1999) 'The 1998 Danish Parliamentary Election: Social Democrats muddle through to Victory', *West European Politics*, Vol. 22, No. 1 .

Blackburn, Robert (1995) *The Electoral System in Britain,* Macmillan.

Blair, Tony (1994) 'Change and National Renewal, Leadership Election Statement 1994', Charter 88 Archive, the University of Essex.

Blair, Tony (1996) 'Democracy's second age: Proposals of Great Britain's Labour Party', *The Economist*, 14 September.

Blair, Tony (1998) *Leading the way: a New Vision for Local Government*, IPPR.

Blake, Robert (1985) *The Conservative Party from Peel to Thatcher*, Methuen.

Bogdanor, Vernon (1995) *The Monarchy and the Constitution*, Oxford University Press.

Bogdanor, Vernon (2003) *The British Constitution in the Twentieth Century*, Oxford University Press.

Bogdanor, Vernon (2009) *The New British Constitution*, Hart Publishing.

Bogdanor, Vernon (2011) *The Coalition And The Constitution*, Hart Publishing.

Bonde, Jens-Peter (2007) *From EU Constitution to Lisbon Treaty*, (http://www.j.dk/exp/images/bondes/From EU Constitution to Lisbon Treaty april 2008.pdf).

Bormann, Nils-Christian (2010) 'Patterns of Democracy and Its Critics', *Living Reviews in Democracy*, Vol. 2.

Bower, Tom (2004) *Gordon Brown*, HarperCollins.

Boyer, J. Patrick (1991) *The People's Mandate: Referendums and a More Democratic Canada*, Dundurn Pr Ltd.

Bradley, A.W. and K.D.Ewing (1993) *Consitutional Admistrative Law*, Longman.

Brazier, Rodney (2006) 'Memorandum by Professor Rodney Brazier: Codification of the Salisbury–Addison Convention', in Joint Committee on Conventions, *Conventions of the UK Parliament: Report of Session 2005–06* (http://www.publications.parliament.uk/pa/jt200506/jtselect/jtconv/265/265we03.htm).

Brocklehurst, Alex, and Maxine Hill (2009) 'The Weatherill Amendment: Elected hereditary peers', *Library Note*, House of Lords.

Butler, David and Dennis Kavanagh (1974) *The British General Election of February 1974*, Macmillan.

Butler, David and Dennis Kavanagh (1975) *The British General Election of October 1974*, Macmillan.

Butler, David and Dennis Kavanagh (1988) *The British General Election of 1987*, Macmillan.

Butler, David and Dennis Kavanagh (1992) *The British General Election of 1992*, Macmillan.

Butler, David and Dennis Kavanagh (1997) *The British General Election of 1997*, Macmillan.

Butler, David and Dennis Kavanagh (2002) *The British General Election of 2001*, Palgrave.
Butler, D. E. (1963) *The Electoral System in Britain Since 1918*, Second Edition, Oxford University Press.
Cabinet Office (1999) *Modernising Parliament: Reforming the House of Lords,* The Stationery Office.
Cabinet Office (2011) *The Cabinet Manual: A guide to laws, conventions and rules on the operation of government.*
Calder, Carlos (1992) 'An Orange Sweep: The Portuguese General Election of 1991', *West European Politics*, Vol. 15, No. 2.
Callaghan, James (1987) *Time and Chance,* HarperCollins.
Cameron, David (2011) 'AV reform is "inherently unfair", says David Cameron', *The Gurdian,* 18 February.
Caramani, Daniele (2000) *The Societies of Europe: Elections in Western Europe since 1815*, Macmillan.
Charter 88 (1989) 'Charter 88 questionnaire', Box 1, Charter 88 Archive, the University of Essex.
Charter 88 (1990) 'Minutes of the Council Meeting, 3 rd March, 1990', Box 3, Charter 88 Archive, the University of Essex.
Charter 88 (1991a) *Constitution,* Box 1, Charter 88 Archive, the University of Essex.
Charter 88 (1991b) 'Minutes of Charter 88 Executive 20 August 1991', Box 7, Charter 88 Archive, the University of Essex.
Charter 88 (1993) 'Political Officer's Report on Party Conference 1993 Part two', 16 November, Box 10, Charter 88 Archive, the University of Essex.
Charter 88 (1995) 'Minutes of meeting held on 28 February 1995', Box 13, Charter 88 Archive, the University of Essex.
Charter 88 (1996) 'Political Report-Executive Committee February 27th 1996', Charter 88 Archive, the University of Essex.
Clerk of the House and Clerk of Legislation (2012) 'Financial Privilege: A note by the Clerk of the House and Clerk of Legislation', (http://www.parliament.uk/documents/commons-commission/Financial-Privilege-note.pdf).
Clerk of the Parliaments (2010) *Companion to the Standing Orders and Guide to the Proceedings of the House of Lords,* House of Lords.

Colomer, Josep M. (2004) *Handbook of Electoral System Choice*, Palgrave Macmillan.
ComRes (2011) 'Peers Panel Survey', 17 January, (http://www.comres.co.uk/polls/House_of_Lords_Reform_May_2011.pdf).
Conservative Party (2001) *Time for Common Sense*.
Conservative Party (2005) *Are You Thinking What We're Thinking?: It's Time for Action*.
Conservative Party (2009) *Control Shift: Returning power to local communities*.
Conservative Party (2010a) *Mending Our Broken Society*, Conservative Party.
Conservative Party (2010b) *Invitation to Join the Government of Britain: The Conservative Manifesto 2010*.
Council for Wales and Monmouthshire (1950) *A Memorandum by the Council on its Activities*, His Majesty Stationery Office.
Crabtree, James (2009) 'James Purnell and Amartya Sen: Capable of what?', *Prospect*, 21 July.
Cruse, Ian and Dorothey Leys (2011) 'House of Lords Reform Draft Bill' *Library Note*, LLN 2011/021, House of Lords.
Curtice, John (2010a) 'Recent History of Second Preferences', (http://news.bbc.co.uk/nol/shared/spl/hi/uk_politics/10/alternative_vote/alternative_vote_june_09_notes.pdf).
Curtice, John (2010b) 'Era of Coalition' *Progressive Online*, 8 December 2010.
Curtice, John and Michael Steed (2001) 'An Analysis of the Results', David Butler and Dennis Kavanagh (ed) *The British General Election of* 2001, Palgrave.
Dale, Iain (2000a) *Conservative Party General Election Manifestos, 1900-1997*, Routledge.
Dale, Iain (2000b) *Labour Party General Election Manifestos, 1900-1997*, Routledge.
Dale, Iain (2000c) *Liberal Party General Election Manifestos, 1900-1997*, Routledge.
Darling, Alistair (2011) *Back from the Brink: 1000 days at Number 11*, Atlantic Books.
Democratic Audit of the United Kingdom (2011) 'What would be the constitutional consequences of Lords reform?', 24 May, (http://www.democraticaudit.com/what-would-be-the-constitutional-consequences-of-lords-reform).
Department for Communities and Local Government (2006) *Strong and Prosperous Communities*, The Stationery Office.

Department of the Environment, Transport and Regions (1998) *Modern local government: in touch with the people*, The Stationery Office.

Deputy Prime Minister (2011a) *House of Lords Reform Draft Bill, Cm 8077*, The Stationery Office.

Deputy Prime Minister (2011b) *Recall of MPs Draft Bill, Cm 8241*, The Stationery Office.

Deputy Prime Minister and Secretary of State for Environment (1998) *Transport and the Regions by Command of Her Majesty, A Mayor and Assembly for London, Cm 3897*, The Stationery Office.

Deschouwer, Kris (1988) 'The 1987 Belgian election: The voter did not decide' *West European Politics*, Vol.11, No. 3 .

Dicey. A.V. (1982) *Introduction to the Study of the Law of the Constitution*, LibertyClassics.

Donovan, Mark (1988) 'The 1987 Election in Italy: Prelude to Reform?', *West European Politics*, Vol.11, No. 1 .

Donovan, Mark (1996) 'A Turning Point that Turned?: The April 1996 General Election in Italy', *West European Politics*, Vol.19, No. 4 .

Dorey, Peter (2008) *The Labour Party and Constitutional Reform: A History of Constitutional Conservatism*, Palgrave.

Dorey, Peter (2011) '"A Rather Novel Constitutional Experiment": The Formation of the 1977- 8 ', *Parliamentary History*, Vol.30, pt. 3 , pp.374-394.

Downs, William M. (1996) 'Federalism Achieved: The Belgian Elections of May 1995', *West European Politics*, Vol.19, No. 1 .

Dymond, Glenn, and Hugo Deadman (2006) *The Salisbury Doctrine*, the House of Lords.

Electoral Commission (2003) *Election Timetables in the UK: Report and Recommendations*.

Electoral Commission (2011a) *Referendum on the voting system for UK parliamentary elections: Report on the May 2011 referendum*.

Electoral Commission (2011b) '2011 Parliamentary voting system referendum', Electoral Commission Website, (http://www.electoralcommission.org.uk/party-finance/party-finance-analysis/referendum-expenditure/2011-parliamentary-voting-system-referendum).

Electoral Commission (2011c) *Report on the Scottish Parliament election on 5 May 2011*.

Electoral Commission (2011d) *Report on the National Assembly for Wales general election 5 May 2011*.

Electoral Commission (2011e) *Report on the Northern Ireland Assembly election on 5 May 2011*.

Electoral Reform Society (2011) 'What is STV?', (http://www.electoral-reform.org.uk/downloads/what%20is%20stv.pdf).

Ellis, Caroline (1993) 'Report to Charter 88 Executive 16th March 1993', Charter 88 Archive, the University of Essex.

Facey, Peter and Anthony Barnett (2012) 'Beyond Charter: Britain's new age of democratic resistance', *Open Democracy*, 12 January, (http://www.opendemocracy.net/ourkingdom/peter-facey-anthony-barnett/beyond-charter-britains-new-age-of-democratic-resistance).

Facey, Peter et al (ed) (2008) *Unlocking Democracy: 20 years of Charter 88*, Politico's.

Farrell, David M. (2011) *Electoral Systems: A Comparative Introduction*, Palgrave Macmillan.

Featherstone, Kevin (1994) 'The Greek Election of 1993: Backwards or Forwards?', *West European Politics*, Vol.17, No. 2.

Featherstone, Kevin and George Kazamias (1997) 'In the Absence of Charisma: The Greek Elections of September 1996', *West European Politics*, Vol.20, No. 2.

Fitzmaurice, John (1995) 'The Danish General Election of September 1994', *West European Politics*, Vol.18, No. 2.

Fitzmaurice, John (2004) 'Belgium Stays "Purple": The 2003 Federal Election', *West European Politics*, Vol.27, No. 1.

Flinders, Matthew (2010) *Democratic Drift*, Oxford University Press.

Ford, Robert and Matthew J. Goodwin (2010) 'Angry White Men: Individual and Contextual Predictors of Support for the British National Party', *Political Studies* Vol. 58, 1–25.

Gay, Oonagh (2011) 'Fixed Term Parliaments Act 2011', *Standard Note*, SN/PC6111.

Gee, Graham and Gregoire C. N. Webber (2010) 'What is a Political Consititution?', *Oxford Journal of Legal Studies*, Vol.30, No. 2, 273–299.

Gladstone, W.E. (1971) *Midlothian Speeches, 1879*, Leicester University.

Griffith, J. A. G. (1979) 'The Political Constitution', *The Modern Law Review*, Vol.42, No.1, January.

Hart, Jenifer (1992) *Proportional Representation: Critics of the British Electoral System 1820–1945*, Oxford University Press.

Harvie, Christopher (1994) *Scotland & Nationalsim: Scottish Society and Politics 1707–1994*, Routledge.

Harvie, Christopher and Peter Jones (2000) *The Road to Home Rule: Images of Scotland's Cause*, Polygon.

Hasan, Mehdi, and James Macintyre (2009) 'It would be a missed opportunity not to have a referendum on election day', *New Statesman* 5 November.

Hazell, Robert (2010) 'Fixed Term Parliaments', the Constitution Unit, UCL.

HM Government (2010) *The Coalition: our programme for government*.

Home Office (1998) *The Report of the Independent Commission on the Voting System*, Cm.4090, The Stationery Office.

House of Commons Reform Committee (2009) *Rebuilding the House: First Report of Session 2008–09*, The Stationery Office.

ICM (2012) 'Independence support rises to 40% in ICM poll', 15 January, (http://www.snp.org/media-centre/news/2012/jan/independence-support-rises-40-icm-poll).

International Centre for Parliamentary Documentation of the Inter-Parliamentary Union (1986) *Parliaments of the world: A comparative reference compendium*, Aldershot.

IPPR (1991) *A Written Constitution for the United Kingdom*, Mansell.

Ipsos-Mori (2010), 'Voting intentions return to pre-conference positions', 20 October, (http://www.ipsos-mori.com/researchpublications/researcharchive/2499/Voting-intentions-return-to-preconference-positions.aspx).

Ipsos-Mori (2011) 'Voting Intention in Great Britain: Recent Trends', 20 July, (http://www.ipsos-mori.com/researchpublications/researcharchive/poll.aspx?oItemId=107&view=wide).

Ipsos-Mori (2012) 'Scottish Public Opinion Monitor', 1 March, (http://www.ipsos-mori.com/Assets/Docs/Scotland/pa_Scotland_SPOM_Independence_charts_31_January_2012.pdf)

Jack, Malcolm (ed)(2011) *Erskine May Parliamentary Practice: Twenty-fourth edi-*

tion, LexisNexis.

Jalland, Patricia (1979) 'United Kingdom Devolution 1910-14: Political Panacea or Tactical Diversion?' *The English Historical Review*, Vol.94, No.373, pp.757-785.

Joint Committee on Conventions (2006a) *Conventions of the UK Parliament: Report of Session 2005-06: Volume I*, House of Lords and House of Commons.

Joint Committee on Conventions (2006b) *Conventions of the UK Parliament: Report of Session 2005-06: Volume II*, House of Lords and House of Commons.

Justice Committee (2010) *Constitutional processes following a general election: Fifth Report of Session 2009-10*, House of Commons.

Katz, Richard S. (1997) *Democracy and Elections*, Oxford University Press.

Kavanagh, Dennis and David Butler (2005) *The British General Election of 2005*, Palgrave.

Kavanagh, Dennis and Philip Cowley (2010) *The British General Election of 2010*, Palgrave Macmillan.

Kelly, Richard (2007) 'The Parliament Acts', *Standard Note*: SN/PC/675.

King, Jeff (2012) 'Welfare Reform and the Financial Privilege', the Constitution Unit, UCL.

Labour Party (1993a) *Working Party on Electoral Reform: NEC Statement to Conference*, 1993, Box 10, Charter 88 Archive.

Labour Party (1993b) *Conference report Ninety-second annual conference of the Labour Party*.

Labour Party (1994) *Conference report Ninety-third annual conference of the Labour Party*.

Labour Party (1997) *New Labour: because Britain deserves better, 1997 General Election Manifesto*.

Labour Party (2001) *Ambitions for Britain: Labour's manifesto 2001*, Invester in People.

Labour Party (2005) *Britain forward not back: the Labour Party manifesto 2005*.

Labour Party (2010) *A Future Fair for All: The Labour Party Manifesto 2010*.

Lancaster, Thomas D. (1994) 'A New Phase for Spanish Democracy?: The General Election of June 1993', *West European Politics*, Vol.17, No. 1.

Laws, David (2010) *22 Days in May*, Biteback.

Leader of the House of Commons and Lord Privy Seal (2006) *Government Response to*

the *Joint Committee on Conventions' Report of Session 2005-06 : Conventions of the UK Parliament, Cm 6997*, The Stationery Office.
Lee, Simon and Matt Beech (2009) *The Conservatives under David Cameron*, Palgrave Macmillan.
Liberal Democrats (2005) *The Real Alternative*.
Liberal Democrats (2010) *Liberal Democrat Manifesto 2010 : Change that works for you*.
Lijphart, Arend (1968) *The Politics of Accomodation, Pluralism and Democracy in the Netherlands, Second Edition, Revised*, University of California Press.
Lijphart, Arend (1994) *Electoral Systems and Party Systems: A Study of Twenty-Seven Democracies, 1945-1990*, Oxford University Press.
Lijphart, Arend (1999) *Patterns of Democracy: Government Forms and Performace in Thirty-Six Countries*, Yale University Press.
Lijphart, Arend (2002) 'Negotiation Democracy versus Consensus Democracy: Parallel conclusions and recommendations', *European Journal of Political Research*, 41 (1), 107-113.
Lodge, Guy and Glenn Gottfried (2011) *Worst of Both Worlds: Why First Past the Post no longer works*, IPPR.
Luther, Kurt Richard (2003) 'Self-Destruction of a Right-Wing Populist Party?: The Austrian Parliamentary Election of 2002', *West European Politics*, Vol.27, No. 2 .
Luther, Kurt Richard (2009) 'The Revival of the Radical Right: The Austrian Parliamentary Election of 2008', *West European Politics*, Vol.32, No. 5 .
Lynch, Peter (2002) *SNP: the History of the Scottish National Party*, Welsh Academic Press.
Macintyre, James (2009) 'How the BNP came in from the Cold', *New Statesman*, Vol. 137.
Maer, Lucinda (2007) 'Citizens's Juries', *Standard Note*, SN/PC/04546.
Maer, Lucinda (2011) 'House of Lords Appointments Commission', *Standard Note*, SN/PC/2855.
Mair, Peter (2000) 'Partyless Democracy: Solving the Paradox of New Labour?', *New Left Review*, March/April.
Mandelson, Peter (2010) *The Third Man: Life at the Heart of New Labour*, HarperPress.

Manton, Kevin (2011) 'British Unionism, the constitution and the referendum, c.1907–14', *Historical Research*.

Maor, Moshe (1991) 'The 1990 Danish Election: An Unnecessary Contest', *West European Politics*, Vol.14, No. 3.

Mayer, Kenneth R. and Howard H. Schweber (2008) 'Does Australia Have a Constitution?', 25 *UCLA Pacific Basin Law Journal*.

Mellows-Facer, Adam (2003) 'Commons divisions on Iraq: 26 February and 18 March 2003', *Standard Note*, SN/SG/2109.

Miliband, David (2008) 'Against all odds we can still win, on a platform for change', *The Guardian*, 29 July.

Mitchell, James (1996) *Strategies for Self-government: The Campaigns for Scottish Parliament*, Polygon.

Morgan, Kenneth O. (1997) *Callaghan: A Life*, Oxford University Press.

Muller, Wolfgang C. (2000) 'The Austrian Election of October 1999: A Shift to the Right', *West European Politics*, Vol.24, No. 3.

Nagel, Jack (1998) 'Social Choice in a Pluralitarian Democracy: The Politics of Market Liberalization in New Zealand', *British Journal of Political Science*, 28 (2) 223-267.

Nohlen, Dieter and Philip Stover (ed) (2010) *Elections in Europe: A Data Handbook*, Nomos Verlagsgesellschaft.

Norton, Phillip (2011) *A Century of Constitutional Reform*, Wiley Blackwell.

Office of the Deputy Prime Minister (2002) *Turnout at local elections: Influences on levels of voter registration and voting*, The Stationery Office.

O'Leary, Brendan (1987) 'Towards Europeanisation and Realignment?: The Irish General Election, February 1987', *West European Politics*, Vol.10, No. 3.

O'Leary, Brendan (1993) 'Affairs, Partner-Swapping, and Spring Tides: The Irish General Election of November 1992', *West European Politics*, Vol.16, No. 3.

O'Leary, Brendan and John Peterson (1990) 'Further Europeanisation? The Irish general election of June 1989', *West European Politics*, Vol.13, No. 1.

Oliver, Dawn (2009) *Constitutional Reform in the UK*, Oxford University Press.

Panel on Fair Access to the Professions (2009) *Unleashing Aspirations*, Cabinet Office.

Peston, Robert (2005) *Brown's Britain*, Short Books.

Pilkington, Colin (2002) *Devolution in Britain Today*, Manchester University Press.

Political and Constitutional Reform Committee (2010) *Fixed-term Parliaments Bill: Second Report of Session 2010–11*, House of Commons.
Political and Constitutional Reform Committee (2011) *Lessons from the process of Government formation after the 2010 General Election: Fourth Report of Session 2010–11,* House of Commons.
Prime Minister (1946) *Wales and Monmouthshire: A Summary of Government Action 1st August 1945–31st July, 1946,* Cmd.6938, His Majesty Stationary Office.
Prime Minister (1974) *Democracy and Devolution: Proposal for Scotland and Wales, Cmnd 5732*, HMSO.
Prime Minister (2001) *The House of Lords-Completing the Reform*, The Stationery Office.
Purnell, James (2010) 'We Mean Power, Speech given at the LSE on 15th', February, (http://www2.lse.ac.uk/assets/richmedia/channels/publicLecturesAndEvents/transcripts/20100215_JamesPurnell_tr.pdf).
Qvortrup, Matt (2005) *A Comparative Study of Referendum*, Manchester University Press.
Rawnsley Andrew (2010) *The End of the Party*, Viking.
Rentoul, John (2010) 'The backroom Blairite who knows the answers about life after Blair', *The Independent*, 13 February.
Renwick, Alan (2011a) 'The Alternative Vote: A Briefing Paper', Political Studies Association.
Renwick, Alan (2011b) 'House of Lords Reform: A Briefing Paper', Political Studies Association.
Rhodes, R.A.W. (1997) *Understanding Governance: Policy Networks, Governance, Reflexivity and Accountability*, Open University Press.
Richards, David and Martin Smith (2002) *Governance and Public Policy in the United Kingdom*, Oxford University Press.
Roller, Edeltraut (2005) *The Performance of Democracies-Political Institutions and Public Policy*, Oxford University Press.
Rose, Richard and Phillip Davies (1994) *Inheritance in Public Policies: Changing without choice in Britain*, Yale University Press.
Royal Commission on Reform of the House of Lords (2000) *A House for the Future*, *Cm.4534*, January.

Rush, Michael and Clare Ettinghausen (2002) *Opening Up the Usual Channels*, Hansard Society.

Russell, Meg (2000) *Reforming the House of Lords: Lessons from Overseas*, Oxford University Press.

Russell, Meg and Akash Paun (2006) *Managing Parliament Better?: A Business Committee for the House of Commons,* the Constitution Unit, UCL.

Scottish Council of the Labour Party (1957) *Report of the Executive Committee to the 42nd Annual Conference in Castle Garden Pavilion, Dunoon, on 12th, 13th and 14th April,* the Scottish Council of the Labour Party.

Scottish Council of the Labour Party (1958) *Scottish Government: Special Report of the Executive Committee to the Special Conference of the Scottish Council of the Labour Party in Central Halls, Bath Street, Glasgow, on 13th and 14th September 1958*, Scottish Council of the Labour Party.

Scottish Government (2012) *Your Scotland, Your Referendum: Consultation.*

Scottish National Party (2011) *Re-Elected: A Scottish government working for Scotland, Scottish National Party Manifesto 2011*.

Scottish Office (1997) *Scotland's Parliament, Cm 3658*, The Stationery Office.

Seely, Antony (2011) 'The Budget and the annual Finance Bill', *Standard Note*, SN/BT/813.

Seldon, Anthony (2004) *Blair*, Free Press.

Select Committee on the Constitution (2010a) *Fixed-term Parliaments Bill: 8th Report of Session 2010–11*, House of Lords.

Select Committee on the Constitution (2010b) *Referendums in the United Kingdom: 12th Report of Session 2009–10*, House of Lords.

Select Committee on the Constitution (2011a) *Money Bills and Commons Financial Privilege: 10th Report of Session 2010–11*, House of Lords.

Select Committee on the Constitution (2011b) *The Cabinet Manual: 12th Report of Session 2010–11*, House of Lords.

Shepherd, Robert (1997) *Enoch Powell: a Biography*, Pimlico.

Smith, Martin J. (2009) *Power and the State*, Palgrave.

Steed, Michael (1996) 'The Liberal Tradition', Don MacIver (ed) *The Liberal Democrats*, Prentice Hall.

Sully, Melanie (1996) 'The 1995 Austrian Election: Winter of Discontent', *West Euro-

pean Politics, Vol.19, No. 3.

Taagepera, Rein (2003) 'Arend Lijphart's Dimensions of Democracy: Logical Connections and Institutional Design', *Political Studies,* 51 (1).

Taylor, Bridget and Katarina Thomson (ed) (1999) *Scotland and Wales: Nation Again?*, University of Wales Press.

Tebbit, Norman (2010) 'Tebbit: "Bercow is no Tory"', *New Statesman*, 7 March, (http://www.newstatesman.com/2010/03/norman-tebbit-john-bercow).

Tyler, Paul (2011) 'House of Lords Reform: On the Right Track?', *The Guardian*, 18 May.

Uhr, John (1999) 'Generating the Divided Government', Samuel C. Patterson and Anthony Mulgan (ed) *Senate: Bicameralism in the Contemporary World*, Ohio State University Press.

Van Holsteyn, Joop J.M. (2007) 'The Dutch Parliamentary Elections of 2006', *West European Politics*, Vol.30, No. 5.

Wade, H.W.R (1955) 'The Basis of Legal Sovereignty', *Cambridge Law Journal*, 172-197, Cambridge University Press.

Webster, Merriam (1988) *Webster's Ninth New Collegiate Dictionary*, Merriam Webster INC.

Weir, Stuart (1991) 'The Democratic Audit of the United Kingdom: A Memo for the Charter 88 Council', Charter 88 Archive, University of Essex.

Weir, Stuart (2008) 'Tilting at windmills', Peter Facey et al (ed) *Unlocking Democracy: 20 years of Charter 88*, Politico's.

Weir, Stuart (2010a) 'The Success of Charter 88', *Open Democracy*, 1 January, (http://www.opendemocracy.net/ourkingdom/stuart-weir/success-of-charter-88).

Weir, Stuart (2010b) 'Brown's AV push is a foolish crusade', *Open Democracy*, 11 February, (http://www.opendemocracy.net/ourkingdom/stuart-weir/browns-av-push-is-foolish-crusade).

Weir, Stuart (2010c) 'Against AV: A final response to Andy White', *Open Democracy*, 20 February, (http://www.opendemocracy.net/ourkingdom/stuart-weir/against-av-final-response-to-andy-white).

Wells, Anthony (2011) 'NO campaign edges ahead', YouGov, (http://labs.yougov.co.uk/news/2011/04/13/no-campaign-edges-ahead/).

Weston, Corinne Comstock (1995) *The House of Lords and Ideological Politics: Lord*

Salisbury's Referendal Theory and the Conservative Party, 1846-1922, Amer Philosophical Society.

White, Andy (2010a) 'AV is no foolish crusade: response to Stuart Weir', *Open Democracy*, 12 February, (http://www.opendemocracy.net/ourkingdom/andy-white/av-is-no-foolish-crusade-response-to-stuart-weir).

White, Andy (2010b) 'Defending the AV referendum: A final response to Stuart Weir', *Open Democracy*, 18 February, (http://www.opendemocracy.net/ourkingdom/andy-white/defending-av-referendum-final-response-to-stuart-weir).

White, Isobel and Oonagh Gay (2011) 'Parliamentary Voting System and Constituencies Bill: Lords stages', *Standard Note:* SN/PC/05780, February.

White, Stuart (2012) 'Liberty is at stake: Commons, Lords and the Welfare Reform Bill', *Open Democracy*, 7 February.

Wilson, Rob (2010) *5 Days to Power*, Biteback.

Wolinetz, Steven B. (1990) 'The Dutch Election of 1989: Return to the Centre-Left', *West European Politics*, Vol.13, No. 2.

Wolinetz, Steven B. (1995) 'The Dutch Parliamentary Elections of 1994', *West European Politics*, Vol.18, No. 1.

YouGov (2011) Sunday Times Survey Results, (http://today.yougov.co.uk/sites/today.yougov.co.uk/files/yg-archives-pol-st-results-01-030411.pdf).

クラウチ，コリン (2007)『ポスト・デモクラシー——格差拡大の政策を生む政治構造』，山口二郎監修，近藤隆文訳，青灯社。

ツェベリス，ジョージ (2009)『拒否権プレイヤー——政治制度はいかに作動するか』，眞柄秀子・井戸正伸監訳，早稲田大学出版部。

マッケンジー，K. R. (1977)『イギリス議会——その歴史的考察』，福田三郎訳，敬文堂。

レイプハルト，アレンド (2005)『民主主義対民主主義——多数決型とコンセンサス型の36ヶ国比較研究』，粕谷祐子訳，勁草書房。

芦田淳 (2006)「イタリアにおける選挙制度」，国立国会図書館調査及び立法考査局『外国の立法』，230号。

麻生太郎 (2008)「強い日本を！私の国家再建計画」，『文藝春秋』，11月号。

井上達夫 (2011)『現代の貧困——リベラリズムの日本社会論』，岩波文庫。

入江俊郎 (1976)『憲法成立の経緯と憲法上の諸問題』，第一法規出版。

後房雄 (1994)『政権交代のある民主主義——小沢一郎とイタリア共産党』，窓社。

梅川正美（1998）『イギリス政治の構造――伝統と変容』，成文堂。
江島晶子（2005）「イギリス『憲法改革』における1998年人権法」，松井幸夫編著『変化するイギリス憲法』，敬文堂。
大石眞（1990）『議院法制定史の研究』，成文堂。
大蔵省主計局（1934）『英國議会制度大要――英國予算制度の法制：金銭法案解説』。
大曲薫（2009）「対称的二院制の現在――オーストラリアの場合」，国立国会図書館調査及び立法考査局『オーストラリア・ラッド政権の一年――総合調査報告書』。
大山礼子（2003）『比較議会政治論』，岩波書店。
小沢一郎（1990）「激動の九〇年代を生き抜く政治」，保岡興治監修『思春期を迎えた日本の政治――金権選挙区・奄美群島にみる中選挙区制度の終焉』，講談社・東都書房。
加藤紘捷（2002）『概説 イギリス憲法』，勁草書房。
菅直人（1998）『大臣』，岩波新書。
北川正恭（2005）「マニフェストは地方分権を促進させる」，月刊『ガバナンス』，11月号。
君塚直隆（1998）『イギリス二大政党制への道――後継首相の決定と「長老政治家」』，有斐閣。
倉持孝司・梅川正美（1997）「憲章88:マンチェスター憲法大会(資料)（4）」，『愛知学院大学論叢. 法学研究』, 38巻3・4号。
小嶋和司（1988）『憲法と財政制度』，有斐閣。
小嶋和司（1996）『日本財政制度の比較法史的研究』，信山社。
小堀眞裕（2005）『サッチャリズムとブレア政治』，晃洋書房。
小堀眞裕（2010a）「ニュー・レイバー以後，揺れる労働党とイギリス政治」，基礎経済科学研究所『経済科学通信』，122号。
小堀眞裕（2010b）「イギリス中等教育政策における社会的排除との闘い」，高橋進編著『包摂と排除の比較政治学』，ミネルヴァ書房。
小堀眞裕（2011）「イギリスにおける選挙制度改革運動の問題意識――2011年2月インタビュー調査の報告」，『立命館法学』，2号。
小松浩（2003）『イギリスの選挙制度――歴史・理論・問題状況』，現代人文社。
小山廣和（2003）『税財政と憲法――イギリス近現代の点描』，有信堂。
今野彧男（2010）『国会運営の法理――衆議院事務局の視点から』信山社。
佐藤達夫（1962）『日本国憲法成立史』，第1巻，有斐閣。
佐藤達夫（1964）『日本国憲法成立史』，第2巻，有斐閣。

佐藤達夫，佐藤功補訂（1994）『日本国憲法成立史』，第3巻，有斐閣。
佐藤達夫，佐藤功補訂（1994）『日本国憲法成立史』，第4巻，有斐閣。
佐藤芳彦（1987）「イギリス予算制度と1911年『国会法』の成立」，『アルテス・リベラレス（岩手大学人文社会科学部紀要）』，41，1-28。
自民党（2005）『自民党政権公約――自民党の約束』。
自民党（2007）『成長を実感に――改革を貫く，美しい国へ。』。
自民党（2009）『自民党政策BANK』。
自民党（2010）『自民党政策集――J-ファイル2010（マニフェスト）』。
杉原泰雄・只野雅人（2007）『憲法と議会制度』，法律文化社。
高橋和之（1994）『国民内閣制の理念と運用』，有斐閣。
高見勝利（2004）『芦部憲法学を読む』，有斐閣。
高見勝利（2008）『現代日本の議会政と憲法』，岩波書店。
高安健将（2009）『首相の権力――日英比較からみる政権党とのダイナミズム』，創文社。
武田興欣（2005）「議会」，久保文明編『アメリカの政治』，弘文堂。
竹中治堅（2010）『参議院とねじれ国会』，社団法人日本記者クラブ。
田中嘉彦（2009）「英国ブレア政権下の貴族院改革――第二院の構成と機能」，『一橋法学』，8（1）：221-302。
田中嘉彦（2010a）「帝国議会の貴族院」，『レファレンス』，11月号。
田中嘉彦（2010b）「二院制に関する比較制度論的考察（1）――ウェストミンスターモデルと第二院」，『一橋法学』，9（3）：217-256。
田中嘉彦（2011）「二院制に関する比較制度論的考察（2）――ウェストミンスターモデルと第二院」，『一橋法学』，10（1）：107-153。
塚本俊之（2007）「フランス大統領選挙について」，『法学セミナー』，52（8）56-60。
豊永郁子（2005）「マニフェスト政治にもの申す」，『オピニオン』，No. 158，(http://www.waseda.jp/jp/opinion/2005/opinion158.html)。
内閣著・内閣法制局閲（1946）『新憲法の解説』，高山書院。
成廣孝（2006）「自由民主党――第三党の苦闘と再生」，梅川正美・阪野智一・力久昌幸編著『現代イギリス政治』，成文堂。
法制局（1946）「憲法改正草案に関する想定問答（第六輯）」，1946年4月，佐藤達夫文書，国立国会図書館。
前田英昭（1976）『イギリスの上院改革』，木鐸社。
美濃部達吉（1912）『憲法講話』，有斐閣。

引用文献

美濃部達吉・宮澤俊義補（1959）『新憲法逐條解説』，日本評論新社。
民主党（2005）『民主党政権公約――MANIFESTO（マニフェスト）』。
民主党（2007）『民主党政権公約――MANIFESTO（マニフェスト）』。
民主党（2009）『民主党政権政策――Manifesto』。
民主党（2010）『民主党政権公約――MANIFESTO（マニフェスト）』。
元山健（1999）『イギリス憲法の原理――サッチャーとブレアの時代の中で』，法律文化社。
元山健・キース・D・ユーイング（1999）『イギリス憲法概説』，法律文化社。
夜久仁（2010）「予算と法律との関係――明治憲法の予算理論を中心として」，『レファレンス』，12月号。
安沢喜一郎（1958）「予算と法律との関係」，『法律論叢』，32巻1号。
山口定（2004）『市民社会論――歴史的遺産と新展開』，有斐閣。
力久昌幸（1996）『イギリスの選択――欧州統合と政党政治』，木鐸社。

新聞・一部雑誌（英文のみ）

The Economist.
Citizens.
The Daily Express.
The Daily Telegraph.
Essex County Standard.
Financial Times.
The Guardian.
The Independent.
Labour Weekly.
New Statesman.
The Observer.
The Sun.
Sunday Times.
The Times.
Tribune.

データ及び資料

Study Number 6695-British Social Attitudes Survey, 2009, UK Data Archive.

Charter 88 Archive, Albert Sloman Library, University of Essex.
House of Commons Debate (HC Deb).
House of Lords Debate (HL Deb).
Labour Party Archive, People History Museum, Manchester.

索　引

【あ　行】

『アースキン・メイ』　110, 111, 115-117, 120, 122, 124, 143
アイルランド　1, 12-14, 20, 21, 26, 34, 46, 141, 146, 163, 165, 172, 197, 224, 275, 282, 289
　──自治　19, 24, 171, 182,
　──自由国　19, 26, 171
アカデミー　53, 64
アシュダウン, パディ　70, 71
アドニス, アンドリュー　71, 72, 75
アトリー, クレメント　171
アルスター統一党　26, 27, 30, 66, 67
アレグザンダー, ダニー　70, 71, 75, 77
アンロック・デモクラシー　92, 95, 99, 102, 188
EC　35, 172-174, 182, 183, 196, 197, 252
イーデン, アンソニー　78
EU　61, 64, 66, 68, 180, 198, 263
　──憲法（欧州憲法）　46, 179, 184, 185, 189, 192-195, 255
一院制　122, 142, 168, 204, 222, 226, 229, 241
一代貴族　104, 124-127
イニシアティヴ　50, 187, 188, 197, 199
井上達夫　4, 236-245, 267,
入江俊郎　214
イングランド　2, 18, 20, 21, 24, 25, 33, 38, 40, 81, 176, 177, 180, 188, 189, 191, 193
ウィルソン, ロブ　68, 73
ウェールズ　2, 15, 17, 18, 20-25, 27-29, 31, 33-35, 39, 40, 64-66, 81, 85, 90, 91, 157, 160, 170, 174, 175, 180-182, 184, 189, 191, 223, 258, 259, 266, 286
　──議会　33, 63, 140, 157, 174, 191, 279
　──省　25
エイブス, リオ　28
エリザベス2世（女王）　37, 57, 77
王室の同意　13, 14, 97, 108, 114, 116, 137, 146
欧州議会（EU議会）　43, 44, 46, 47, 109, 128, 179
欧州人権条約　52, 91, 102, 155, 185
オーストラリア　1, 141, 146, 163, 165-168, 215, 269, 270, 275, 282, 288
小沢一郎　217
オズボーン, ジョージ　45, 70, 71, 153, 157
オドンネル, ガス　76, 78

【か　行】

解散権　2-4, 69, 70, 76, 146-150, 152, 156, 162, 166-169, 214-216, 219, 220, 222, 223
下院議長　110, 113-115, 120-122, 155, 158
下院の優越　123, 167, 204, 206
カナダ　1, 3, 146, 162, 163, 165, 169, 224, 268, 282, 288
金森徳次郎　208, 213
カニンガム, ジョージ　29, 30
議員経費スキャンダル　99
議員リコール　62-64, 80
貴族院（上院）事務官　135, 143
北アイルランド　2, 17, 18, 26, 27, 30, 34, 35, 38, 66, 81, 172, 175, 176, 182, 183, 191, 196, 197, 258
　──議会　140, 191, 275
北川正恭　247, 248
キノック, ニール　28, 29, 83, 86, 89, 90
キャメロン, デイヴィッド　42, 43, 49, 50, 55, 56, 58-61, 69, 73-75, 77, 79, 92, 96, 97, 100, 152, 194, 247, 253
キャラハン, ジェームス　28, 30

ギリシャ危機　61, 74, 189, 198,
ギロチン　29, 136-138
金銭法案　13, 104-108, 110-117, 120-123, 144, 205-214, 221, 226
クーパー, イヴェット　48
クラーク, チャールズ　44
グラッドストン・ウィリアム　20, 171
クリップス, スタフォード　23
グリフィス, J. A. G.　266
グリフィン, ニック　46, 47
グレイリング, クリス　73, 121
クレッグ, ニック　43, 44, 55, 58-61, 69, 71, 75-77, 92, 97, 100, 101, 143
ケインズ主義的福祉国家　234
ケーブル, ヴィンス　76, 77, 80
決定の政治（決定できる政治）　221, 226, 245
ケネディ, チャールズ　70
ゲリマンダー　95, 96
権限委譲　2, 3, 17, 18, 20, 23-25, 27-33, 39, 40, 63, 64, 83, 91, 177, 180, 182, 184, 189, 197, 198, 258, 259, 263, 266
　　最大限の――　37
憲章88　31, 32, 86-92, 95, 102, 103, 259, 263, 266
憲法習律　10
コアビタシオン　166
コーポラティズム　8, 229, 232, 233, 235
国王大権　10, 149, 150, 152, 154, 169
国民投票（レファレンダムも参照）　2, 4, 76, 82, 92, 93, 97-99, 101, 136, 137, 142, 143, 170, 223, 252, 255
子供手当　113, 124
コンセンサス　8, 16, 162, 227-234, 236, 239, 240, 242

【さ　行】

財政的特権　104-106, 108, 116, 117, 119-124, 144, 155, 213, 214, 219, 221
歳入法案　12, 13, 105, 107, 111, 112, 116-120
サッチャー, マーガレット　31, 49, 83, 173
佐藤功　207, 208
佐藤達夫　205, 208
サニングデール合意　26
参加民主主義　236, 237
参議院　203-207, 214, 215, 218, 219, 221-225, 252, 276, 281
シェイエス　225
市民社会論　245
市民陪審員　195, 196
衆議院　204-206, 209, 213-216, 219-225, 278-281
　　――の優越　204, 207, 210, 221, 226
衆参同時選挙（ダブル選挙）　167, 168, 215, 223
自由な解散　162, 163, 167, 168
住民投票（レファレンダムも参照）　4, 26, 170
習律　9, 78, 79, 107, 122-124, 133, 135, 136, 150, 167, 266
熟議　239, 240, 243
首相解散権　153, 157, 266
　　――廃止　261
少数政権　14, 27, 37, 41, 64, 67, 74, 75, 77-79
庶民院（下院）事務官　106, 110, 114-116, 121, 143, 155
庶民院（下院）立法事務官　116, 121, 122
ジョンソン, アラン　60, 94
シン・フェイン　46, 175, 253
人民予算　12, 107
スコットランド　2, 13, 15, 17-22, 24, 25, 27-29, 31, 33, 38-40, 64-66, 81, 85, 90, 91, 153, 157, 160, 170, 174, 175, 182-184, 189, 191, 198, 223, 258, 259, 266, 285
　　――議会　20, 22, 29, 30, 32, 34-39, 140, 174, 191, 279
　　――憲法会議　32
　　――自治　22

――自治協会　19, 20
――独立　2, 18, 30, 37, 66
――民族党　2, 17, 18, 20, 21, 25, 27, 28, 30, 32, 35-37, 43, 68, 132, 184, 253
スタンネル，アンドリュー　70, 71, 153
ストラスクライド，トム　73, 121, 122
スミス，ジョン　86, 89, 90
「聖金曜日」合意　34, 175, 191
政治的憲法　91, 264, 266
1911年議会法　12, 13, 104-111, 114, 117, 158, 204-206, 209, 210, 213
1949年議会法　13, 108-110, 128, 129, 132, 158, 159, 221, 244
1972年地方自治法　177, 180
1998年人権法　91, 185, 259, 266
選挙改革協会　11, 95, 99, 100, 272
戦術投票　270
ソールズベリ・アディソン慣行（ソールズベリ慣行）　129, 133-136, 221, 222

【た　行】

ダーリン，アリステア　48, 56, 57, 72, 76, 80
対案投票制　11, 12, 70-73, 75, 76, 82, 84, 90, 92-95, 99, 100, 101, 167, 273, 275-276
ダイシー，アルバート・ヴェン　16, 150, 171, 182, 187, 189, 196, 197, 215
大法官　131, 132
多極共存型民主主義　228, 230, 233, 235
ダグラス・ヒューム，アレック　14, 126
多数決主義　3, 4, 8, 16, 162, 228-236, 258, 263, 264
タッキング　107, 119
ダンカン・スミス，イアン　192, 193
単記移譲式投票（制）　11, 12, 271, 64, 93, 94, 100, 140, 272, 274, 275
単記移譲式比例代表制　12
地域主義　2, 17, 18, 26, 31, 38, 39, 41, 66
血の日曜日事件　26
中選挙区制　242, 280, 281
ツェベリス，ジョージ　4, 231, 232, 260

デナム，ジョン　48
デリィイェル，タム　29
ドイツ　163, 165, 186, 211, 282, 288
独立レファレンダム　18, 37

【な　行】

内閣秘書官　76, 78, 79
ナショナリスト　26, 175
2000年地方自治法　176, 177, 182, 188, 189
2003年地方自治法　187
ニュー・レイバー　48-50, 84, 186
ニュージーランド　1, 77, 89, 163, 166, 168, 169, 188, 228, 229, 277, 282, 288
ねじれ　166-168, 213, 215, 216, 218, 220, 222, 223, 225
――議会（オーストラリア）　167
――国会　105, 267

【は　行】

バーコウ，ジョン　115
ハーディ・ケア　19, 21
パーネル，ジェームス　49, 51
ハーパー，マーク　159
ハーマン，ハリエット　45, 56, 60, 71, 72
バーン，リーアム　49, 254
バイヤーズ，スティーヴン　56
ハウ，ジェフリー　256
パウエル，イーノック　172, 173
ハッタースリー，ロイ　86
バトラー，ラブ　78
バルフォア，アーサー　14
ハワード，マイケル　49
ハング・パーラメント　15, 27, 41, 55, 58, 60, 74, 77, 94, 159
ヒース，エドワード　173, 197
ピール，ロバート　10
ヒューイット，パトリシア　51, 52, 56
ヒューン，クリス　70-72, 77, 153
比例代表協会　11
ピンポン　13, 97, 133, 136, 160

315

フィリバスター　29
フーン，ジェフ　51, 52, 56
フット，マイケル　30, 173
プライド・カムリ　17, 20, 25, 27, 30, 34, 38, 68, 132, 157, 181, 253
ブラウン，ゴードン　42, 43, 47-49, 51, 54, 55, 57-61, 68-73, 75-78, 80, 92, 194, 195
ブラッドショウ，ベン　94, 99, 249
ブランケット，デイヴィッド　95
フランス　137, 163, 165, 166, 183, 194, 212, 228, 255, 268, 282, 288
ブリテン民族党　46-48, 66, 253
ブレア，シェリー　55
ブレア，トニー　33, 34, 42, 53, 68, 71, 84-86, 91, 132, 184-187, 190, 194, 195
プレスコット，ジョン　55, 95, 177
ヘイグ，ウィリアム　70, 73, 75, 153
米国（合衆国）　26, 40, 53, 104, 163, 199, 203, 205, 212, 220, 221, 231, 232, 241, 245, 268, 282, 288
ベヴァン，アナイリン　23
ヘゼルタイン，マイケル　256
ボールズ，エドワード　48, 52, 67, 71, 72, 75
ボールドウィン，スタンリー　14, 78
補助投票制　90
ボナー・ロー，アンドルー　76

【ま　行】

マーストリヒト条約　182, 194
マクドナルド，ラムゼイ　14, 19, 21
マクミラン　78
マッカーサー・ノート　206, 211
松本烝治　204
丸山真男　241
マンデルソン，ピーター　48, 68, 69, 71, 72, 75, 186, 195
美濃部達吉　208-210
ミリバンド，エド　51, 71, 101
ミリバンド，デイヴィッド　51

民主アルスター党　26, 30
民主的監査　95, 102, 103, 143
メイ，テリーザ　73
明治憲法　203, 212, 213
メイジャー，ジョン　83, 182, 184
モード，フランシス　113
モリソン，ハーバート　23, 24

【や　行】

UK独立党　44, 46, 50, 66, 67, 116, 179, 253
ユーロ　61, 63, 184, 189, 192
ユニオニスト　26, 27, 175
予算　13, 119, 166, 167, 204, 206-213, 222, 226

【ら　行】

ラッセルズ原則　10
リヴィングストン，ケン　89
リスボン条約　46, 179, 189, 194, 255
リブ・ラブ　87
　　――協定　28, 30, 41
リフキンド，マルコム　74
リベラリズム　238
両院協議会　203, 207, 220, 221
レイプハルト，アレンド　4, 8, 15, 16, 162, 168, 227-236, 239-242, 244
レウェリン，エド　70, 75, 154
レトウィン，オリバー　70
レファレンダム　4, 18, 26, 28-30, 32-35, 37, 38, 40, 46, 50, 54, 60, 62, 63, 70-72, 74, 82, 83, 89-93, 95, 96, 99, 101, 142, 143, 170, 171, 172-177, 179-185, 187-199, 255, 259
連邦制　8, 40, 63, 229, 230, 235, 264
連用制　32, 223, 279
ローズ，デイヴィッド　68-72, 74-77, 153, 154
ローソン，ナイジェル　256

316

■著者紹介

小堀 眞裕（こほり　まさひろ）

経歴
1963年　大阪市生まれ
1986年　立命館大学法学部卒業
1992年　大阪市立大学大学院法学研究科博士課程中退，
　　　　琉球大学法文学部講師を経て，
2003年より立命館大学法学部教授（現職）
1999‐2000年　英国エセックス大学客員研究員
2009‐2010年　英国シェフィールド大学上級客員研究員
学位
2007年　学術博士（法学）大阪市立大学
著書
『サッチャリズムとブレア政治』晃洋書房・2005年
『イギリス現代政治史』（梅川正美・阪野智一他と共著）ミネルヴァ書房・2010年
『包摂と排除の比較政治学』（高橋進他と共著）ミネルヴァ書房・2010年
'Referendums in Britain and Japan: Turnouts, campaigns, and systems', *Ritsumeikan Law Review*, No.26, 2008.

Horitsu Bunka Sha

立命館大学法学叢書第14号

ウェストミンスター・モデルの変容
──日本政治の「英国化」を問い直す

2012年7月10日　初版第1刷発行

著　者　小　堀　眞　裕
発行者　田　靡　純　子
発行所　株式会社　法律文化社
　　　　〒603-8053
　　　　京都市北区上賀茂岩ヶ垣内町71
　　　　電話 075(791)7131　FAX 075(721)8400
　　　　http://www.hou-bun.com/

＊乱丁など不良本がありましたら，ご連絡ください。
　お取り替えいたします。

印刷：西濃印刷㈱／製本：㈱藤沢製本
装幀：谷本天志
ISBN 978-4-589-03444-1

Ⓒ 2012 Masahiro Kobori Printed in Japan

JCOPY　＜(社)出版者著作権管理機構　委託出版物＞

本書の無断複写は著作権法上での例外を除き禁じられています。複写される
場合は，そのつど事前に，(社)出版者著作権管理機構（電話03-3513-6969，
FAX 03-3513-6979，e-mail: info@jcopy.or.jp）の許諾を得てください。

| デヴィッド・ヘルド著／中谷義和訳 | グローバル民主主義理論の発展を牽引してきた理論家D.ヘルドの10年越しの最新著作の邦訳。地球規模の諸課題を克服するための政策とその実現のための統治システムを，理想と現実の相克を踏まえ提示。新たな理論構築を試みる。 |

コスモポリタニズム
—民主政の再構築—

A 5 判・242頁・3990円

| デヴィッド・ヘルド編／中谷義和監訳 | グローバル化を社会科学として概念化した最良の入門書。グローバル化のインパクトが，何をどう変えてきたのかについて，様々な現象の実証的分析と諸理論の批判的検討を行い，グローバル化の理論的提起を試みる。 |

グローバル化とは何か
—文化・経済・政治—

A 5 判・216頁・2520円

| D.ヘルド，M.K.アーキブージ編／中谷義和監訳 | J.E.スティグリッツほか世界的に著名な論者が，グローバル化をめぐる様々な議論を社会的正義，公正，自由，民主的諸価値等から問い直すとともに，グローバル・ガヴァナンスの再構築へ向けアジェンダを提起する。 |

グローバル化をどうとらえるか
—ガヴァナンスの新地平—

A 5 判・204頁・2625円

安江則子編著

ＥＵとフランス
—統合欧州のなかで揺れる三色旗—

A 5 判・230頁・2940円

EUによるガバナンスと加盟国による法の受容と政策の実施過程を，フランスを事例に多角的・包括的に分析する。憲法的アイデンティティ，移民政策，農業政策，メディア政策および仏独関係等アクチュアルな争点を考察する。

田口富久治・中谷義和編

比較政治制度論〔第3版〕

A 5 判・214頁・2520円

英・米・仏・独・伊・加の主要先進国における政治の機構・制度・機能について概説，比較分析した入門書。各国の政治動向（国政レベルの選挙など）をふまえ，比較対照できるように基本データを補訂。

──法律文化社──

表示価格は定価(税込価格)です